1682

SAMMLUNG
METZLER

REALIEN ZUR LITERATUR
ABT. E:
POETIK

MAX LÜTHI

Märchen

7., durchgesehene und ergänzte Auflage

MCMLXXIX

J. B. METZLERSCHE VERLAGSBUCHHANDLUNG

STUTTGART

1. Auflage 1962 (1.–4. Tsd.)
2. Auflage 1964 (5.–9. Tsd.)
3. Auflage 1968 (10.–15. Tsd.)
4. Auflage 1971 (16.–20. Tsd.)
5. Auflage 1974 (21.–26. Tsd.)
6. Auflage 1976 (27.–34. Tsd.)
7. Auflage 1979 (35.–44. Tsd.)

CIP-Kurztitelaufnahme der Deutschen Bibliothek

Lüthi, Max:
Märchen / Max Lüthi. – 7., durchges. u. erg. Aufl.,
(35.–44. Tsd.) – Stuttgart: Metzler, 1979.
   (Sammlung Metzler; M 16: Abt. E, Poetik)
   ISBN 3-476-17016-0

ISBN 3 476 17016 0

M 16

© J. B. Metzlersche Verlagsbuchhandlung und Carl Ernst Poeschel Verlag GmbH
in Stuttgart 1962/1979 · Druck: Gulde-Druck, Tübingen
Printed in Germany

Inhalt

Nachschlagewerke:

Johannes Bolte und *Georg Polívka,* Anmerkungen zu den Kinder- und Hausmärchen der Brüder Grimm, 5 Bde. Bd I–III (1913, 1915, 1918, Neudruck 1963) geben zu jeder Nummer der Grimmschen Sammlung ein reiches Variantenverzeichnis, mit Kennzeichnung der wichtigsten Motive und ihrer Reihenfolge; daneben Sacherklärungen und allgemeine Erläuterungen; die Anmerkungen der Brüder Grimm in deren 3. Band der KHM (^{3}1856) sind hineingearbeitet. Bd IV u. V (1930, 1932, Neudruck 1963) enthalten Dokumente, Aufsätze und Bibliographien zur Geschichte des Märchens und der Märchenforschung. Grundlegendes Werk. *Zitiert: Bolte-Polívka*

Waldemar Liungman, Die schwedischen Volksmärchen. Herkunft und Geschichte, 1961. Kommentar zu den in Schweden vorkommenden Märchentypen und damit zu den wichtigsten internationalen Typen überhaupt (Inhaltsangabe, Verbreitungsgebiet, vermutliche Herkunft, weitere Erläuterungen). Übersetzung a. d. Schwed. (nach dem 3. Band von Liungman, s. u. S. 20).

Samuel Singer, Schweizer Märchen. Anfang eines Kommentars zu der veröffentlichten Schweizer Märchenliteratur, 2 Bde., Bern 1903, 1906, Neudruck 1971. Kenntnisreiche vergleichende Untersuchungen zu 18 Nummern aus Otto Sutermeister, Kinder- und Hausmärchen aus der Schweiz, Aarau ^{2}1873. *Zitiert: Singer*

Antti Aarne und *Stith Thompson,* The Types of the Folktale, Helsinki ^{3}1961 (FFC 184). Eingehende Charakteristik unten S. 16 ff. Übersicht über regionale Typenregister ebda. *Zitiert: T.* (bzw. ATh)

Stith Thompson, Motif-Index of Folk-Literature. A Classification of Narrative Elements in Folktales, Ballads, Myths, Fables, Mediaeval Romances, Exempla, Fabliaux, Jest Books and Local Legends, 6 Bde., Copenhagen ^{2}1955–1958. Katalogisiert etwa 40 000 Einzelmotive, mit zahlreichen Literaturvermerken. Gliederung: A Mythological Motifs, B Animals, C Tabu, D Magic, E The Dead, F Marvels, G Ogres, H Tests, J The Wise and the Foolish, K Deceptions, L Reversal of Fortune, M Ordaining the Future, N Chance and Fate, P Society, Q Rewards and Punishments, R Captives and Fugitives, S Unnatural Cruelty, T Sex, U The Nature of Life, V Religion, W Traits of Character, X Humor, Z Miscellaneous Groups of Motifs.

Enzyklopädie des Märchens. Handwörterbuch zur historischen und vergleichenden Erzählforschung, hrsg. von *Kurt Ranke,* zusammen mit *H. Bausinger, W. Brückner, M. Lüthi, L. Röhrich, R. Schenda,* 1975 ff. (bisher 2 Bde., 1977, 1979; geplant sind 12 Bde.). Artikel über Märchentypen und -motive, Theorien, Methoden, Fachbegriffe, über Länder, Regionen, Personen (Erzähler, Sammler, Forscher) u. a. Außer Volksmärchen werden auch Fabeln, Legenden, Schwänke, z. T. auch Sagen u. a. einbezogen. *Zitiert: EM*

Handwörterbuch des Deutschen Märchens, hrsg. von *Lutz Mackensen*, 1930 ff. (unvollendet, nur Stichwörter A bis G). *Zitiert: HDM*

International Dictionary of Regional European Ethnology and Folklore, Vol. II, Folk Literature (Germanic), hrsg. von *Laurits Bødker*, Copenhagen 1965. *Zitiert: Bødker*

Ethnopoetics. A Multilingual Terminology, hrsg. von *Heda Jason*, Jerusalem 1975 (erklärt englische, deutsche, russische Fachausdrücke). *Zitiert: Jason 1975*

Standard Dictionary of Folklore, Mythology and Legend (Funk and Wagnalls, ed. *Maria Leach*), 2 Bde., New York, 1949, 1950. *Zitiert: Stand. Dict.*

Handwörterbuch des Deutschen Aberglaubens, hrsg. von Hanns Bächtold-Stäubli, 10 Bde., 1927–1942. *Zitiert: HDA*

Handwörterbuch der Sage, hrsg. von *Will-Erich Peuckert*, 1961–1963 (unvollendet, nur Stichwörter zu A). *Zitiert: HDS*

Darstellungen:

Stith Thompson, The Folktale, New York 1946, Berkeley [3]1977. Darlegung von Verbreitung, Wanderwegen, vermutlicher Herkunft aller wichtigeren Märchentypen im Kulturgebiet von Irland bis Indien, Analyse des Erzählschatzes eines Naturvolks (der nordamerikanischen Indianer), Diskussion wichtiger Probleme der Märchenforschung; enthält ein Typen- und ein Motivverzeichnis. Fragen des Stils und der Sinndeutung werden nur gestreift. *Zitiert: Thompson*

Friedrich von der Leyen, Das Märchen. Ein Versuch, 1909, [4]1958 (unter Mitarbeit von Kurt Schier). Kurzgefaßte, vielseitige Orientierung über die verschiedenen Richtungen der Märchenforschung, die Ausprägung der Märchen bei Kultur- und Naturvölker und die Bezüge zur Realität und zur Hochliteratur. (Ergänzend: F. v. d. Leyen, Die Welt der Märchen, 2 Bde., 1953 u. 1954; derselbe, Das deutsche Märchen, 1964 [Kurzkommentare zu den KHM].) *Zitiert: v. d. Leyen*

Gédéon Huet, Les contes populaires, Paris 1923. Einführung in Geschichte und Probleme der Märchenforschung. Hinweise auf die Beziehungen zwischen Märchen und Hochliteratur. *Zitiert: Huet*

Roger Pinon, Le Conte merveilleux comme sujet d'Etudes, Liège 1955. Kurzer Abriß der Märchenforschung, prägnante Signalisierung der wichtigsten Begriffe, Probleme, Forschungsaufgaben. *Zitiert: Pinon*

Antti Aarne, Leitfaden der vergleichenden Märchenforschung, 1913 (FFC 13). Auseinandersetzung mit der arischen, der indischen, der anthropologischen Märchentheorie, Darlegung der Wanderungstheorie der Finnischen Schule, Aufriß der geographisch-historischen Forschungsmethode.

Will-Erich Peuckert, Deutsches Volkstum in Märchen und Sage, Schwank und Rätsel, 1938. Kulturgeschichtlich-volkskundlich gerichtet, diskutiert die mutmaßliche Entstehung und Entwicklung des europäischen, nicht nur des deutschen Märchens. *Zitiert: Peuckert*

Max Lüthi, Das europäische Volksmärchen. Form und Wesen, 1947, ⁶1978. Charakterisiert Stil, künstlerische und geistige Eigenart des Märchens und des von ihm gezeichneten Menschenbildes und gibt Hinweise auf Ergebnisse und Probleme der Märchenforschung. (Ergänzend: Interpretationen einzelner Märchen in: M. Lüthi, Es war einmal, 1962, ⁵1977, und: So leben sie noch heute, 1969, ²1976.) *Zitiert: Lüthi*

Lutz Röhrich, Märchen und Wirklichkeit, 1956, ³1974. Untersucht die Spuren alter und neuerer Tatsachen-, Glaubens- und Erlebniswirklichkeit im Märchen der Kultur- und Naturvölker; diskutiert zentrale Probleme und Einzelfragen der Märchenforschung. *Zitiert: Röhrich*

Max Lüthi, Das Volksmärchen als Dichtung. Ästhetik und Anthropologie, 1975. Visiert u. a. die Rolle des Schönen, künstlerische Wirkungen, Motivik und Thematik, Menschen- und Weltbild. *Zitiert: Lüthi, Ästhetik*

Karl Justus Obenauer, Das Märchen. Dichtung und Deutung, 1959. Literaturwissenschaftlich gerichtet, geht namentlich auf den Sinngehalt der Märchen ein (Zahl- und Tiersymbolik, Interpretation einzelner Grimmscher Märchen). *Zitiert: Obenauer*

Jan de Vries, Betrachtungen zum Märchen, besonders in seinem Verhältnis zu Heldensage und Mythos, 1954 (FFC 150). Literaturwissenschaftlich gerichtet, sucht vor allem den Eigencharakter der verschiedenen Gattungen und die Entstehungsbedingungen zu bestimmen; eingehende Diskussion der damit zusammenhängenden Forschungsprobleme. *Zitiert: de Vries*

Albert Wesselski, Versuch einer Theorie des Märchens, 1931, Neudruck 1974. Aufschlußreiche, polemisch gefärbte Diskussion von Fragen der Wesensbestimmung, der Vorgeschichte, Entstehung und Überlieferung des Märchens. *Zitiert: Wesselski*

Karl Spiess, Das deutsche Volksmärchen, 1917, ²1924. Analyse von Stoff, Gestalt und Vorstellungswelt; Orientierung über Ergebnisse und Aufgaben der Märchenforschung.

Hedwig von Beit, Symbolik des Märchens, Bd. I 1952, ⁵1975, II, III 1956/57, ⁴1977. Detaillierte Deutungen zahlreicher europäischer und außereuropäischer Erzählungen, vorwiegend auf Grund der M. d. W., nach der Jungschen Psychologie. (Ergänzend: H. von Beit, Das Märchen. Sein Ort in der geistigen Entwicklung, 1965; vgl. unten S. 108 ff.; weitere psychologische Literatur S. 113 ff.).

Vladimir Jakovlevič Propp, Morphologie des Märchens, 1972, als Taschenbuch 1975. Übersetzung der zweiten Ausgabe der Morfologija skazki, Moskau 1969. Strukturanalyse russischer Zaubermärchen (vgl. unten S. 123 ff., 129 ff.). Anhang: V. Propp, Transformationen von Zaubermärchen; E. Meletinskij, Zur strukturell-typologischen Erforschung des Volksmärchens (deutsch zuerst in: Jahrbuch 15, 1969. S. 1–30); K. Eimermacher, Nachwort; 1975 zusätzlich Claude Lévi-Strauss, Die Struktur und die Form (zuerst französisch in: Cahiers de l'institut de science économique, No. 99, mars 1960, pp. 3–36), dazu Propps Replik: Zur strukturell-typologischen Erforschung des Volksmärchens. – Wir zitieren die Seitenzahlen der erweiterten, teilweise neu übersetzten und stellenweise korrigierten Taschenausgabe von 1975 und fügen die entsprechenden der französischen Übersetzung (Paris 1970, Seuil) bei, da diese öfters präziser ist und in der Wahl der Siglen mit der englisch-amerikanischen übereinstimmt. – Übersetzungen nach der ersten Ausgabe, Leningrad 1928: Bloomington 1958; Austin–London 1968 (mit Einführung von A. Dundes); Torino 1966 (mit den Nachworten von Lévi-Strauss und Propp, s. oben); Paris, Gallimard 1970. *Zitiert: Propp*

Heda Jason, Ethnopoetry. Form, Content, Function, Bonn 1977. Gibt eine allgemeine Theorie der Volkserzählung: Gattungen, Strukturen, inhaltliche Elemente (räumlich, zeitlich, symbolisch), Funktion u. a. *Zitiert: Jason 1977*

Jens Tismar, Kunstmärchen, 1977 (Slg Metzler 155). *Zitiert: Tismar*

Allgemeine Abhandlungen:

Kurt Wagner, Märchen, in RL II, ²1960, S. 262–271.
Kurt Ranke, Betrachtungen zum Wesen und zur Funktion des Märchens, Studium Generale 11, 1958, S. 647–664 (=Karlinger S. 320–360 = Ranke S. 1–31).
Will-Erich Peuckert, Märchen, in: Dt. Phil. i. A. III ²1962, Sp. 2677–2726.
André Jolles, Märchen, in: Jolles, Einfache Formen, 1929/30, ⁵1974.
Max Lüthi, Das Märchen als Dichtung und als Aussage, in: Der Deutschunterricht 1956, Heft 6, S. 5–17; derselbe, Aspekte des Volksmärchens und der Volkssage, in: Germanisch-Romanische Monatsschrift XL VII, 1966, S. 337–350 (beide auch bei Karlinger); derselbe, Europäische Volksliteratur. Themen, Motive, Zielkräfte, in: Albert Schaefer (ed.), Weltliteratur und Volksliteratur, 1972, S. 55–79.
Marie-Louise Tenèze, Du conte merveilleux comme genre, in: Approches de nos traditions orales, Paris 1970, p. 11–65 (Auseinandersetzung mit Propp und Lüthi). *Zitiert: Tenèze*
Elisabeth Heimpel, Gedanken über das Märchen, Sammlung 4, 1949, S. 718–733.
Carl Wilhelm von Sydow, Märchenforschung und Philologie, Universitas 3, 1948, S. 1047–1058 (= Karlinger S. 177–193).

Lutz Mackensen, Das deutsche Volksmärchen, in: W. Peßler, Hb. d. dt. Volkskunde II, 1938, S. 305–318. *Zitiert: Mackensen*

Robert Petsch, Wesen und innere Form des Volksmärchens, Niederdt. Zeitschr. für Volkskunde 15, 1937, S. 1–25.

Friedrich Ranke, Das Märchen, in: Adolf Spamer, Die deutsche Volkskunde, 1934, S. 249–262; derselbe: Sage und Märchen (1910), in: Kleinere Schriften, Bern 1971, S. 189–203.

Helmut de Boor, Märchenforschung, Zeitschr. f. dt. Unterricht 42, 1928, S. 561–581 (= Karlinger S. 129–154).

Friedrich Panzer, Märchen, in: John Meier, Deutsche Volkskunde, 1926, S. 219–262 (= Karlinger S. 84–128).

Siehe ferner die Abschnitte »Märchen« in den Büchern von *Leopold Schmidt*, Die Volkserzählung, 1963, S. 21–106 (Einleitung und 7 Spezialuntersuchungen), und *Hermann Bausinger*, Formen der »Volkspoesie«, 1968, S. 154–170 (Neuauflage in Vorbereitung). *Zitiert: Schmidt, Bausinger*

Forschungsberichte und Aufsatzsammlungen:

Lutz Röhrich, Die Märchenforschung seit dem Jahre 1945, Dt. Jb. f. Volkskunde I, 1955, S. 279–296; II, 1956, S. 274–319; III, 1957, S. 213–224 und 494–514. Ders., Neue Wege der Märchenforschung, in: Der Deutschunterricht 1956, 6, S. 92 bis 116.

Will-Erich Peuckert, Das Märchen, in: Peuckert/Lauffer, Volkskunde (Quellen und Forschungen seit 1930), 1951, S. 130 bis 175 (s. a. S. 123–129).

Friedrich Ranke, Märchenforschung, Ein Literaturbericht (1920–1934), DVjs. 14, 1936, S. 246–304.

Mathilde Hain, Die Volkserzählung. Ein Forschungsbericht über die letzten Jahrzehnte (etwa 1945–1970), in: Forschungsreferate, Sonderheft der Deutschen Vierteljahrsschrift für Literaturwissenschaft und Geistesgeschichte, 1971, S. 243*–274*.

Felix Karlinger, Wege der Märchenforschung, 1973. Enthält Arbeiten von *Reuschel, v. d. Leyen, Aarne, Naumann, Panzer, de Boor, Spanner, v. Sydow, Amades, Schmidt, Röhrich, Cocchiara, Lüthi, Eliade, K. Ranke, Megas, Lo Nigro, Pop, Karlinger, Bîrlea* (alle fremdsprachigen Beiträge in deutscher Übersetzung). *Zitiert: Karlinger*

Wilhelm Laiblin, Märchenforschung und Tiefenpsychologie, 1969 u. ö. Enthält Arbeiten von *v. d. Leyen, Riklin, Abraham, Freud, Winterstein, Erwin Müller, Duff, Laiblin, Huth, Bilz, Graber, Jökkel, Röhrich, Mallet, v. Harnack, Emma Jung, v. Franz, Lüthi, Friedman, Bittner, Gerstl, Wittgenstein, Dieckmann. Zitiert: Laiblin*

Max Lüthi, Volksmärchen und Volkssage. Zwei Grundformen erzählender Dichtung, 1961, ³1975; derselbe, Volksliteratur und Hochliteratur. Menschenbild, Thematik, Formstreben, 1970.

János Honti, Studies in oral epic tradition, Budapest 1975. Enthält vorwiegend Aufsätze zum Märchen: Eigenarten, Hintergründe, Verhältnis zur Literatur u. a. (»the rich product of an interrupted career«: Honti starb 1945 im Alter von 35 Jahren; s. *Tekla Dömötör,* János Honti – Leben und Werk, Helsinki 1978, FFC 221). *Zitiert: Honti*

Alan Dundes, Analytic Essays in Folklore, The Hague/Paris 1975. *Zitiert: Dundes*

Lutz Röhrich, Sage und Märchen. Erzählforschung heute, 1976.

Heda Jason, Dimitri Segal, Patterns in Oral Literature, The Hague/Paris 1977 (Untersuchungen zur narrativen und semantischen Struktur der Volksliteratur; mit dem Volksmärchen befassen sich außer den Herausgebern auch *Claude Bremond, Ilana Dan, Rina Drory* u. a.). *Zitiert: Jason/Segal*

Kurt Ranke, Die Welt der einfachen Formen. Studien zur Motiv-, Wort- und Quellenkunde. *Zitiert: Ranke*

Akten der Internationalen Kongresse der Volkserzählungsforscher: 1959 Kiel/Kopenhagen, 1961; 1964 Athen, Athen 1965 (Laographia XXII); 1974 Helsinki, Helsinki 1976 (Folk Narrative Research = Studia Fennica 20, bringt Aufsätze zu Gattungs-, Stil- und Strukturfragen, zu Problemen der Kommunikation und der Tradierung).

Zeitschriften:

Fabula, Zeitschrift für Erzählforschung/Journal of Folktale Studies/Revue des Etudes sur le conte populaire, hrsg. von Kurt Ranke und Rudolf Schenda, seit 1957.

Die Freundesgabe, Jahrbuch der Gesellschaft zur Pflege des Märchengutes der europäischen Völker, seit 1956.

Außer diesen spezifisch der Volkserzählung gewidmeten Organen bringen namentlich die volkskundlichen Zeitschriften aller Länder laufend Aufsätze, spezielle Forschungsberichte und Besprechungen. Beispiele: Zeitschrift für Volkskunde, Deutsches Jahrbuch für Volkskunde (1955–1969, 1973 ff.), Österreichische Zeitschrift für Volkskunde, Schweizerisches Archiv für Volkskunde, Volkskunde (niederländisch-vlämisch), ARV, Tidskrift för Nordisk Folkminnesforskning, Folk-Lore (englisch), Journal of American Folklore, Journal of the Folklore Institute, Indiana Folklore (seit 1968), Revue des Traditions populaires (bis 1919), Arts et traditions populaires (seit 1953), Archivio per lo studio delle Tradizioni Popolari (bis 1912), Lares (seit 1912), Acta Ethnographica (Ungarn, Publikationssprachen deutsch, englisch, französisch).

Die *Internationale Volkskundliche Bibliographie* (seit 1919) verzeichnet Zeitschriften-Artikel ebenso wie Buchpublikationen. Eine Bibliographie der Veröffentlichungen zur Volksprosa aus den Jahren 1959–1968 findet sich im *Jahrbuch* 9, 1963, S. 355–386, und 15 (1969), S. 159–197.

Ausgaben und Reihenpublikationen: s. unten S. 59–61

Da die Konsultation der Zeitschriften wie auch der großen Nachschlagewerke Bolte-Polívka, Aarne-Thompson, Motif-Index, EM dem Märchenforscher selbstverständlich ist, wird im vorliegenden Buch nur in besonderen Fällen ausdrücklich auf sie hingewiesen.

ABKÜRZUNGEN

ATh = Aarne/Thompson (s. oben S. VI, unten S. 16)

Delarue = Delarue/Tenèze (s. unten S. 21)

Dt. Phil. i. A. = Deutsche Philologie im Aufriß

DVjs. = Deutsche Vierteljahrsschrift für Literaturwissenschaft u. Geistesgeschichte

Festschr. v. d. Leyen = Märchen, Mythos, Dichtung. Festschrift zum 90. Geburtstag Friedrich von der Leyens, 1963

Festschr. Ranke = Volksüberlieferung, Festschrift für Kurt Ranke, 1968

FFC = Folklore Fellows Communications, Helsinki 1910 ff.

Folk Narr. = Folk Narrative Research (s. oben S. XI)

Hb. = Handbuch

Jahrbuch = Deutsches Jahrbuch für Volkskunde, 1955 ff.

Kieler Bericht = Kongreß-Bericht Kiel/Kopenhagen, 1961 (s. oben S. XI)

KHM = Brüder Grimm, Kinder- und Hausmärchen (Nummern nach Bolte-Polívka)

M. d. W. = Märchen der Weltliteratur, begründet von Friedrich v. d. Leyen

RL = Reallexikon der deutschen Literaturwissenschaft

T. = Typus

ZfdA = Zeitschrift für deutsches Altertum

ZfdPh. = Zeitschrift für deutsche Philologie

s. außerdem die oben S. VI–XI kursiv gedruckten Kennworte (Zitierweisen)

Die deutschen Wörter ›Märchen‹, ›Märlein‹ (mhd. maerlîn) sind Verkleinerungsformen zu ›Mär‹ (ahd. mârî f., mhd. maere f. und n., Kunde, Bericht, Erzählung, Gerücht), bezeichneten also ursprünglich eine kurze Erzählung. Wie andere Diminutive unterlagen sie früh einer Bedeutungsverschlechterung und wurden auf erfundene, auf unwahre Geschichten angewendet, um so mehr als auch das Grundwort ›Mär‹ diese Bedeutung annehmen konnte, was besonders in Zusammensetzungen deutlich wird (lügemaere, tandmaere, entenmär, gensmär u. a., Belege des 13.–16. Jh.s; vgl. das verächtliche Contes de ma mère L'Oye, Contes de la cigogne u. ä., 18. Jh.). Eine Gegenbewegung setzte im 18. Jh. ein, als unter französischem Einfluß Feenmärchen und Geschichten aus »Tausendundeiner Nacht« in Mode kamen, als Herder und andere Träger des Sturm und Drang in der »Volksdichtung« einen Quell der Poesie überhaupt zu entdecken glaubten; im 19. Jh. verstärkten der Erfolg der Sammlungen von Grimm und Bechstein und die Dichtungen (und Theorien) der deutschen Romantiker und Andersens das Prestige der Märchen. Heute bezeichnen die Ausdrücke ›Volksmärchen‹ und ›Kunstmärchen‹ wertungsfrei bestimmte Erzählgattungen. In der Schriftsprache hat sich das mitteldeutsche Wort ›Märchen‹ durchgesetzt, in den oberdeutschen Mundarten behauptet sich der einheimische Ausdruck ›Märli‹ (schweizerdeutsch), ›Märle‹ (schwäbisch, elsässisch). Daß beide immer noch mit starkem positivem oder negativem Akzent versehen werden können, spiegelt das spannungsvolle Verhältnis zum Bezeichneten, das einmal als eine höhere Welt erscheint (»So schön wie ein Märchen aus Tausend und einer Nacht«), das andere Mal als eine Welt der Lüge (»Erzähl mir keine Märchen!«).

Während der deutsche Ausdruck ›Märchen‹ sich auf eine besondere Art Erzählung spezialisiert hat, behalten die in anderen Sprachen angewandten Bezeichnungen oft eine allgemeinere Bedeutung bei (engl. tale, franz. conte, ital. conto, niederl. sprookje, vertellinge u. a.) oder gelten auch für benachbarte Gattungen (engl. folktale, legend, frz. légende, ital. fiaba, favola u. a.), oder sie erfassen nur einen Teil des Märchenguts (engl. fairy tale, nursery tale, houshold tale, französich conte de fées u. a.). So haben manche Forscher begonnen, auch in anderssprachigem Kontext das deutsche Wort ›Märchen‹ zu verwenden, als ein Fremdwort, das durch die weltweite Verbreitung der Grimmschen Märchen legitimiert ist und das Gemeinte verhältnismäßig genau bezeichnet.

Zum Wort ›Märchen‹ und seinen Entsprechungen in anderen Sprachen s. *Bolte-Polívka* IV S. 1–4, *Thompson* S. 7–9, 10, *Grimm*, Deutsches Wörterbuch VI (1885), S. 1615 ff., *Obenauer* S. 42 f., *Paul Delarue*, Le conte populaire français (Paris 1957), S. 19, *Julius Schwietering*, Singen und Sagen (Diss. Göttingen 1908), S. 49–55. Zum Kunstmärchen s. *Tismar* S. 1 ff.

In der von der Literatur nicht beeinflußten Umgangssprache fehlt oft ein spezieller Name für das Märchen. Norddeutsch sind die Bezeichnungen *Löögschen*, *Leuschen* (die auch für Schwänke gebraucht werden, vgl. Fritz Reuters »Läuschen un Rimels«) und das allgemeine *Vertelsel*, mitteldeutsch *Verzälche*, *Verspelchen*, *Stickelche* (Bolte-Polívka S. 3 f.), westböhmisch (Egerland) *Ratsel*, lothringisch *Gschichte*, *Rätsle* (Angelika Merkelbach-Pinck, Lothringer erzählen I, 1936, S. 37), schweizerisch (Haslital) *Zelleni*, *Märeni* (Melchior Sooder, Zelleni us em Haslital, Basel 1943, S. 15*). Im Münsterländischen wird für Zaubermärchen und Schwank neben *Vertellsel*, *Vertellselken*, *Verteelstücksken* die Bezeichnung *Puts* verwendet (holl. poets, Posse), während sagenhafte Erzählungen als *Waorheiden*, *aolle Waaorheiden* oder *waohre Geschichten* bezeichnet werden, eine Kontrastierung, in der G. Henßen Friedrich Rankes Charakteristik der Sage als Glaubensgut, des Märchens als Unterhaltungsstoff bestätigt sieht (Gottfried Henßen, Volk erzählt. Münsterländische Sagen, Märchen und Schwänke, ²1954, S. 23 f.).

Das in dem deutschen Wort ›Märchen‹ erfaßte Feld ist freilich noch weit genug. Auch wer von den umgangssprachlichen Bedeutungen (Wunder, Pracht, Lüge u. a.) absieht und es rein wissenschaftlich als Namen für eine besondere Gattung von Erzählungen nimmt, muß feststellen, daß die Bedeutung bald enger, bald weiter gefaßt ist; die Volksmärchenforschung hat daher die Verlegenheitsbegriffe ›Märchen im eigentlichen Sinn‹ und ›eigentliche Zaubermärchen‹ geprägt.

Kern und Schwerpunkt der ›eigentlichen Märchen‹ (ordinary folktales, contes proprement dits) bilden in dem von Antti Aarne geschaffenen, heute praktisch von der gesamten Forschung angenommenen und angewendeten Typenregister (s. unten S. 16 ff) die ›Zauber- oder Wundermärchen‹ (tales of magic, contes merveilleux). Es ist kein Zufall, daß moderne wissenschaftliche Ausgaben diese Gruppe von Erzählungen an die Spitze stellen (so Kurt Ranke, Paul Delarue) und daß viele Autoren das Wundermärchen mit Selbstverständlichkeit als das eigentliche Märchen nehmen (Peuckert S. 11: »das ›Zaubermärchen‹, an das wir zunächst beim ›Märchen‹ denken«). Zauber,

Wunder, Übernatürliches (alles nur ungefähre Ausdrücke) sind für das allgemeine Empfinden mit dem Begriff ›Märchen‹ verbunden. Die Definitionsversuche in maßgebenden Handbüchern bezeugen es. »Unter einem Märchen verstehen wir seit Herder und den Brüdern Grimm eine mit dichterischer Phantasie entworfene Erzählung besonders aus der Zauberwelt, eine nicht an die Bedingungen des wirklichen Lebens geknüpfte wunderbare Geschichte, die hoch und niedrig mit Vergnügen anhören, auch wenn sie diese unglaublich finden« (Bolte-Polívka S. 4). »A Märchen is a tale of some length involving a succession of motifs or episodes. It moves in an unreal world without definite locality or definite characters and is filled with the marvelous. In this never-never land humble heroes kill adverseries, succeed to kingdoms, and marry princesses« (Thompson S. 8). »Das Märchen ist eine Kunstform der Erzählung, die neben Gemeinschaftsmotiven auch in einer die Entwicklung der Handlung bestimmenden Weise Wundermotive verwendet« (Wesselski S. 104). Die meisten Forscher sind sich bewußt, daß nur eine Mehrzahl von (formalen und inhaltlichen) Kriterien den Begriff ›Märchen‹ zu umschreiben vermag (z. B. Mackensen S. 305, Röhrich S. 12); im wesentlichen werden für das ›eigentliche Zaubermärchen‹ die folgenden Merkmale genannt: Ausgliederung in mehrere Episoden, die das Märchen bloßen Kurzphantasien (z. B. Scherzfiktionen: »Schau, die Mutter Gottes backt Küchlein«, beim Anblick des Abendrots) voraushat, klarer Bau, der es von der unbeschränkten Freiheit des Kunstmärchens abhebt, der Charakter des Künstlich-Fiktiven, der das Märchen von Berichten über Gesehenes, Gehörtes, Erlebtes und Geglaubtes trennt, die Leichtigkeit, das Spielerische, das ihm im Gegensatz zu den verwandten Gattungen Sage, Legende, Mythus eignet, die im Vergleich mit Fabeln und Exempeln unbedeutende Rolle des belehrenden Elements, und das Miteinander von Wirklichkeit und Nichtwirklichkeit, welches das Märchen von erfundenen Erzählungen mit realistischem oder pseudorealistischem Anspruch wie Novellen, Romanen, science fictions (und, zusammen mit der strengen Gliederung, auch von willkürlichen Phantastereien) unterscheidet.

Weitere Begriffsbestimmungen und Definitionsversuche: »Das Märchen ist eine Liebesgeschichte mit Hindernissen, die ihren Abschluß in der endgültigen Vereinigung des Paares findet.« »Der eigentliche Gehalt des Märchens liegt in seinen Jenseitsmotiven« (*Walter A. Berendsohn,* Grundformen volkstümlicher Erzählerkunst in den Kinder-

und Hausmärchen der Brüder Grimm, 1921 [²1968], S. 29 f., 35).
»Das Märchen als mehrgliedrige Wundererzählung mit erotischem
Kerngehalt ... ist der Roman der Primitiven« (*Lutz Mackensen,* Der
singende Knochen, FFC 49, Helsinki 1923, S. 3). Eine gesetzmäßig
gegliederte »Zweiwelt-Erzählung«, in einer Binnen- und einer Außenwelt spielend (K. v. *Spiess* u. *E. Mudrak,* Deutsche Märchen –
Deutsche Welt, 1939, S. 7). Im Märchen sind »das Geschehen, der
Lauf der Dinge so geordnet ..., daß sie den Anforderungen der nai-
ven Moral völlig entsprechen, also nach unserem absoluten Gefühls-
urteil ›gut‹ und ›gerecht‹ sind... Das Wunderbare ist in dieser Form
nicht wunderbar, sondern selbstverständlich, ... die einzig mögliche
Sicherheit, daß die Unmoral der Wirklichkeit aufgehört hat«
(*André Jolles,* Einfache Formen, ⁵1972, S. 241, 243; vgl. unten S. 14 f.).
»Man hat den Namen ›Märchen‹ mit Recht auf jene Erzählungen
eingeschränkt, die in der zauberischen Welt geschehen, in denen man
... Wunder verrichtet, in denen der Mensch sich verwandeln kann«
(*Peuckert* S. 10). »Das Märchen ist eine welthaltige Abenteuererzählung von raffender, sublimierender Stilgestalt« (*Lüthi* S. 77; hier
wird die Einbeziehung der Begriffe Wunder und Jenseitsmotiv bewußt vermieden). »Morphologisch gesehen« ist das Märchen eine Erzählung, »die von einer Schädigung (Missetat) oder einem Mangel
(Fehlelement) ausgeht und, unter Einschaltung vermittelnder Funktionen, bei einer Hochzeit oder anderen abschließenden (konfliktlö-
senden) Funktionen endet« (*Propp* S. 91, p. 112); es befolgt ein
Handlungsmuster mit sieben Rollen (»7-Personenschema«, S. 98,
p. 122). »Das Zaubermärchen ... läßt die Antwort der Frage voran-
gehen«, es ist durch »Inversion« (zuerst die Zaubergabe, dann erst
die dazu passende Aufgabe) charakterisiert (*Tenèze* p. 21, vgl. p.
23 f., 29). »Das Volksmärchen ist ein von Mund zu Mund weiterge-
gebenes Werk der epischen Dichtung, vornehmlich der Prosadichtung,
verschiedenen Charakters (Zauber-, Abenteuer-, Alltagsmärchen),
dessen Ziel die Darstellung eines erfundenen Inhalts ist« (*Erna V.
Pomeranceva* in: Jahrbuch 1960, S. 444, als »die gegenwärtig von
den sowjetischen Folkloristen am häufigsten benutzte« Definition bezeichnet – von ihr formuliert im Handbuch »Die russische Volksdichtung« 1954, ²1956). »Eine von den Bedingungen der Wirklich-
keitswelt mit ihren Kategorien Zeit, Raum und Kausalität unabhängige Erzählung wunderbaren Inhaltes, die keinen Anspruch auf
Glaubwürdigkeit hat« (*Kurt Ranke,* in Zusammenfassung der herrschenden Ansicht der Märchenforschung des 20. Jhs., in »Betrachtungen zum Wesen und zur Funktion des Märchens«, ›Studium Generale‹
11, 1958, S. 647 f., bei Karlinger S. 322, bei Ranke S. 2).

Bei den gleichen Autoren auch die oben zusammengestellten Wesensmerkmale; s. ferner *Friedrich Panzer* »Märchen«, in: John Meier,
Deutsche Volkskunde 1926, S. 219 ff., und *C. W. v. Sydow* »Kategorien der Prosa-Volksdichtung«, in: Selected papers on Folklore, Co-

penhagen 1948, S. 60–88, und in: Volkskundliche Gaben, John Meier zum 70. Geb. dargereicht, 1934, S. 244–252.

In einem weiteren Sinne werden innerhalb der Volkserzählungen auch märchenähnliche Geschichten Märchen genannt: novellenartige Märchen (z. B. das von der klugen Bauerntochter, T. 875, KHM 94), legendenartige Märchen (z. B. das vom singenden Knochen, T. 780, KHM 28), Lügenmärchen (z. B. das vom Schlaraffenland, T. 1930, KHM 158, 159), ferner manche Erzählungen, die eher der Mythe, der Sage, der Fabel nahe stehen oder unverbindlichem Fabulieren entspringen.

Zum Begriff des Volksmärchens gehört, daß es längere Zeit in mündlicher Tradition gelebt hat und durch sie mitgeformt worden ist, während man das Kunstmärchen zur Individualliteratur rechnet, geschaffen von einzelnen Dichtern und genau fixiert, heute meist schriftlich, in früheren Kulturen durch Auswendiglernen überliefert. Das Wort Kunstmärchen ist kein Wertbegriff, es bezeichnet nicht nur künstlerische Leistungen von hohem Rang, sondern auch einfältige Erfindungen einer Phantasie, die sich darin gefällt, Blumen, Tiere oder Möbel reden, fliegen, handeln zu lassen. Der Schöpfer eines Kunstmärchens kann sich eng an ein vom Volksmärchen her vertrautes Schema halten oder völlig frei phantastische Wundergeschichten fabulieren – aber die Vorstellung des Übernatürlich-Wunderbaren oder zumindest des Unwirklichen bleibt mit dem Märchen verbunden; wenn auch Trivialromane und Filmdrehbücher heute in manchem an die Stelle der alten Märchen getreten sind (Bausinger), so gesteht ihnen der Sprachgebrauch doch noch keineswegs den Namen Märchen zu, und es bedarf der Untersuchung, wie weit sich ihre Wirkung, ihre Funktion mit der des in mündlicher Tradition lebenden Volksmärchens deckt, wie weit sie als dessen Nachfolger anzusehen sind und wie weit nicht (vgl. unten S. 128 f.). Bausinger: »Die abstrakte Gestalt des Märchens, das die Bestandteile der Realität stärker entwirklicht, trennt es meilenweit von fast allen Formen der Trivialliteratur« (Volkskunde, 1971, ²1979, S. 237).

Zum *Kunstmärchen* siehe *Tismar* und die von ihm genannte Literatur (darunter besonders *Richard Benz,* Märchendichtung der Romantiker, 1908, ²1926, und *Gonthier-Louis Fink,* Naissance et apogée du conte merveilleux en Allemagne 1740–1800, Paris 1966). Ferner *Friedmar Apel,* Die Zaubergärten der Phantasie. Zur Theorie und Geschichte des Kunstmärchens, 1978.

5

Das europäische Volksmärchen, von dem der moderne Begriff des Märchens abgezogen worden ist, teilt die Neigung Übernatürliches, Wunderhaftes in seinen Rahmen aufzunehmen, mit anderen Erzählgattungen, mit Sage, Legende, Mythus, Fabel. Es muß von ihnen abgehoben werden. In der folgenden knappen Übersicht kann es nicht darum gehen, eine umfassende Kontrastierung anzustreben. Es soll vielmehr versucht werden, die verschiedenen Gattungen in ihren Schwerpunkten zu fassen, wobei die Sage, als eine im allgemeinen Bewußtsein mit dem Märchen gekoppelte Kontrastgattung, eine eingehendere Betrachtung erfährt als die übrigen Erzähltypen.

Der Begriff ›Sage‹, auch er ein modern europäischer Begriff, bezeichnet in einem weiteren Sinne Erzählungen, die mit dem Anspruch auftreten, wirkliche Vorgänge zu berichten, die sich aber, sei es schon im Bewußtsein des Erzählers selber, sei es für den Hörer oder nur für den außenstehenden Beobachter, von dieser Wirklichkeit irgendwie entfernt haben, entweder dadurch, daß sie von Mund zu Mund gegangen und so eine charakteristische Umformung erhalten haben (Volkssage, Lokalsage), oder dadurch, daß sie bewußt dichterisch gestaltet wurden (z. B. die Heldensage). Mit der Sage im engeren Sinne ist, wiederum ähnlich wie beim Märchen, die Vorstellung des Außergewöhnlichen eng verbunden. Schon der Name Heldensage verrät, daß da eine das Maß des Alltäglichen überragende Gestalt im Mittelpunkt steht. Die eigentliche Volkssage (Lokalsage) berichtet von ungewöhnlichen, seltsamen, oft beunruhigenden Dingen, Gestalten oder Vorgängen. Das Ungewöhnliche ist ja einer der Grundantriebe des Erzählens: »Wenn einer eine Reise tut, so kann er was erzählen.« Der Sagenerzähler tut eine Reise in den Bereich des Außerordentlichen. Nach den Aussagen der Religionshistoriker hat die Unterscheidung von profaner und numinoser Wirklichkeit bei allen Völkern jahrtausendelang eine zentrale Rolle gespielt; aber auch in der modernen »desakralisierten Welt« (Eliade S. 89 ff.) ist das Empfinden für das Numinose in seiner geheimnisvollen, gleichzeitig faszinierenden und erschreckenden Gewalt nicht ganz untergegangen; auch der Gebildete trägt bedeutende Reste archaischen Fühlens und Auffassens in sich. Die Sage kreist um das Geheimnisvoll-Numinose; bei Sagen im engeren Sinn denkt man an Berichte über Geister und Gespenster, über Riesen, Zwerge, Wald-,

Wasser-, Windwesen, über Schutzherren von Tieren, über Berg-
oder Wüstendämonen, über Hexen und Zauberer, alles Wesen,
die etwas Jenseitiges an sich haben. Diesen Gestalten gilt das
Hauptinteresse der Sage, während das des Märchens mehr auf
die Handlung gerichtet ist. Die Berichte von außergewöhnlichen diesseitigen Phänomenen wie Kriegen, Pest- und Hunger-
zeiten oder von Menschen, die durch ihre soziale Stellung oder
die Kraft oder Absonderlichkeit ihrer Person sich vom Ge-
wohnten abheben, können als eine Randform der Sage aufgefaßt werden; in ihnen ist das eigentlich Numinose ersetzt
durch profanes Geschehen, profane Gestalten, die aber kraft
ihrer Eigenart und Intensität ebenfalls den Schimmer des
Ganz-Anderen haben, als Einbruch, Zeichen oder Abglanz einer ganz anderen Wirklichkeit erlebt werden; oft genug stellt
die Sage den überragenden Menschen als Teufelsbündler hin
und erklärt den Eintritt oder das Aufhören von Krankheiten
durch Rückführung auf göttliche, dämonische oder zauberische
Eingriffe. Das Jenseitige, Numinose, Ganz Andere ist für den
in der Weise der Sage erlebenden und denkenden Menschen
nichts Unwirkliches, sondern nur eine andere und zwar macht-
vollere und wesentlichere Wirklichkeit als die nur menschliche,
profane, alltägliche.

Die Ergriffenheit, Gebanntheit des Sagenerzählers und der
in der Sage vorkommenden Gestalten unterscheidet sich von
der Selbstverständlichkeit, mit der der Märchenerzähler das
Ungewöhnliche, Wunderbare berichtet und die Märchenfigur
ihm begegnet. Genau das, was die beiden Gattungen einander
nahe rückt, die Vorliebe für das Wunderhafte, Übernatürliche
(im modernen Bewußtsein: Über- oder Unwirkliche) trennt sie
auch voneinander. Im Märchen fehlt das Gefühl für das Numinose, die jenseitigen Gestalten haben nichts Gespenstisches an
sich, Zauber und Wunder werden erzählt, als ob sie sich von
selber verstünden, sie verlieren an spezifischem Gewicht (Lüthi). Deshalb kann das Märchen so leicht von Station zu Station
schreiten, während die Sage ihrem Wesen nach von einer einzigen Erscheinung gebannt ist (sie neigt zur Eingliedrigkeit). Die
Sage stellt die beiden Welten, die profane und die numinose,
als zwei scharf von einander geschiedene Dimensionen dar, im
Märchen ist der Abstand weit geringer, der Diesseitige des
Märchens kann dem Jenseitigen und Zauberischen begegnen,
ohne darüber in Erstaunen, geschweige denn in eine starke Ge-
fühlsspannung zu geraten. Im Gegenteil, es beruhigt ihn, wenn
ein Tier, vor dem er sich fürchtet, zu sprechen beginnt. Künst-

lerisch gesehen ist der Grundtyp der Volkssage einfacher, primitiver als der des Märchens, das über einen komplizierteren, kunstvolleren Aufbau verfügt. Doch herrscht beim Erzähler und beim Hörer der eigentlichen Sage eine stärkere und andersartige Gefühlserregung, die Sage ist emotional, ethisch, sachlich, zeitlich und räumlich gebunden, das Märchen bewegt sich leichter und freier. »Das Märchen ist poetischer, die Sage historischer« (Grimm S. V).

Zu diesen aus den Erzählungen selbst gewonnenen Unterscheidungsmerkmalen, die im einzelnen noch stark differenziert werden können, tritt ein volkskundlich-funktionaler Scheidungsversuch. Das erzählende Volk glaubt an seine Sagen, sie »gehören zu der naiven, unkritischen Wissenschaft des Volkes« (Friedrich Ranke S. 195), während das Märchen, wie manche ironische Schlußformel andeutet, ohne den Anspruch auf Glauben erzählt wird. Diese Betrachtungsweise ist den heutigen Verhältnissen in Europa im großen und ganzen angemessen. Sie charakterisiert aber mehr Entstehung und Lebensbedingungen der beiden Gattungen als ihre Wesensart. Eine Sage bleibt eine Sage, auch wenn sie nicht mehr geglaubt wird – die moderne Buchsage hat ihren Reiz (und damit die Möglichkeit zu leben und zu wirken) auch für den Leser, der sie nicht mehr glaubt (sie aber deswegen doch nicht als Märchen, sondern deutlich als Sage empfindet; Dégh/Vázsonyi wollen das Moment *belief* aus der Definition der Sage entfernen). Andererseits ist ein gewisses Maß und eine gewisse Art von Gläubigkeit auch beim Märchenhörer mit im Spiel (vgl. unten S. 37).

Zur Sage s. *Lutz Röhrich,* Sage, Slg Metzler 55, [2]1971, mit reicher Bibliographie; derselbe, Sage und Märchen (Aufsätze), 1976. *Will-Erich Peuckert,* Sagen. Geburt und Antwort der mythischen Welt, 1965. *Bausinger* S. 170–185, *Schmidt* S. 107–112. *Johann Folkers,* Zur Stilkritik der Volkssage, Diss. Kiel 1910; Folkers schließt sich dem »Standpunkt Benfeys, daß die Sage belehren wolle« an (S. 13), er hält die »explikative Tendenz« für den »konstituierenden Faktor der Sage« (S. 75); entscheidend für die Wesensbestimmung der Sage ist ihm die Stilkritik (S. 92 A.), gleichzeitig verwendet er aber auch schon sagen- und märchenbiologische Gesichtspunkte. Zur Kontrastierung von Sage und Märchen s. vor allem die Abhandlungen von *Friedrich Ranke,* in Volkssagenforschung, 1935, jetzt auch in Kleinere Schriften, 1971 (S. 196: Sagen wollen geglaubt werden. Märchen wollen unterhalten – anders *Linda Dégh* u. *Andrew Vázsonyi,* legend and belief, in: Folklore Genres, ed. by *Dan Ben-Amos,* Austin u. London 1976, p. 93–123, bes. p. 97) und von *Max Lüthi,* in Volksmärchen und Volkssage, [3]1975, und in Volkslite-

8

ratur und Hochliteratur, 1970 (vgl. a. Die Gabe im Märchen und in der Sage, Diss. Bern 1943: Gleichartige Motive und Züge werden von jeder Gattung anders geformt, es gibt Gattungsstile – dagegen Schmidt a. a. O.) Ferner *Grimm*, Deutsche Sagen I ²1865, Vorrede (S. V ff.), und *Edmund Mudrak*, »Märchen und Sage. Begriff, Ausbreitung und Abgrenzung« in: Bausteine zur Geschichte, Völkerkunde und Mythenkunde 3, 1933, S. 65–80 (das Märchen als die reinste unter den mythenhaltigen Überlieferungen – die Göttersage durch den Kult, die Heldensage durch heroische Gesinnung und Neigung zur Tragik, die historische Sage durch die Geschichte, die Volkssage durch die Vorstellungen von Dämonen beeinflußt). – Forschungsberichte: *F. Ranke* in Dt. Vjs. 19, 1941, S. 1–36; W.-E. *Peuckert* in Peuckert/Lauffer, Volkskunde, Bern 1951, bes. S. 180–184, und in Dt. Phil. i. A. III ²1962, Sp. 2641–2676; *L. Röhrich* in ›Studium Generale‹ XI, 1958, S. 664–691; *Leander Petzoldt*, ebenda XXII, 1969, S. 913–929; vgl. a. die Referate zur Begriffsbestimmung und zur Gliederung der Sagentypen in ›Acta Ethnographica‹ XIII, 1964, S. 3–131, ferner Jahrbuch XIII, 1964 (Totensagen) und *S. Top*, Sagenproblematik anno 1969, in Volkskunde 70, 1969, S. 45–87. Aufsatzsammlungen: *L. Petzoldt*, Vergleichende Sagenforschung, 1969. *L. Röhrich*, Probleme der Sagenforschung, 1973. Wayland D. Hand, American Folk Legend, Berkeley 1971 (in allen drei Büchern Aufsätze bzw. Vorträge von verschiedenen Autoren). – Reich kommentierte Sagensammlung: *Leander Petzoldt*, Deutsche Volkssagen, 1970, ²1978; Historische Sagen, 2 Bde., 1976, 1977.

Zur religionsgeschichtlichen Einordnung und zum Begriff des Numinosen vgl. *Rudolf Otto*, Das Heilige, 1917 u. ö. (Bestimmung des Numinosen als des Ganz Anderen, das vom Göttlichen bis hinunter zum Niedrig-Dämonischen reicht: Mysterium tremendum et fascinosum); derselbe, Das Gefühl des Überweltlichen (Sensus numinis), 1932; *Mircea Eliade*, Das Heilige und das Profane. Vom Wesen des Religiösen, 1957 (›rowohlts dt. enzyklopädie‹ 31). *Heda Jason*, Aspects of the Fabulous in Oral Literature (Fabula 19, 1978, S. 14–31), fragt nach der Teilhabe der Gattungen an den von Otto spezifierten Elementen. Das »Fabulose« erscheine im Mythus als Schöpferisches (Creative, vormenschlich), in der Sage als Numinoses (ohne majestas), in der Legende als Mirakuloses, im Märchen als Wunderhaftes (Marvelous, mit den Attributen majestas – denn es durchdringt die Märchenwelt – und fascinosum, aber ohne tremendum). Im Märchen begehre die Wunderwelt entzaubert, erlöst, humanisiert zu werden, während das Legenden-Wunder den Menschen in seine Sphäre, die des Heiligen, hereinnehme.

Die ›*Legende*‹ steht in der Nähe der Sage; im Französischen teilt sie sogar den Namen mit ihr, der Wissenschaftler muß die beiden Gattungen durch die Bezeichnungen ›légende populaire‹ (oder ›folklorique‹) und ›légende religieuse‹ (oder ›hagiographique‹) unterscheiden (ähnlich im Englischen: ›legend‹ oder ›demonic legend‹, ›popular tradition‹ und ›sacral legend‹ oder ›saint's legend‹). Grob gesehen – und für Gattungsunterscheidungen sind handfeste Merkmale brauchbarer als tiefgreifende Differenzierungen, in denen sich oft zeitbedingte Interpretationstendenzen stärker bemerkbar machen – erzählt die Legende wie die Sage von übernatürlichem Geschehen, das aber bei der Sage verhältnismäßig unbestimmt bleibt, während es in der Legende von einem festen religiösen System aus gedeutet und von vornherein im Hinblick darauf ausgewählt und gestaltet wird. Die moderne Legendenforschung unterscheidet ›eigentliche Legende‹, die das irdische Leben heiliger Personen erzählt, und ›Mirakelerzählung‹, die von Wundern als Offenbarungen Gottes oder als Hinweisen auf ihn berichtet (›Kultlegenden‹; Petsch, Zaunert). Aber auch wer wie Hellmut Rosenfeld in der Legende »eine Art religiöser Heldensage« sieht, also Mirakelerzählungen, Kultlegenden nicht als eigentliche Legenden gelten läßt und hervorhebt, daß es Legenden gibt ohne jede Wundererzählung, räumt doch ein, daß sie zwar »nicht notwendig, aber mit Selbstverständlichkeit« Wunder einbeziehen (ähnliches ließe sich für das Märchen sagen). Das Übernatürliche, das Wunder ist eben doch das Signum des Heiligen, es gehört wesensmäßig zu Sage und Legende, dort als unbewältigtes oder nur teilweise bewältigtes und eingeordnetes Numinoses, hier als Heiliges, von Gott bewirkt und ihn bezeugend. Zwar werden Mirakel dem lokalen Heiligen oft aus Lokalpatriotismus angedichtet, um *ihn* zu bezeugen, um *ihn* bekannt zu machen, nicht um Gott zu erweisen, an dessen Dasein und Macht ohnehin nicht gezweifelt wird, – aber solche Propagandawunder sind prinzipiell eine sekundäre Erscheinung, ihre Überzeugungskraft leitet sich von der zugrunde liegenden Annahme ab, daß im Wunder Gott sich offenbare. So erfährt das Übernatürliche in der Legende gegenüber der Sage zugleich eine Steigerung, eine Erhöhung und eine Klärung; das Moment des fascinosum überstrahlt das des tremendum. Das Märchenwunder hingegen hat wohl noch den Glanz des Überirdischen, aber es ist nur noch ein Abglanz, es ist, wie alles andere im Märchen, in hohem Grade sublimiert und verwirklicht sich wie selbstverständlich im Zuge einer weitausgreifenden Handlung. So steht die Legende der Sage wesentlich näher als dem Märchen, auch da, wo sie nicht mehr geglaubt wird; die Buchlegende, von einem Ungläubigen gelesen, bleibt eine Legende, genau so wie die Buchsage eine Sage bleibt. Glauben oder Nichtglauben kann Entstehen und Leben einer Gattung bestimmen, ihre Wesensmerkmale aber müssen von der Erzählung selber abgelesen werden.

Zur Legende s. *Hellmut Rosenfeld,* Legende, Slg Metzler 9, ³1972; mit reichen Literaturangaben; s. a. die Abschnitte »Legende« bei *Schmidt* und *Bausinger* sowie die Literaturhinweise oben S. 9 (Otto, Jason, Eliade). Besprechung einer »Aschenputtellegende« bei *Singer* Bd. II, S. 1–9 (dazu Bausinger, bei Laiblin S. 298); vgl. a. *Paul Saintyves,* Des contes et spécialement des contes de fées dans les Vies des Saints, in: Revue d'ethnographie et des traditions populaires X, 1929, p. 74 ff., und *Honti* p. 85–94 (Tale and legend).

Der Begriff des *›Mythus‹* ist noch umstrittener und unklarer als der des Märchens. Auch hier empfiehlt es sich, vom Sichtbaren auszugehen. In Sagen, Legenden, Märchen werden die Vorgänge auf den Menschen bezogen, in der Sage auf den vom Außerordentlichen Getroffenen, in der Legende auf den Träger des Sakralen, im Märchen auf die von Wundern getragene handelnde Figur. Im Mythus aber braucht vom Menschen nicht die Rede zu sein; die ihn kennzeichnenden Figuren sind namentlich Götter (die auch in Gestalt von Tieren oder Menschen, im Grenzfall als gottähnliche Heroen, erscheinen können). Das in ihm wesentliche Geschehen modelliert Grundvorgänge, welche die natürliche und die menschliche Welt strukturieren (vgl. Burkert S. 31 ff., 39) und grundsätzlich nachvollzogen werden können, im Verhalten oder im Ritus; Jason 1977: In myth the stage is prepared for man (p. 33). Sagen, Legenden und Märchen blicken vom Irdischen aus auf das Jenseitige, der Mythus liebt es, seinen Standpunkt von Anfang an im Ganz Anderen zu wählen; er hebt so das Geschehen aus dem Irdischen und aus der Zeitlichkeit heraus. Ursprungsmythen, kosmogonische Mythen, Göttermythen sind charakteristische Formen des Mythus, decken aber nicht das ganze Feld ab, so wenig wie die häufige Verbindung mit Ritus und Kult. *Walter Burkert* schlägt als allgemeine Definition vor: »Mythos ist eine traditionelle ... angewandte Erzählung. Mythos beschreibt bedeutsame, überindividuelle, kollektiv wichtige Wirklichkeit« (S. 29). Im Unterschied zur Fabel ist er nicht konstruiert, sondern als eine Art »Metapher auf dem Niveau der Erzählung ... natürlich, d. h. unabsichtlich gewachsen«, die Anwendung ergibt sich von selbst (S. 32 f.). »Das Entscheidende ist Rezeption und Tradition, nicht kreative Produktion ... Geschichten, die ein individueller Autor erfunden oder maßgebend gestaltet hat, können zum Mythos werden, wenn und nur wenn sie traditionell werden« (S. 17 f.).

Zum Mythus in seinem Verhältnis zum Märchen s. namentlich *De Vries*, besonders S. 45–48 (Märchen und Mythos liegen »himmelweit auseinander«), S. 158 (»der grundsätzliche Charakterunterschied zwischen einem todernsten Mythos und einem spielerischen Märchen«), S. 173 (»Man könnte [beim Märchen] fast von einem verweltlichten Mythos reden«; in »Les contes populaires«, ›Diogène‹ 22, S. 12, bezeichnet de Vries den Mythus als »germe naturel« sowohl der Heldensage als des Märchens) und *Friedrich von der Leyen* »Mythus und Märchen«, DVjs. 33, 1959, S. 343–360 (»Das Märchen ist die verspielte Tochter des Mythus«, S. 358); *Obenauer* S. 56–59, 298 (das Märchen nach Leopold Ziegler als »vorletzte Phase des Mythos, ehe er endgültig verschwindet«); ähnlich *v. Beit,* die im Märchen den Niederschlag verschiedener Stadien des Übergangs von mythischem bzw. magischem zu rationalem Denken sieht (»Das Märchen«). Vgl. *Eliade,* unten S. 62 f., und »Das Heilige und das Profane«, S. 56–59 (»Der Mythos als exemplarisches Modell«), ferner *de Vries* »Der Mythos«, in: ›Der Deutschunterricht‹ 13, 1961, S. 5–17, und *Propp* S. 235–238 (der Mythus sakral, das Märchen profan); *Meletinsky* (Jahrbuch 15, 1969, S. 7 = Propp S. 249, p. 212): »Propp bezeichnet das Zaubermärchen als ein mythologisches Märchen vor allem wegen seiner Entstehung aus dem Mythos; Lévi-Strauss sieht im Märchen einen nur leicht abgeschwächten Mythos.« Meletinsky selber hält die Abkunft des »klassischen Zaubermärchens« von archaischen »mythologischen Märchen« für wahrscheinlich, betont aber die Unterschiede: strenge »hierarchische« Struktur des eigentlichen (»klassischen« »entwickelten«) Märchens; die Zauberdinge sind in ihm nur Mittel, die zum Ziel (Heirat, Königtum) führen, während in mythologischen Erzählungen der Gewinn mythisch-kosmischer Werte das Ziel ist, das mitunter mit Hilfe von Liebes- oder Ehebeziehungen erreicht wird: »Beim Übergang vom Mythos zum Märchen scheinen Mittel und Ziel ihren Platz zu tauschen.« (The Structural-Typological Study of Folklore [s. unten S. 132] p. 75 ff., ähnlich in Semiotica II, 1970, p. 129 ff.; vgl. a. Jahrbuch 15, 1969, S. 18 f., 23 = Propp S. 263, 268, p. 229 f., 236: Proben, Tests sind charakteristisch für das Märchen, nicht für den Mythos. Im Märchen geht es vorwiegend um individuelles, im Mythos um kollektives Geschehen [kosmische Fehlelemente]; vgl. *Lüthi* S. 119.) Zum Mythus allgemein s. *Walter Burkert,* Mythisches Denken. Versuch einer Definition anhand des griechischen Befundes, in: Hans Poser (ed.), Philosophie und Mythos, 1979, S. 16–39; ausführlicher entwickelt Burkert seine Position in seinem Buch: Structure and History in Greek Mythology and Ritual, Berkeley/Los Angeles (Sather Classical Lectures, im Druck).

Auch die ›Fabel‹ gehört zum Kreis der Erzählgattungen, die wie das Märchen inhaltlich über den Rahmen des irdisch Mög-

lichen hinausgehen. Mag man wie Walter Wienert jede Gleich-
niserzählung als Fabel bezeichnen, für das allgemeine Empfinden, das wie der Sprachgebrauch bei jeder deskriptiven Definition zu konsultieren ist, sind doch sprechende und handelnde
Tiere oder Pflanzen, Dinge, Körperteile mit dem Begriff der
Fabel verbunden. Die Fabel wird aber im Gegensatz zum Märchen von ihrem Schöpfer wie vom Zuhörer oder Leser als eine
um der Nutzanwendung willen erfundene Geschichte empfunden, die Vorgänge und Figuren werden also nicht als solche
wichtig genommen, sondern auf ihre praktische Bedeutung ab-
getastet und vom Dichter von vornherein daraufhin angelegt.

Zur Fabel s. *Erwin Leibfried,* Fabel, ³1976, Slg Metzler 66, und
die dort angegebene Literatur. Ferner *Ben Edwin Perry,* Babrius and
Phaedrus, London 1965 (mit wichtiger Introduction); *Klaus Doderer,*
Fabeln. Formen, Figuren, Lehren, Zürich 1970; *Reinhard Dithmar,*
Die Fabel. Geschichte, Struktur, Didaktik, 1971; derselbe, Fabeln,
Parabeln und Gleichnisse, 1970 (mit Einleitung und Anmerkungen);
Fritz Harkort, Tiergeschichten in der Volksüberlieferung, in: Ute
Schwab (Herausgeberin), Das Tier in der Dichtung, 1970, S. 13–50;
G. A. Megas, Some oral Greek parallels to Aesop's Fables, in: Hu-
maniora (Festschrift für Archer Taylor), New York 1960,
p. 195–207 (»It can be said concerning both folktales and fables
that oral tradition preserves the original relationships more intact
than does literary tradition.« p. 195; vgl. dagegen *D. Fehling,* unten
S. 85 f.). S. a. den Abschnitt »Beispiel und Anekdote« bei Bausinger.

Schließlich steht auch der ›Schwank‹ insofern dem Märchen
nahe, als er im Gegensatz zur realistischen Erzählung, zu Epos,
Roman und Novelle gerne Unmögliches berichtet. Zwar kann
das im Schwank Erzählte wahr oder erfunden sein, und der
Hörer kann auch einen Lügenschwank ernst nehmen, aber die
dem Schwank innewohnende Neigung zur Parodie, zur Satire,
zur Entstellung (wenn er Wahres berichtet, wählt er Fälle, wo
sich die Wirklichkeit selber entstellt) gibt ihm eine Richtung
zum Unwirklichen hin. Vom Märchen trennt ihn eben diese
auflösende Haltung. Der Schwank will als solcher zum Lachen
bringen, das Märchen nicht. Er ist als Gattung nicht ohne weiteres neben andere Erzählgattungen zu stellen, sondern als eine
Möglichkeit jeder Gattung zu verstehen: der Wirklichkeits-
schwank setzt die Ordnung des irdischen Daseins in Frage; der
Sagenschwank macht sich über die numinosen Mächte, die den
Lebenskern der Sage bilden, lustig, der Legendenschwank setzt
heilige Personen in ein komisches Licht; der Märchenschwank
zersetzt das im Märchen erscheinende Weltbild, indem er etwa

das Märchenwunder durch betrügerische Kniffe des Helden (oder auch durch technische Wunder) ersetzt. Der Schwank bringt die in den verschiedenen Erzähltypen ausgeprägten Ordnungen ins Wanken, seine auflösende Kraft ergreift nicht nur das Erzählte, sondern die Erzählungen selber, und insofern kann er als »Schwundstufe« (Kurt Ranke) verschiedener Erzählgattungen aufgefaßt werden.

Zum Schwank s. *Erich Strassner*, Schwank, ²1978, Slg Metzler 77 (mit reicher Bibliographie). *Ludwig Felix Weber*, Märchen und Schwank, Diss. Kiel 1904 (Webers verengende Unterscheidung S. 78 f.: »Die übersinnliche Welt ... ist die des Märchens, ... die Welt der Wirklichkeit gehört dem Schwank« ist heute überholt). *Walter Berendsohn*, Grundformen, S. 81, 89 f., 97; *Lüthi* S. 89; *Röhrich* S. 56–62; *Obenauer* S. 206–230. *Hermann Bausinger* »Sage–Märchen–Schwank« in: Der Deutschunterricht 8, 1956, Heft 6, S. 37–43; derselbe »Schwank und Witz« in: Studium Generale 11, 1958, S. 699–710; derselbe »Schildbürgergeschichten. Betrachtungen zum Schwank«, in: Der Deutschunterricht 13, 1961, Heft 1, S. 18–44. *Heinz Rupp*, Schwank und Schwankdichtung in der deutschen Literatur des Mittelalters, in: Der Deutschunterricht 14, 1962, S. 29–48. *Klaus Hufeland*, Die deutsche Schwankdichtung des Spätmittelalters, 1966. *Kurt Ranke* »Schwank und Witz als Schwundstufe«, in: Festschrift für W. E. Peuckert, 1955, S. 41–49 = Ranke S. 61–78, *Hermann Bausinger*, Bemerkungen zum Schwank und seinen Formtypen, in: Fabula 9, 1967, S. 118–136; *Siegfried Neumann*, Volksprosa mit komischem Inhalt, ebenda S. 137–148. Derselbe, Der mecklenburgische Volksschwank. Sein sozialer Gehalt und seine soziale Funktion, 1964 (vgl. unten S. 91). S. a. *Ágnes Kovács*, A rátótiádá tipusmutatója, Budapest 1966 (Register der ungarischen Schildbürger-Schwanktypen), *Sabina Cornelia Stroescu*, La typologie bibliogaphique des facéties roumaines, 2 Bde., (Bukarest) 1969 und die Abschnitte »Schwank« bei *Schmidt* und *Bausinger*.

Das Nebeneinanderleben verschiedenartiger Grundformen wie Märchen, Sage, Mythe, Schwank bei vielen Völkern und in vielen Epochen hat *André Jolles* dazu geführt, von *Einfachen Formen* zu sprechen, ein Begriff, der in der wissenschaftlichen Diskussion eine starke Resonanz gefunden hat. Nach Jolles handelt es sich »um Formen ..., die sich, sozusagen ohne Zutun eines Dichters, in der Sprache selbst ereignen, aus der Sprache selbst erarbeiten« (S. 8).

André Jolles »Einfache Formen«, 1930, ⁵1974, unterscheidet Legende, Sage, Mythe, Rätsel, Spruch, Kasus, Memorabile, Märchen, Witz als Formen der Naturpoesie (im Sinne Jacob Grimms), die »sich von selbst machen«. Die ›Einfachen Formen‹ entsprechen be-

stimmten »Geistesbeschäftigungen«, Grundbedürfnissen und -möglich-
keiten des menschlichen Geistes (nicht feste Geisteshaltungen, sondern
wechselnde, einander ablösende Einstellungen). *Kurt Ranke* möchte
»Urphänomen« statt Geistesbeschäftigung setzen, da es sich nicht um
bewußte Willensakte, sondern um schöpferische Grundkräfte handle,
die die Einfachen Formen (»Urformen menschlicher Aussage«) schaffen. »Es gibt eine Art, die Welt märchenhaft, d. h. in mythisch-heroi-
scher Erhöhung zu bewältigen..., die Welt sagenhaft, d. h. in er-
schütternder Ungelöstheit und Tragik zu erleben, ... der Welt lä-
chelnd, d. h. im erlösenden Spott über ihre Anfälligkeit zu widerste-
hen« (›Studium Generale‹ 11, S. 663, bei Karlinger S. 360, bei Ranke
S. 30; Jolles' Bestimmung des Märchens als Ausdruck des Bedürfnis-
ses nach Gerechtigkeit im Geschehen oben S. 4). Vgl. *Kurt Ranke*
»Einfache Formen«, Kieler Bericht S. 1–11; derselbe, »Einfache Formen«, Fischer Lexikon, Literatur 2, 1965 u. ö., S. 184–200 (= Ranke
S. 32–46); *Max Lüthi*, »Ahistorische Stile«, ebenda S. 8–17; *Wolfgang Mohr* »Einfache Formen«, RL Bd. I, ²1958, S. 321–328; *Wal-
ter F. Berendsohn* »Einfache Formen«, HDM I, S. 484–498; *Hugo
Kuhn* »Zur Typologie mündlicher Sprachdenkmäler«, 1960. Band 9
der ›Fabula‹ ist den Kategorienproblemen der Volksprosa gewidmet
(1967); darin besonders die Beiträge von *Ranke, Cistov, Jech, Alver,
Gašparíková, Harkort, Pourová, Sirovátka*; s. a. den Abschnitt »Das
Problem der einfachen Formen« bei *Bausinger*, S. 51–64 und das
Vorwort von *Alfred Schossig* in seiner Neuausgabe von Jolles' Buch,
Halle 1956.

Zur Frage der Stabilität, der Kontinuität (s. oben S. 13:
Kontroverse Megas/Fehling) vgl. *H. Bausinger* und *W. Brückner* (ed.), Kontinuität? Geschichtlichkeit und Dauer als volkskundliches Problem, 1969, sowie unten S. 142, Stichwort Stabilität.

Die Märchenforschung verfügt über ein *Typensystem*, das allgemein gehandhabt wird und die Verständigung, die praktische Arbeit überhaupt ungemein erleichtert; wissenschaftliche Märcheneditionen richten sich in ihrem Aufbau nach ihm, und auch manche populäre Sammlung versieht ihre Erzählungen mit den international gängigen Typennummern. Dieses System ist von dem finnischen Märchenforscher *Antti Aarne* vorwiegend auf Grund von finnischen, dänischen (Grundtvig) und deutschen Märchen (Grimm) geschaffen und 1910 zum erstenmal veröffentlicht worden; die zweite Ausgabe, in englischer Sprache, wurde von *Stith Thompson* bearbeitet und beträchtlich erweitert (1928); eine dritte, wiederum von Thompson besorgte Ausgabe hat mit 588 Seiten mehr als das Siebenfache des ursprünglichen Umfangs erreicht (1961). Das Werk, zitiert als AaTh, ATh, AT, Mt (= Märchentypus) oder, wie im vorliegenden Bändchen, einfach als T., darf als der Linné der Märchenforschung bezeichnet werden.

Das Aarne-Thompsonsche Typenverzeichnis faßt den Ausdruck Märchen in einem verhältnismäßig weiten Sinn. Es beginnt mit ›Tiermärchen‹ (Animal Tales), deren 299 Nummern in folgende Untergruppen geordnet sind: Wild Animals (= Die Tiere des Waldes, Nr. 1–99; davon sind die ersten 69 dem Fuchs als dem schlauen Tier zugeteilt), Wild Animals and Domestic Animals (Tiere des Waldes und Haustiere, Nr. 100–149), Man and Wild Animals (Der Mensch und die Tiere des Waldes, Nr. 150–199), Domestic Animals (Haustiere, Nr. 200–219), Birds (Nr. 200–249), Fish (Nr. 250–274), Other Animals and Objects (Nr. 275–299). Die einzelnen Typen werden von Aarne kurz charakterisiert, so z. B. »Nr. 57 Der Rabe mit dem Käse im Schnabel: der Fuchs verleitet den Raben zum Singen; der Käse fällt herunter«; »Nr. 104 Der Krieg der Haustiere und der wilden Tiere: die Katze hält den Schwanz in die Höhe; die wilden Tiere halten den Schwanz für eine Flinte und fliehen (Grimm Nr. 48)«. – Die zweite Hauptgruppe trägt den Titel ›Eigentliche Märchen‹ (Ordinary Folk-Tales). Sie zerfällt in Zaubermärchen (Nr. 300–749), legendenartige Märchen (Nr. 750–849), novellenartige Märchen (Nr. 850–999) und Märchen vom dummen Teufel oder Riesen (Nr. 1000 bis 1199). – Die dritte Hauptgruppe erfaßt die ›Schwänke‹ (Nr. 1200–1999). Aarne hat von den 2000 vorgesehenen Nummern nur 540 besetzt, also Platz für weitere Typen und sogar für neue Untergruppen ausgespart. Thompson hat viele neue Nummern eingefügt und den Schwänken, die bei Aarne Schildbürgerschwänke, Schwänke von Ehepaaren, Schwänke mit männlicher oder weiblicher Hauptperson und Lügenmärchen umfassen, als neue Untergruppen die Formelmärchen (Formula Tales, Nr. 2000–2399), ferner eine kleine Gruppe weiterer Typen (Unclassified Tales, Nr. 2400–2499) hinzugefügt. Außerdem hat Thompson die komplizierteren Erzählungen, also besonders die ›Eigentlichen Märchen‹, durch Skizzierung ihrer wichtigsten Episoden genauer gekennzeichnet, Literaturnachweise hinzugefügt und das Ganze durch ein besonders in der 3. Auflage reich ausgebautes Register erschlossen.

Daß diese Klassifikation nicht aus Systemfreude, sondern aus praktischer Arbeit erwachsen und auf praktische Bedürfnisse abgestimmt ist, erkennt man sofort. Formale und inhaltliche Unterscheidungsprinzipien überschneiden sich, und man fragt sich, ob Schildbürgergeschichten und Eheschwänke (T. 1350, Die liebevolle Gattin: der Mann stellt sich tot, die Frau ist gleich bereit, den Überbringer der Nachricht zum Manne zu nehmen) in ein Verzeichnis der *Märchen*typen gehören, das ja nicht die Volkserzählung überhaupt erfassen will (Sagen und Legenden sind ausgeschlossen). Und doch muß man zugeben, daß der Praktiker, der Erzählungen von stark fiktivem Charakter in die Nähe des Märchens zu stellen sich veranlaßt sieht, damit gleichzeitig einen Beitrag zur Begriffsbestimmung und zum Verständnis des Märchens leistet.

Wenn in dem ganzen Katalog die Liste der ›*eigentlichen Märchen*‹ – ihre Tendenz zur Mehrgliedrigkeit hebt sie von den Tiergeschichten und Schwänken deutlich ab – die umfangreichste und zugleich gewichtigste ist, so bilden in ihr selber die *Zauber- oder Wundermärchen* (Tales of Magic) den Schwerpunkt. Aarne hat sie nach dem jeweils wesentlichen »wunderbaren, übernatürlichen Faktor« unterteilt und damit einen Hinweis auf die in der Überlieferung wichtigsten Ausprägungen des Wundermärchens gegeben. Er stellt an die Spitze die *Märchen mit übernatürlichem Gegner* (Supernatural Adverseries, T. 300–399); hierher gehören der Drachentöter (T. 300), die Prinzessin im Sarge (307), der Zauberschüler (325), Hänsel und Gretel (327), der Geist im Glas (331), Gevatter Tod (332), der Bärenhäuter (361) und viele andere. Es folgen die Erzähltypen mit *übernatürlichem oder verzaubertem Ehepartner* oder sonstigem Angehörigen (400–459; z. B. 410 Dornröschen, 425 Tierbräutigam, 440 Froschkönig). Die nächste Gruppe (460–499) ist bestimmt durch die *übernatürliche Aufgabe* (z. B. 461 Drei Haare des Teufels), die folgende (500–559) durch den *übernatürlichen Helfer* (z. B. 505–508 Der dankbare Tote, 510 A Aschenbrödel, B Das goldene, das silberne und das Sternenkleid, 554 Die dankbaren Tiere). Dann folgen die Erzählungen mit *übernatürlichem Gegenstand* (560–649, z. B. 561 Aladdin, 570 die Zauberpfeife des Hasenhirten), darauf die mit *übernatürlichem Können oder Wissen* (650–699; z. B. 650 Der starke Hans, 653 Die vier kunstreichen Brüder, 670 Die Sprache der

Tiere) und schließlich Erzählungen mit *anderen übernatürlichen Momenten* (700–749, z. B. 700 Der Däumling, 706 Das Mädchen ohne Hände, 709 Schneewittchen, 710 Marienkind).

Die ›*legendenartigen Märchen*‹ (Religious Stories) scheiden sich in folgende Untergruppen: *Gott belohnt und straft* (z. B. 750 Die Wünsche, 753 Der Heiland und der Schmied, 755 Sünde und Gnade = Die Frau ohne Schatten, 756 C Die zwei Erzsünder, 761 Der harte Gutsherr als Pferd des Teufels), *Die Wahrheit kommt an den Tag* (z. B. 780 Der singende Knochen, 785 Wer aß das Herz des Lammes?), *Der Mann im Himmel, Der dem Teufel Versprochene* (z. B. 812 Das Rätsel des Teufels, 825 Der Teufel in der Arche). Viele von diesen ›legendenartigen Märchen‹ sind schwankhafte Erzählungen.

Die ›novellenartigen Märchen‹ (Novelle, Romantic Tales) zeigen die folgenden Handlungstypen: *Die Hand der Königstochter wird gewonnen* (z. B. 850 Die Merkmale – birthmarks – der Prinzessin, 851 Die Prinzessin, die das Rätsel nicht erraten kann), *Das Mädchen (heroine) heiratet den Königssohn* (z. B. 875 Die kluge Bauerntochter), *Treue und Unschuld* (z. B. 880 Der Mann prahlt mit seinem Weibe, 887 Griseldis, 888 Die treue Gattin, 889 Der treue Diener, 890 Ein Pfund Fleisch), *Das böse Weib wird gebessert* (900 König Drosselbart, 901 Der Widerspenstigen Zähmung), *Die guten Ratschläge* (z. B. 910 B des Dienstherrn: Weiche nicht von der Landstraße ab usw.), *Der kluge Knabe, das kluge Mädchen* (z. B. 921 Der König und der Bauernjunge, 923 Liebe wie Salz), *Schicksalsmärchen* (z. B. 930 Die Weissagung, 931 Oedipus), *Räuber- und Diebsgeschichten* (z. B. 950 Rhampsinit, 954 Die 40 Räuber, 955 Der Räuberbräutigam, 960 Die Sonne bringt es an den Tag). Viele dieser Erzählungen könnten ohne weiteres als Novellen oder romanartige Geschichten bezeichnet werden. Was sie als Märchen erscheinen läßt, ist ihr Handlungsfeld, ihr Personal (Könige, Prinzessinnen), ihre wirklichkeitsferne Stilisierung.

Die ›Märchen vom dummen Riesen oder Teufel‹ endlich (Tales of the Stupid Ogre) zerfallen in die von der *Zornwette* (Dienstkontrakt, T. 1000–1029), von der *gemeinsamen Arbeit des Menschen und des Teufels* oder Unholds (z. B. 1030 Ernteteilung), vom *Wettstreit zwischen Menschen und Unhold* (z. B. 1060 Zerdrücken eines vermeintlichen Steins, 1085 Loch in Baum stoßen), von mißlungenen *Mordanschlägen auf den Helden* (z. B. 1119 Der Unhold tötet seine eigenen Kinder, 1120–1122 listige Tötung der Frau des Unholds, 1137 Blendung des Riesen = Polyphem), vom *eingeschüchterten Teufel* (1164 Böses Weib in der Grube), vom *Menschen, der seine Seele dem Teufel verkauft* und sich durch List rettet (z. B. 1182 Der gestrichene Scheffel).

Wie die Schlagwörter für die einzelnen Typen andeuten, nimmt Aarne eine ihm repräsentativ scheinende Fassung eines Märchens, führt sie auf die ihm wesentlich scheinenden Elemente zurück und versieht sie mit einer Nummer, so daß nun alle Versionen (Varianten) dieses Typs ihr zugeordnet werden können. Theoretisch ist der Typus »die ideelle Einheit in der Vielheit der Varianten« (Honti); da diese aber nur durch langwierige Untersuchungen herausgefunden oder postuliert werden kann, hält sich Aarne meist recht eng an eine konkrete Version, sogar in den Personenbezeichnungen, während Thompson in seiner genaueren Analyse eine allgemeingültigere Formulierung anstrebt. Als Beispiel für dieses Vorgehen, zugleich für die Art der aufgliedernden Inhaltsangaben Thompsons und als Beispiel für ein ›legendenartiges Märchen‹ (Religious Story) diene T. 750 (A). Aarne: »*Die Wünsche:* der Heiland und Petrus gewähren dem armen Bauer, der sie gastlich aufnimmt, drei gute Wünsche, dem reichen dagegen drei schädliche Wünsche.« Thompson fügt hinzu: »I. *Hospitality rewarded.* (a) Christ and Peter (a god, or other supernatural being) reward hospitality and punish the opposite. (b) A limited number of wishes will be fulfilled. II. The Wishes. (a) The hospitable person uses his three wishes wisely; the inhospitable in his anger makes two foolish wishes (e. g. his horse's neck broken, his wife stuck to the saddle) and must use the third to undo them; or (b) the same with one wish: to keep doing all day what you begin; one gets good linen all day, while the other throws water on the pig; or (c) a husband given three wishes transfers one to his wife who wastes it on a trifle; in his anger he wishes the article in her body and must use the third to get it out.« In der dritten Ausgabe folgt eine Spezifizierung der Einzelmotive nach den Kategorien des Motiv-Index (s. oben S. VI f.).

Natürlich kann ein Märchen sowohl eine »übernatürliche« Aufgabe als übernatürliche Gegner als auch übernatürliche Helfer aufweisen. Für die Einordnung ist dann entscheidend, wo der Beurteiler den Schwerpunkt sieht.

Wenn ein *Motiv* (vgl. unten S. 81) nach Thompson das kleinste Element einer Erzählung ist, das dank seiner Außergewöhnlichkeit (»it must have something unusual and striking«) die Kraft hat, sich in der Überlieferung zu erhalten, sei es einzeln (Thompson p. 415 f., wo aber seltsamerweise auch bedeutsame Einzelzüge, Figuren, Requisiten zu den Motiven gezählt werden) oder nur innerhalb eines Motivkomplexes (Rooth, vgl. unten S. 81), so enthält ein *Typ* entweder ein einziges Motiv (so die meisten »Tiermärchen« und Schwänke) oder mehrere zu einer Gesamtkomposition vereinigte Motive oder Motivkomplexe, die in dieser Konstellation in der Überlieferung zu leben vermögen (Thompson). Die Typen sind die Schemata der konkret meist in vielen Versionen verbreiteten Erzählungen. Die stattliche, aber nicht unbegrenzte Zahl der stark verbreiteten Typen deutet auf bestimmte Grundmöglichkeiten des dichtenden Menschengeistes hin.

Das Aarnesche Typenverzeichnis ist, seiner Herkunft gemäß, vor allem auf das nördliche Europa eingestellt. Die dritte Ausgabe bezieht Irland, Süd- und Osteuropa, den nahen Osten und Indien sowie die unter deren Einfluß stehenden Gebiete stärker mit ein, so daß nun das große, in sich einigermaßen geschlossene Traditionsgebiet von Irland bis Indien erfaßt ist. Dagegen berücksichtigt auch sie Erzählungen, die ausschließlich in China oder Japan oder bei Naturvölkern nachgewiesen werden können, nicht; für jedes Traditionsgebiet, z. B. für das zentralafrikanische, das ozeanische, das der nordamerikanischen Indianer müßte ein eigenes Typenverzeichnis erstellt werden.

Regionale Typenregister versuchen den Erzählschatz eines bestimmten Gebietes zu katalogisieren, meist, aber nicht immer, in Korrespondenz zu Aarne/Thompson (vgl. *S. Thompson*, »Fifty years of folktale indexing«, in: Humaniora, Festschrift für Archer Taylor, New York 1960, S. 49–57). Sie haben, im Gegensatz zu Aarne/Thompsons Rahmenindex, die Möglichkeit, die einzelnen Varianten zu verzeichnen und ihre Eigenarten zu signalisieren. Zudem geben sie ein Bild des Erzählschatzes bestimmter Völker oder Regionen (nach Eberhard/Boratav S. 24 bilden »die Märchen eines Volkes eine Einheit«; kein Zuhörer nehme es dem Erzähler übel, »wenn er in ein Märchen Motive einfügt, die aus anderen Märchen stammen«). Manche Typenregister beziehen auch Volkserzählungen anderer Art ein.

Island: *E. O. Sveinsson*, Verzeichnis isländischer Märchenvarianten, FFC 83 (1929).
Norwegen: *R. Th. Christiansen*, The Norvegian Fairytales, FFC 46 (1922, Zusammenfassung von: Norske Eventyr, Kristiania 1921).
Schweden: *W. Liungman*, Sveriges Samtliga Folksagor, Djurshom 1949–1952 (3 Bde., gibt für jeden der ca. 500 Typen ein Beispiel in extenso, dann die Abweichungen der Varianten; im 3. Band Kommentar und Abhandlungen, deutsche Ausgabe 1961).
Lappen: *J. Qvigstad*, Lappische Märchen- und Sagenvarianten, FFC 60 (1925).
Finnland: *A. Aarne*, Finnische Märchenvarianten, FFC 5 (1911) und 33 (1920). *O. Hackmann*, Katalog der Märchen der finnländischen Schweden, FFC 6 (1911).
Rußland: *A. N. Andrejev*, Leningrad 1921 (in russischer Sprache).
Estland: *A. Aarne*, Estnische Märchen und Sagenvarianten, FFC 25 (1918).
Livland: *O. Loorits*, Livische Märchen- und Sagenvarianten, FFC 66 (1926).
Lettland: *K. Arajs/A. Medne*, Riga 1977 (russisch/engl./lett.).
Litauen: *J. Balys*, Kaunas 1936 (litauisch, z. T. auch engl.).
Ost- und Westpreußen: *K. Plenzat*, Die ost- und westpreußischen Märchen nach Typen geordnet, Königsberg 1927.

Polen: *J. Krzyżanowski*, Wroclaw/Warszawa/Kraków, Bd. I 1962, II 1963; in polnischer Sprache.

Tschechoslowakei: *V. Tille*, Verzeichnis der böhmischen Märchen I, FFC 34 (1921).

Ungarn: *Hans Honti*, Verzeichnis der publizierten ungarischen Volksmärchen, FFC 81 (1928). *J. Berze Nagy*, 2 Bde. in ungar. Sprache, Pécs 1957 (erfaßt nur Aufzeichnungen und Publikationen bis 1933, diese aber intensiv; ausführliche Inhaltsangaben der Varianten, Hinweise auf entfernte Parallelen, zahlreiche Zusatztypen zu Aarne/Thompson, von W. Anderson in: Fabula 2 S. 283–289 in deutscher Sprache mitgeteilt). *A. Kovács*, Typenregister der ungarischen Tiermärchen, Budapest 1958, in ungarischer Sprache (vgl. die Anmerkungen von K. Ranke, ›Fabula‹ 4 S. 195 ff.).

Rumänien: *A. Schullerus*, Verzeichnis der rumänischen Märchen und Märchenvarianten, FFC 78 (1928).

Türkei: *W. Eberhard/P. N. Boratav*, Typen türkischer Volksmärchen, 1953.

Italien: *G. D'Aronco*, Le Fiabe di magia in Italia, Udine 1957. Derselbe, Indice delle fiabe toscane, Florenz 1953 (vgl. W. Andersons Anmerkungen in: Hessische Blätter für Volkskunde XLV). *S. Lo Nigro*, Racconti popolari siciliani. Classificazione e bibliografia, Florenz 1958. – Vgl. Nachtrag unten S. 24.

Spanien und Südamerika: *R. S. Boggs*, Index of Spanish Folktales, FFC 90 (1930). *T. L. Hansen*, The Types of the Folktales in Cuba, Puerto Rico, the Dominican Republic and Spanish South America, Berkeley/Los Angeles 1957.

Frankreich: *P. Delarue/M.-L. Tenèze*, Le conte populaire français, Bd. I, Paris 1957, Bd. II 1965, Bd. III 1976 (umfaßt auch französisch sprechende Regionen in Übersee; gibt für jeden Typ ein Beispiel in extenso oder leicht gekürzt, gliedert übersichtlich in Hauptabschnitte = éléments und signalisiert danach die Varianten mit Ziffern und Buchstaben; ausführlicher Kommentar. Bd. I/II: T. 300–736 A, Contes proprement dits, Bd. III: T. 1–299, Contes d'animaux; Bd. I hrsg. von Paul Delarue, Bd. II, III von Marie-Louise Tenèze). *Zitiert: Delarue*

Belgien: *G. Laport*, Les contes populaires wallons, FFC 101 (1932). *M. de Meyer*, Les contes populaires de la Flandre, FFC 37 (1921).

Niederlande: *J. R. W. Sinninge*, Katalog der niederländischen Märchen-, Ursprungssagen-, Sagen- und Legendenvarianten, FFC 132 (1943). Vgl. a. *A. Coetzee, S. C. Hatting, W. J. G. Loots, P. D. Swart*, Tiperegister van die Afrikaanse Volksverhaaal, in: Kwartaalblad van die Genootskap vir Afrikaanse Volkskunde, Nuwe Reeks XXIII, Johannesburg 1967.

Großbritannien und USA: *E. W. Baughman*, A Comparative Study of the Folktales of England and North America, Microfilm Ann Arbor 1954. Derselbe, Type- and Motif-Index of the Folktales of England and North America, Den Haag 1966.

Irland: *S. Ó. Súilleabháin* and *R. Th. Christiansen,* The Types of the Irish Folktales, FFC 188 (1963).

Israel: *H. Jason,* Types of Oral Tales in Israel, Part 1 (Jewish-Oriental) in: Fabula 7, 1965, S. 115–224; Part 2 (Jewish as well as Arabic) Jerusalem 1975.

Mexiko: *Stanley L. Robe,* Index of Mexican folktales, including Narrative Texts from Mexico, Central America and the Hispanic United States, Berkeley/Los Angeles/London 1973.

Westindien: *H. L. Flowers,* A Classification of the folktales of the West Indies by Types and Motifs, Bloomington 1952.

Indien: *S. Thompson/W. E. Roberts,* Types of Indic oral tales, FFC 180 (1960); erfaßt Indien, Pakistan, Ceylon; vgl. auch S. Thompson/J. Balys, The oral tales of India, Bloomington 1958 (Motivindex). *L. Bødker,* Indian animal tales, FFC 170 (1957, berücksichtigt auch literarische Varianten).

Indonesien: *J. de Vries,* Typenregister der Indonesische Fabels en Sprookjes, in: Volksverhaalen uit Oost-Indie, II, Leiden 1928; *P. Voorhoeve,* Overzicht van de volksverhalten der Bataks, Vlissingen 1927.

China: *W. Eberhard,* Typen chinesischer Volksmärchen, FFC 120 (1937, berücksichtigt auch Legenden, Fabel- und Schwankartiges, aber nur in der mündlichen Tradition noch Lebendes).

Mongolische Märchentypen: *Laszlo Lörincz,* 1979.

Japan: *Hiroko Ikeda,* A Type and Motif-Index of Japanese Folk-Literature, FFC 209 (1971). *Keigo Seki,* Types of Japanese Folktales, in: Asian Folklore Studies, 25, 1966, p. 1–220; derselbe, Nihon Mukashi-banashi-shusei, 6 Bde., Tokyo 1950–58.

Korea: *In-Hak Choi,* A Type Index of Korean Folktales, Seoul 1979.

Eine Ergänzung der Typenverzeichnisse bilden die Publikation und Kommentierung wichtiger Varianten bestimmter Erzählungstypen, ferner detaillierte Register aus verwandten Gebieten, z. B.: *L. Röhrich,* Erzählungen des späten Mittelalters und ihr Weiterleben in Literatur und Volksdichtung bis zur Gegenwart, Bd. I 1962, Bd. II 1967 (Sagen, Märchen, Exempel, Schwänke).

F. C. Tubach, Index Exemplorum. A handbook of medieval religious tales, FFC 204, 1969.

S. C. Stroescu, La typologie bibliographique des facéties Roumaines, 2 Bde., Bukarest 1969.

H. Schwarzbaum, Studies in Jewish and World Folklore, 1968.

U. Nowak, Beiträge zur Typologie des arabischen Volksmärchens, 1969.

Typologien vor und neben Aarne/Thompson:

Der erste kraftvolle Versuch, zu einem Typensystem zu gelangen, findet sich bei *J. G. v. Hahn.* Er setzte die Märchen zu griechischen und germanischen Mythen in Bezug und arbeitete 40 »Formeln«, »Urgedanken der Menschheit«, heraus. Frejaformel (Frau oder Braut verfehlt sich – wandert – findet den Mann wieder = T. 425), Genovevaformel (Verleumdung der Frau, Verstoßung – Erlösung = T. 707), Tierkindformel (= T. 439, 441), Weibliche Käuflichkeit (a Die zweite Braut oder Frau verkauft ihren Mann für drei Nächte an die erste, b eine Jungfrau gibt für Kostbarkeiten in dreimaliger Steigerung ihre Reize preis), Andromedenformel, Schneewittchenformel, Aschenputtelformel, Dioskurenformel (Zweibrüder, T. 303), Skyllaformel (Verrat durch Schwester oder Mutter, T. 315, 590), Tierschwägerformel u. a. bilden die Gruppe der ›Familienformeln‹; daneben treten Brautwett-, Entführungsformeln und dualistische Formeln (z. B. Unterweltsfahrt, T. 301). Das System, auf der schmalen Grundlage griechischer und deutscher Märchen aufgebaut und dogmatisch beeinflußt, fand keine allgemeine Anwendung, war aber als Anregung wirksam. *K. v. Spiess* unterscheidet Märchen mit weiblicher und mit männlicher Hauptgestalt und innerhalb beider Gruppen Erzählungen mit je anders gearteter Auseinandersetzung mit der »Außenwelt« (d. h. der Jenseitswelt, die von der Wiener mythologischen Schule zum Dunkelmond in Beziehung gesetzt wird, vgl. oben S. 4, unten S. 65), z. B. Dreischwesternmärchen, bzw. Drei- oder Zweibrüdermärchen – Märchen mit heller und dunkler Gestalt – Märchen mit Geschlechts- oder Gestalts-, Kleider-, Farbwechsel. Ein wenig systematisches, dafür praktisch in Dänemark verwendetes System wurde von *Svend Grundtvig* entworfen (135 Typen – Typus 1 Schwanenjungfrau = T. 400, Typus 134 Verräterische Mutter = T. 590). *C. W. von Sydows* »Kategorien der Prosa-Volksdichtung« sind mehr für die Sagenforschung wichtig geworden (Unterscheidung von Memorat und Fabulat) als für die Märchenforschung. Er scheidet die Schimäremärchen (Zaubermärchen, T. 300–749, 850–879) scharf von den mehr realistischen Novellen- (und Parabel-)märchen, weist jene den Indogermanen, diese den Semiten zu; daneben stellt er Konglomeratmärchen (lose Kompositionen, T. 1000–1029, 326, 650, 700 u. a.) und Kettenmärchen (wiederholte Abwandlung ein- und desselben Motivs). Aarnes Legendenmärchen und Märchen vom dummen Teufel läßt v. Sydow nicht als selbständige und einheitliche Kategorien gelten (er ordnet sie z. T. den Parabelmärchen, z. T. den Schwänken zu); Tiererzählungen reiht er bei den Fabeln ein. *V. J. Propp* wirft dem Aarneschen System vor, daß es auf der Unterscheidung der »Sujets« (Stoffe, Inhalte), also der bloßen Bauelemente (Figuren, Dinge) beruhe statt auf dem Bau; ihm scheint die Struktur, die Komposition das Entscheidende (sie ist durch Prädikate, nicht durch Subjekte und Objekte bestimmt). Seinerseits gelangt Propp, der die Struktur der *Gattung* Märchen aufdecken will, nicht zu einem Typensystem, sondern führt alle »eigentlichen« Märchen (Schimäremärchen) auf ein Grundschema zurück, dessen ursprünglichste Form er in den Erzählungen vom Raub der Prinzessin durch einen Drachen repräsentiert sieht (S. 16–19, 112 ff., p. 16–20, 141 ff., vgl. unten S. 72, 123 ff.). Vgl. die Konzeption von *Volker Klotz* (s. unten S. 91): In allen Märchen geschieht im wesentlichen dasselbe, das Hauptgewicht liegt nicht auf dem, was jeweils erzählt wird, »sondern auf der Erfüllung des Gattungsgesetzes, das hier, anders als bei allen anderen Gattungen, mit dem Gesetz der Weltordnung identisch ist« (S. 91).

Literatur:

Antti Aarne, Verzeichnis der Märchentypen, FFC 3, 1910. *Aarne/Thompson,* Types of the Folktale. A Classification and Bibliography, FFC 74, 1928; neue, stark vermehrte Ausgabe FFC 184, 1961.

S. Thompson, Fifty Years of Folktale Indexing, in: Humaniora, New York 1960, S. 49–57.

Archer Taylor, Anordnungsprinzipien, HDM I S. 73–79; derselbe, The Biographical Pattern in Traditional Narrative, in: Journal of the Folklore Institute I, 1964, S. 114–129 (Auseinandersetzung mit Propp).

Vilmos Voigt, Anordnungsprinzipien, EM I, Sp. 566–576.

Fritz Harkort, Zur Geschichte der Typenindices, in: Fabula 5, 1962, S. 94–98.

I. G. v. Hahn, Griechische und albanesische Volksmärchen, 1864, ²1918, S. LXVII–XCIV.

Karl v. Spiess, Deutsche Volkskunde als Erschließerin deutscher Kultur, 1934, S. 82–105.

Karl v. Spiess u. Edmund Mudrak, Deutsche Märchen – Deutsche Welt. Zeugnisse nordischer Weltanschauung in volkstümlicher Überlieferung, 1939; anonyme Neuausgabe 1947, unter dem Titel: Hundert Volksmärchen, treu nach den Quellen in ihren Beziehungen zur Überlieferungswelt.

Astrid Lunding, The system of tales in the folklore collection of Copenhagen, FFC 2, 1910 (gibt das System von *Grundtvig).*

C. W. v. Sydow, Kategorien der Prosa-Volksdichtung, in: Selected papers on Folklore, Copenhagen 1948 S. 60–88.

Hans Honti, Märchenmorphologie und Märchentypologie, Folk-Liv III (1939) S. 307–318.

Warren E. Roberts, Norwegian Folktale Studies. Some aspects of distribution, Oslo 1964 (befaßt sich mit der Verbreitung und Abwandlung einer Anzahl von Märchentypen in verschiedenen Traditionsgebieten innerhalb Norwegens).

Nachtrag zu S. 21:

A. M. Cirese e L. Serafini, Tradizioni orali non cantati, Rom, Discoteca di Stato, 1975 (nach Tonbandaufnahmen 1968/69 und 1972 in ganz Italien; vgl. die Rezension von *R. Schenda,* in: Fabula 18, 1977, S. 179 f.).

Wenn auch die Eigenart jedes Volkes und jeder Epoche und
stärker noch Temperament, Interessenrichtung und Begabung
der Erzählerpersönlichkeiten das Gesicht der Erzählungen mitbestimmten, so ergibt ein Vergleich der im Laufe der letzten
Jahrhunderte zutage getretenen Märchen doch, daß über die
nationalen, zeitlichen und individuellen Verschiedenheiten hin-
weg den europäischen Volksmärchen manche gemeinsame Züge
eigenen, so daß von einem Grundtyp des europäischen Volksmärchens gesprochen werden kann. Er muß als Idealtyp aufgefaßt werden; die einzelnen Erzählungen umkreisen ihn, nähern
sich ihm, ohne ihn je ganz zu erreichen. Das europäische
Volksmärchen kennzeichnet sich in der Hauptsache durch die
Neigung zu einem bestimmten Personal, Requisitenbestand und
Handlungsablauf und durch die Neigung zu einer bestimmten
Darstellungsart (Stil).

Handlungsverlauf

Das allgemeinste Schema, das dem europäischen Volksmärchen zugrunde liegt, ist: Schwierigkeiten und ihre Bewältigung.
Kampf/Sieg, Aufgabe/Lösung sind Kernvorgänge des Märchen-
geschehens. In diesem Schema, hinter dem das allgemein
menschliche Erwartung/Erfüllung steht, ist der gute Ausgang,
den man als Charakteristikum des Märchens zu nennen pflegt,
eingeschlossen. Die Ausgangslage ist gekennzeichnet durch einen Mangel oder eine Notlage (arme Eltern setzen ihre Kinder
aus; die Prinzessin soll einem Drachen ausgeliefert werden),
durch eine Aufgabe (den Goldapfeldieb zu ertappen, Lebenswasser für den kranken König zu holen), ein Bedürfnis (Aben-
teuerlust, Wunsch sich zu vermählen) oder andere Schwierigkeiten, deren Bewältigung alsdann dargestellt wird (vgl. dazu
die Feststellungen der Strukturalisten, unten S. 123 ff.).

Die Märchenhandlung neigt dazu, sich in einem Zweier- und Drei-
errhythmus auszufalten. Viele Märchen sind zweiteilig: Nach der Lösung der Aufgabe, dem Bestehen des Kampfes, dem Gewinn von
Braut oder Bräutigam werden Held oder Heldin des Preises beraubt
oder geraten in eine neue Notlage, die sie bewältigen oder aus der sie
gerettet werden müssen (der Drachentöter nimmt für ein Jahr Ur-
laub, ein Usurpator, sei er Minister, General oder Kutscher, erpreßt
die gerettete Prinzessin und gibt sich als ihren Retter aus; oder: der
Drachentöter gerät in die Gewalt einer Hexe, sein Bruder muß ihn

erlösen; oder: infolge der Verletzung eines Tabus verliert die Heldin den Gatten und muß ihn in langer Wanderung suchen und zurückgewinnen). Einzelne Forscher (Propp, Berendsohn) bezeichnen die zweiteilige Erzählung als die eigentliche Vollform des Märchens. Von dieser Tendenz zur Zweiteiligkeit abgesehen neigt das Märchen zur Darstellung des Geschehens in drei Abläufen: drei Brüder ziehen nacheinander aus, um die Aufgabe zu lösen, oder der Held (die Heldin) selber muß nacheinander drei Arbeiten vollbringen, drei Ungetüme überwältigen, drei Zauberdinge holen.

Inhaltlich kommen zwar nicht in jedem einzelnen Märchen, aber doch schon in kleineren Gruppen von Märchen, wie sie dem einzelnen Erzähler, der einzelnen Hörgemeinschaft oder dem einzelnen Leser zu Gebote stehen, die wesentlichsten menschlichen Verhaltensweisen und Unternehmungen zur Darstellung: Kampf, Stellen und Lösen von Aufgaben, Intrige und Hilfe, Schädigung und Heilung, Mord, Gefangensetzung, Vergewaltigung und Erlösung, Befreiung, Rettung, schließlich Werbung und Vermählung sowie Berührung mit einer den profanen Alltag überschreitenden Welt, mit zauberischen »jenseitigen« Mächten. An Themen prägen sich die folgenden besonders deutlich und beharrlich aus: Widerstreit von Schein und Sein, Verkehrung der Situation in ihr Gegenteil, Sieg des Kleinen (bzw. Schwachen, Unscheinbaren) über das Große (bzw. Mächtige, Bevorzugte), Selbstschädigung. Paradoxien und Ironien (nicht so sehr des Worts als des Geschehens) sind für das Märchen charakteristisch. Paradoxa sind ihm so selbstverständlich, daß sie kaum mehr als solche empfunden werden; die Ironie des Geschehens *(irony of event)* erscheint im Märchen vorwiegend in der Form der »Konträrironie« (Lüthi): Die Dinge stehen nicht schlimmer, sondern besser als es scheint.

Literatur:

Axel Olrik, Epische Gesetze der Volksdichtung, ZfdA 51, 1909, S. 1–12 (Wiederholung, Dreizahl, szenische Zweiheit, Gegensatz, Achtergewicht, Einsträngigkeit, Schematisierung; Eigenschaft spricht sich in Handlung aus; Konzentration um eine Hauptperson u. a.). Olriks Aufsatz, der geradezu klassische Geltung erlangt hat, wird scharf kritisiert von *A. van Gennep,* in: La Formation des Légendes, Paris 1910, S. 287–290, 326: »Les prétendues lois épiques d'Axel Olrik: ce sont des techniques formelles, des rouages isolés arbitrairement.«

W. A. Berendsohn, Grundformen volkstümlicher Erzählerkunst, 1921 (²1968): Zweiteiligkeit § 29, S. 35; derselbe, Epische Gesetze der Volksdichtung, HDM S. 566–572.

Panzer, Märchen in: J. Meier, Dt. Volkskunde, S. 225 ff.
Propp, passim.
Lüthi S. 69–75 (Universalität, Welthaltigkeit), 115–121 (Auseinandersetzung mit Propp); derselbe, Volksliteratur und Hochliteratur, 1970, passim (Aufsätze über Thematik, Paradoxien u. a.); derselbe, Europäische Volksliteratur, Themen, Motive, Zielkräfte, in: Albert Schaefer (Herausgeber), Weltliteratur und Volksliteratur, 1972, S. 55–79; derselbe, Ästhetik S. 131–150 (Ironie und Konträrironie S. 145–148, 187, mißglückende Vor- und Nachahmung S. 111–120, s. a. Register); derselbe, Ironien in der Volkserzählung, in den Akten des VI International Congress for Folk Narrative Research 1974, Helsinki 1976, p. 67–74; vgl. a. unten S. 126 ff.
Röhrich S. 232–242 (Themen des Märchens).

Personal und Requisiten

Hauptträger der Handlung sind Held oder Heldin, beide im allgemeinen der menschlich-diesseitigen Welt zugehörig – auch das Tierkind hat menschliche Eltern und kann von seiner Tiergestalt erlöst werden – und ihre Gegner. Dazu treten als für das Märchen charakteristische Figuren: Auftraggeber, Helfer des Helden (Geber, Ratgeber und unmittelbar Helfende), Kontrastgestalten (erfolglose Brüder, Schwestern oder Kameraden, Neider, Usurpatoren – also Unhelden und falsche Helden) und von Held oder Heldin gerettete, befreite, erlöste oder sonstwie gewonnene Personen (Braut oder Bräutigam und Nebenfiguren). Alle wichtigen Figuren also sind auf den Helden bezogen als dessen Partner, Schädiger, Helfer oder als Kontrastfiguren zu ihm; Gegner und Helfer gehören häufig der außermenschlichen Welt an.

An die Stelle oder an die Seite der zu gewinnenden Person kann ein Ding treten: das Lebenswasser (oder ein Wundervogel), drei Haare des Teufels, ein schöner Teppich. Hauptrequisit aber ist die Gabe, die den Helden zur Lösung seiner Aufgabe instand setzt. Es können drei ihm übergebene Hunde mit übernatürlichen Kräften sein, die den Drachen besiegen helfen, oder ein Tierhaar, das ihm die Fähigkeit gibt, sich in das betreffende Tier zu verwandeln oder es zu Hilfe zu rufen, oder ein goldenes Spinnrad, ein prächtiges Kleid, oder auch Rat, Dienstleistung, also wunderhafte und profane, dinghafte und nichtdinghafte Gaben.

Personen und Dinge des Märchens sind im allgemeinen nicht individuell gezeichnet. Schon der beliebte Name Hans, Jean, Iwan, der seit dem Ende des Mittelalters häufigste Personenname in Europa, deutet darauf hin, daß der Held des Märchens keine Persönlichkeit, aber auch kein Typus, sondern eine allgemeine Figur ist – mit dem Namen Iwan bezeichnet man den Russen überhaupt, der »deutsche »Hans« ist fast zum Gattungsnamen geworden (Großhans, Schnarchhans, Schmalhans) und ist auch Lieblingsname für personalisierte Haustiere (Pferd, Vogel). Die meisten Personen bleiben überhaupt unbenannt, sie sind einfach Königin, Stiefmutter, Schwester, Soldat, Schmied oder Bauernjunge.

Die Figuren scheiden sich scharf in gute und böse, schöne und häßliche (wobei Held oder Heldin selber nacheinander als häßlich und schön erscheinen können: Grindkopf und Goldener, Aschenputtel und strahlende Tänzerin, Kröte und Prinzessin), in groß und klein, vornehm und niedrig usw. Schon die hier aufgezählten Kontraste zeigen, daß vom König, Grafen oder reichen Kaufmann bis zum Bettler, zum Schweinehirten, zur Gänsemagd, von der tugendhaften Dulderin bis zum schlimmsten Bösewicht die wesentlichen Erscheinungen der menschlichen Welt umspannt werden. Zu den diesseitigen treten die einer Über- oder Unterwelt angehörigen Figuren, die als Hexen, Feen, Zauberer, Riesen, Zwerge, Tiere oder als nicht weiter benannte alte Frauen oder Männchen auftreten. Wenn auch nicht jede einzelne Erzählung solche jenseitigen Gestalten enthält, so gehören sie doch zu der Gattung als solcher, die Repräsentanten aller wesentlichen Sphären, mit denen sich der menschliche Geist beschäftigt, umfaßt. Auch die Dinge scheiden sich in Zauberdinge und Alltagsdinge, wobei wiederum allgemeine Repräsentanten der Dingwelt erscheinen, Tisch und Kleid und Schwert und Haus, und zwar vom Schloß bis zum kleinen Häuschen, vom goldenen und silbernen Gewand über das Pelzkleid bis zum schmutzigen Arbeitsrock, von Schwert und Flinte bis zu Messer und Hobel, dazu Haare und Federn und Schuppen und Kästchen, Eier, Nüsse – mit Vorliebe Dinge von stark geprägter, eindeutiger Gestalt. Auch Pflanzen gehören zum Arsenal des Märchens, Blumen und Früchte und namentlich Bäume.

So spiegelt sich nicht nur in den Handlungen, sondern auch in den Gestalten und Dingen des Märchens die Welt. Gestirne, Wolken, Wege, unterirdische Reiche – Mensch, Tier, Pflanze, Mineral, Gebrauchsding – Personen und Requisiten gewöhnlicher und übernatürlicher Art haben ihren festen Platz in den Märchen. Daß an Tieren gerne solche des Wassers, der Erde und der Luft schon in einer einzelnen Erzählung genannt werden und zur Wirkung kommen, ist ein Ausdruck der Neigung des Märchens zur Universalität.

Literatur:

A. Genzel, Die Helfer und Schädiger des Helden im deutschen Volksmärchen, Diss. (Masch.) Leipzig 1922.
Propp S. 31–70, 79–90, p. 35–85, 96–111.
Lüthi, Ästhetik S. 152–167; derselbe, Die Gabe im Märchen und in der Sage, Diss. Bern 1943, passim.

Darstellungsart

Das europäische Märchen ist handlungsfreudig. Es neigt zu raschem Fortschreiten und zu knapper Benennung der Figuren und Requisiten; Beschreibungen und Schilderung der Umwelt oder Innenwelt seiner Gestalten sind selten. Schon diese entschiedene Ausrichtung auf eine meist einsträngig geführte Handlung gibt dem Märchen Bestimmtheit und Klarheit. In der gleichen Richtung wirken eine Reihe anderer Züge des Märchenstils: die Vorliebe für reine Farben und Linien, für alles klar Ausgeprägte überhaupt, für Metalle, Mineralien, Extreme und Kontraste, Formeln der verschiedensten Art, für Gaben und Aufgaben, Verbote, Bedingungen und Tests, für Lohn und Strafe.

An Farben nennt das Märchen gerne rot, weiß und schwarz; daneben golden und silbern. Das letzte ist schon ein Hinweis auf seine Freude am Metallischen. Es liebt nicht nur goldene und silberne Gegenstände, auch Wälder können kupfern, silbern oder golden sein, ferner Kleider, Haare oder sogar einzelne Glieder von Menschen; es gibt gläserne Werkzeuge, Hexen verwandeln ihre Opfer in Stein. Diese Mineralisierung und Metallisierung bedeutet eine Verfestigung der Dinge, ihre Härte, zum Teil auch ihr Glanz und ihre Kostbarkeit heben sie aus ihrer Umgebung heraus. Ähnliches gilt von den scharfen Umrißformen vieler Märchendinge: Schloß, Häuschen, Kammer, Kästchen, Ei, Stab, Schwert, Messer, Tierhaar. Entsprechend läßt das Märchen seine Figuren gerne einzeln auftreten, die Diesseitigen ebenso wie die Jenseitigen (während die Sage oft vom Volk der Zwerge, vom Zug der Geister spricht oder von mehreren Sennen, die miteinander das unheimliche Erlebnis haben). Und wiederum entsprechend zieht es das Extrem allen Mittel- und Zwischenzuständen vor: außer den schon genannten Personen- und Farbkontrasten die scharfen Strafen und glänzenden Belohnungen (Prinzessin und Königreich oder Kopf ab), und namentlich das Wunder, das mit einem Schlage alles verändern, verwandeln kann (während in der Wirklichkeit das allmähliche Sichwandeln vorherrscht). Bedingungen und Verbote tun das ihre, die Handlungslinie scharf auszuprägen. Zu den Formeln gehören nicht nur die festgeprägten Anfänge und Schlüsse (Es war einmal – Die lebten nun glücklich, wir aber hier noch glücklicher), sondern auch Verse (mitunter gesungene Verse), wörtlich wiederholte direkte Reden im Innern der Erzählungen und manches andere, vor allem die Vorliebe für stilisierte und gesetzmäßig variierte Wiederholung überhaupt: die Formel der Dreizahl und das Gesetz der Steigerung (die sich häufig miteinander verbinden). Während andere Rundzahlen (sieben, hundert) nur Figuren, Dinge oder Fristen bezeichnen, wirkt die Dreizahl handlungsbildend, und zwar so, daß oft schon bei der zweiten, fast immer aber bei der dritten Episode eine Steigerung eintritt (drei-, sechs-, neunköpfiges Untier, drei immer schönere Prinzessinnen); Axel Olrik hat die Dreizahl mit Achtergewicht als »das vornehmste Merkmal der Volksdichtung« bezeichnet. Statt einer Steigerung kann der dritte Ablauf einen Kontrast (Umkehrung, Wende) bringen: Zwei Brüder versagen, der dritte hat Erfolg, oder der Held selber versagt in den zwei ersten Episoden, in der dritten erst glückt sein Unternehmen (»mißglückte Vorahmung«, vorauslaufender Mißerfolg: Mißerfolge als quasi obligate Vorläufer des Erfolgs).

Aufgaben, Verbote, Bedingungen (Tabus u. a.), Gaben, Ratschläge und Hilfen aller Art bezeugen, daß die Handlung des Märchens nicht von innen gelenkt wird, sondern von außen. Eigenschaften werden mit Vorliebe in Form von Handlungen ausgedrückt (Olrik), Beziehungen in Form von Gaben (Lüthi). Das heißt, es wird alles möglichst auf die gleiche Fläche projiziert, auf die der Handlung; alles dahinter Stehende bleibt so gut wie unbeleuchtet. Innenleben (Gefühl, Stimmung, Anstrengung) und Umwelt der Figuren (Familie, Dorfgenossen, Landschaft, soweit sie nicht handlungswichtig sind) spielen eine ebenso geringe Rolle wie die Regionen, in denen die Jenseitsfiguren ihren Platz haben, und die Instanzen, die ihnen ihre Kräfte verleihen. Nur was in die Fläche der Handlung tritt, nur was den hell beleuchteten Weg des Helden kreuzt, wird sichtbar, dafür aber scharf und genau. Figuren und Handlungen sind ohne Tiefenstaffelung, statt des Ineinander und Miteinander herrscht das Nebeneinander oder Nacheinander. Die Bilder des Märchens sind flächig, seine Figuren isoliert: Sie sind letzte Spitzen oder Enden einer Reihe (das jüngste Kind, ein alter König, ein Stiefkind, ein Dummling, eine Prinzessin usw.) und außerdem noch durch Glanz oder betonte Unansehnlichkeit (ein räudiges Pferdchen, ein schäbiger Sattel) hervorgehoben. Isoliert aber, in sich abgekapselt sind auch die Episoden der Handlung, jede entwickelt sich weitgehend aus sich selber. Blinde (funktionslose) und stumpfe (nicht voll ausgenützte) Motive und Motivteile, die zum Teil auf die Vergeßlichkeit der Erzähler zurückgehen, fügen sich als isolierte Einzelzüge gut in ein so beschaffenes Erzählgebilde. Die stark stilisierende, isolierende, steigernde, von der Fülle, Tiefe, Nuanciertheit und Gefühlsbezogenheit alles Wirklichen sich entfernende Darstellungsweise des Märchens kann als Sublimierung, sein Stil im Sinne Worringers als abstrakt bezeichnet werden.

Manche Züge teilt das Volksmärchen mit anderen volkstümlichen Künsten. So die Liebe zu formelhafter Wiederholung mit dem Volkslied, das Linienhafte mit einem Teil der Volkskunst, Achtergewicht und Dreizahl mit der Sage und wiederum mit dem Volkslied, in denen sie nur nicht so stark hervortreten wie im Märchen. In ihrer Gesamtheit aber geben die aufgezählten Merkmale dem Märchen sein eigenes Gesicht. Sie gelten nicht nur für das Zaubermärchen, sondern ebenso für die legenden- und novellenartigen Märchen und dürfen in diesem Sinne als das eigentlich Märchenhafte angesehen werden. Während in der Volkssage die mißglückende Nachahmung dominiert (der Unschuldige wird begnadet, der Böse oder Vermessene geht unter, der Held selber versagt beim wiederholten Versuch), kultiviert das Märchen auch die mißglückte »Vorahmung« (s. oben S. 30).

Wenn die Darstellungsart zum Teil durch die allgemeinen Bedürfnisse eines einfachen künstlerischen Empfindens bestimmt ist und daher Züge aufweist, die auch andere mündlich-volkstümlich übertragene Dichtungen und sogar auch die bildende Volkskunst auszeichnen, so steht sie andererseits auch im Zusammenhang mit der Technik der mündlichen Übertragung. Diese ist auf Gedächtnisstützen, auf Formeln, Kennworte, Wiederholungen, Kontraste angewiesen (auch Verse können ihr eine Stütze bedeuten), und dazu auf einen klaren Aufbau. Aber so wenig etwa die Neigung zur Metallisierung und Mineralisierung ausschließlich aus den aller Volkskunst zugrundeliegenden Bedürfnissen abgeleitet werden kann, so wenig dürfen Formeln wie die der Dreizahl einzig auf die mündliche Übertragungsweise zurückgeführt werden. Metallisierung und Mineralisierung spielen im Gesamtgefüge des Märchens ihre eigene bedeutsame Rolle, und ebenso die Dreizahl. Die kunstmaterialistische Betrachtungsweise leistet einen wichtigen Beitrag zur Erklärung der Phänomene, aber sie reicht nicht aus. Die Eigenart des Märchenstils entspricht gleichzeitig spezifischen menschlichen und künstlerischen Bedürfnissen und eignet sich für die mündliche Übertragung. Nur weil beides zusammenkommt, die Befriedigung geistiger, künstlerischer, seelischer Ansprüche und die Eignung zur Überlieferung von Mund zu Mund, ist das Volksmärchen als Element der mündlichen Volkskultur lebensfähig und durch Jahrhunderte hindurch beliebt und wirksam gewesen.

Literatur:

Die oben S. 26 f. genannten Arbeiten von *Olrik, Berendsohn, Panzer, Lüthi,* ferner *A. Olrik,* Nagle Grundsaetningar for Sagnforskning, Købnhavn 1921; *M. Lüthi,* Volksmärchen und Volkssage. Zwei Grundformen erzählender Dichtung, Bern [3]1975 (Aufsätze); *S. Thompson,* Formel, HDM S. 160–164; *R. Petsch,* Formelhafte Schlüsse im Volksmärchen, 1900; *Mackensen* S. 305–318.

Die Bezeichnung ›Märchen‹ oder gar ›Volksmärchen‹ kann außereuropäischen Erzählungen nur mit Einschränkungen zuerkannt werden. Schon für Indien ist sie problematisch: die auf der Weltanschauung der Europäer beruhende Unterscheidung von Märchen, Schwank, Fabel, Novelle, Sage, Geschichte, Mythe habe, meint *Johannes Hertel,* »für den Inder ... keinerlei Berechtigung« (»Indische Märchen«, S. 4); die Geschichten der Naturvölker vollends sind eigener Art und ertragen den Namen Märchen nur, wenn man ihn in einem sehr weiten Sinne nimmt.

Die als »Märchensammlungen« berühmt gewordenen *orientalischen Werke,* von denen manche das europäische Erzählgut beeinflußt haben, enthalten großenteils Kunstdichtungen (z. T. in Versen oder in Mischprosa) und tragen oft die Züge eines Fürstenspiegels.

Indien

Die bekannteste und einflußreichste Sammlung ist das *Pañcatantra* (Fünferbuch), entstanden wohl nach 300 v. Chr. in Kaschmir, im wesentlichen ein Fürstenspiegel; es will in unterhaltender Form (Tierfabel, kunstvolle Rahmenerzählungen) Lebensklugheit und Staatsklugheit lehren (»eine Anleitung, in allen möglichen menschlichen und politischen Situationen obenauf zu kommen«, Kutzer S. 296). Zahlreiche indische Bearbeitungen und Übersetzungen: ins Mittelpersische (Pehlevi, 6. Jh. n. Chr., verloren), Syrische (»Kalilag und Damnag«, um 570, unvollständig erhalten), Arabische (»Kalīla und Dimna«, 750, in viele asiatische und europäische Sprachen übertragen). – Auf einem in den ersten nachchristlichen Jahrhunderten bekannten, heute verlorenen Erzählwerk (»Bratkathā«) fußt das *»Kathāsaritsāgara«* (Ozean der Erzählungsströme, Verse des Dichters Sōmadēva, aus Kaschmir, 2. Hälfte 11. Jh.; Rahmen- und Schaltererzählungen, darunter die »Vetālapañcaviṃśati«, 25 Erzählungen eines Geistes). Das »Sukasaptati«, die 70 Erzählungen eines Papageien, hat besonders in der persischen Bearbeitung (*»Tutinameh«,* um 1330) auf die Weltliteratur eingewirkt (neben Ehebruch- und Diebsgeschichten u. a. die Erzählung von dem tiersprachenkundigen Mann). Daneben steht die religiöse Erzählliteratur, voran die *Jātakas* (= Geburtsgeschichten, weil als persönliche Erlebnisse Buddhas in einer seiner früheren Geburten dargestellt), die von buddhistischen Mönchen, z. T. offenbar nach Volkserzählungen, geformt und als Predigtmärlein benützt wurden (vorwiegend Legenden, Tiergeschichten, Fabeln, Schwänke, Novellen, ca. 500 v. Chr.) und die Erzählungen der Jaina (z. B. Hēmavijayas *»Kathāratnākara«* = Märchenmeer, um 1600 n. Chr.), sowie das

»Narrenbuch« »Bharatakadwatrimshikā« (wohl vor 1600), worin die erzählfreudigen Jaina (Anhänger Mahawiras, eines Zeitgenossen Buddhas) schiwaitische Mönche verspotten.

Bevorzugte Motive sind dankbare und undankbare Tiere und Menschen, untreue Frauen, List, Scharfsinn (Spitzfindigkeit, Klugheitsproben); die Darstellung neigt zu Übertreibung, Häufung, Wiederholung, Verschachtelung, Raffinement, kunstvollem Aufbau, durchaus in Analogie zu indischer Kunst; die aus dem Mund nicht berufsmäßiger Erzähler aufgezeichneten Geschichten (Tauscher) sind schlichter. Während Benfey alle Märchen von indischen Erzählungen ableiten wollte (vgl. unten S. 68 f.), sprechen Hertel und Wesselski dem Inder, für den Wirklichkeit, Wunder und Dichtung ineinander verschwimmen, das eigentliche Märchen ab.

Literatur:

Theodor Benfey, Pantschatantra. Fünf Bücher indischer Fabeln, Märchen und Erzählungen. Aus dem Sanskrit übersetzt, mit Einleitung und Anmerkungen, 2 Bde., 1859, Neudruck 1966.

Johannes Hertel, Das Pañcatantra. Seine Geschichte und Verbreitung, 1914; derselbe, Indische Märchen, 1921 (M. d. W.); derselbe, Kathāratnākara. Das Märchenmeer. Eine Sammlung indischer Erzählungen von Hēmavijana, 1920.

Heinrich Lüders, Buddhistische Märchen aus dem alten Indien, ²1961 (M. d. W.).

Rudolf Tauscher, Volksmärchen aus dem Jeyporeland, 1959 (wirkliche Volkserzählungen, 1933–1957 aufgezeichnet, mit Variantennachweisen von W. E. Roberts und W. Anderson).

Elisabeth Kutzer, Das indische Märchen, in: Bolte-Polívka IV, S. 286–314.

Friedrich von der Leyen S. 133–143; derselbe, Die Welt der Märchen, Bd. I, S. 181–216; hier S. 253–268 auch Bemerkungen zum Erzählschatz der *Perser,* die namentlich als Vermittler indischer Werke bedeutsam sind (vgl. *Arthur Christensen,* Persische Märchen, ²1958, M. d. W., – darin u. a. die Motive Tierbräutigam, Tierkind, Grindkopf, Frau Holle, Polyphem, magische Flucht, Uriasbrief).

In *China* und *Japan* sind die Grenzen zwischen Märchen, Sage, Mythus ähnlich fließend wie in Indien (vgl. *Richard Wilhelm,* Chinesische Volksmärchen, 1914 u. ö., M. d. W.; *Wolfram Eberhard,* Chinese Fairytales and Folktales, London 1937; derselbe, Volksmärchen aus Südost-China, 1941, FFC 128; derselbe, Erzählungsgut aus Südostchina, 1966; derselbe, Südchinesische Märchen, 1976, M. d. W.). *David Brauns,* Japanische Märchen und Sagen, 1885; *Horst Hammitzsch,* Japanische Volksmärchen, 1964, M. d. W.; *Toshio Ozawa,* Japanische Märchen, 1974).

Die Märchen der Semiten sind im ganzen wirklichkeitsnäher als die der Indogermanen; *v. Sydow* weist ihnen als ihr Eigenes neben Parabel- und Problemmärchen namentlich die Novellenmärchen zu (»ein langes, episodenreiches Novellenmärchen, das seinem Stil und Inhalt nach nahezu als Gegenteil des Wundermärchens bezeichnet werden kann. Während das Wundermärchen eine gleichmäßige Komposition, d. h. logisch und symmetrisch angeordnete Episoden aufweist, so daß man von Anfang an seinen Inhalt ahnt, hat das semitische Novellenmärchen eine unregelmäßige Komposition... Es verweilt gerne bei Einzelheiten, die für die Handlung unwesentlich sind, verlegt die Handlung in wirkliche Städte und Länder, gibt den handelnden Personen wirkliche Namen und hält sich oft sogar beim Geschlechtsregister der Helden auf«: »Folksagoforskningen« in: Folkminnen och Folktankar, 1927 S. 105 ff., übersetzt bei: Christensen, Persische Märchen, S. 287 f.). *De Vries* und *Kurt Ranke* sprechen von »kaleidoskopischem Wechsel der Motive« im orientalischen Märchen überhaupt (de Vries S. 19, Ranke in der Besprechung von Swahns »The Tale of Cupid and Psyche«, in: Arv 12, 1956. S. 163). »Der Araber ... kann sich von seinen Märchen nicht trennen«, er malt aus und verweilt, und so entstehen aus übernommenen Geschichten ganz neue Gebilde; »im Indischen ist nicht immer Licht und Luft, wir ersticken manchmal unter der Überfülle der Erfindungen, im Arabischen entfalten sich die Märchen wie Blumen, und sie stehen leicht und frei nebeneinander« – »schwelgerischer Reiz, ... hingebend weiche, sinnenhafte Kunst« (v. d. Leyen, S. 155, 157). Solche Feststellungen sind auf Grund von kunstmäßig bearbeiteten Erzählungen getroffen worden. Die Grundlage zur Beurteilung der eigentlichen Volksüberlieferung ist noch schmal.

Die bedeutendste arabische Märchensammlung ist »Alf Laila wa Laila«, *»Tausendundeine Nacht«* (die verlorene persische Sammlung trug den Titel *Hezār Afsāneh* = 1000, d. h. unbestimmt viele, Erzählungen – zunächst als *Alf Laila* ins Arabische übernommen; dann, vielleicht aus Scheu vor der Zahl 1000, vielleicht in Anlehnung an den türkischen Stabreim bin bir = 1001, der ebenfalls eine unbestimmt große Zahl bezeichnet, abgeändert; erst spätere Bearbeiter suchen genau 1001 Nächte zu gewinnen). Man vermutet eine indische Grundschicht (Rahmenerzählung, Tierfabeln u. a.), darüber eine persische (die Geisterwelt, der Name Schehrezad u. a.), dann die arabische Bagdader Schicht (8.–12. Jh., Novellen, Anekdoten u. a., Islamisierung, Anpassung der Erzählart), zuletzt die ägyptische Schicht (13.–16. Jh., Gaunergeschichten u. a.); daneben altbabylonische, jüdische, europäische (Kreuzzüge!), arabisch-islamische (Helden- und Schlachtengeschichten aus der Zeit der Beduinenritter), syrische Einsprengsel. Die Sammlung enthält also Beiträge vieler Völker und Zeiten. Bei »Aladin und die Wunderlampe« vermutet Littmann relativ späten ägyptischen Ursprung, bei »Ali Baba und die 40 Räuber« syrischen. Für das Buch von den sieben weisen Meistern (vom weisen Sindbad oder Syntipas, nicht zu verwechseln mit »Sindbad dem Seefahrer«) wurde bisher meist indische Herkunft angenommen, B. E. Perry weist es Persien zu. An Erzählgattungen unterscheidet Littmann Märchen (z. B. die Rahmenerzählung, Fischer und Dämon, Aladin, Ali Baba, Ebenholzpferd, Hasan von Basra), Romane und Novellen (Ritter-, Seefahrer-, Schelmen-, Liebesgeschichten), Sagen (z. B. von der Messingstadt), Legenden (z. B. vom frommen Prinzen, vom Vogel Ruch), lehrhafte Geschichten (Fabeln, Parabeln u. ä.; Buch von den sieben weisen Meistern = Geschichten von der Tücke der Weiber), Humoresken und Anekdoten (z. B. von Harûn er Raschîd).

In neuerer Zeit begann man auch arabische Erzählungen aus dem Volksmund zu sammeln; sie sind einfacher, anspruchsloser als die literarischen Gebilde aus »Tausendundeiner Nacht«, sparsam in Beschreibungen und Gefühlsäußerungen, lieben Wiederholungen, stehende Wendungen, Anfangs-, Übergangs- und Schlußformeln (»Es war einmal . . .« – »Nun kehren wir in unserer Rede und Erzählung zu . . . zurück« – »Daus, daus, die Geschichte ist aus.«).

Literatur:

Enno Littmann, Die Erzählungen aus den Tausend und Ein Nächten; 1923–28 u. ö., 6 Bde. (mit einem Anhang zu Entstehung und Geschichte im 6. Bd.); derselbe, Arabische Märchen. Aus mündlicher Überlieferung ges. u. übertr., 1935 (Auswahl daraus 1961); derselbe, Arabische Märchen und Schwänke aus Ägypten, 1955.

Dov Noy, Jefet Schwili erzählt. 169 jemenitische Volkserzählungen, aufgezeichnet in Israel 1957–1960, 1963. Derselbe, Contes populaires racontés par des Juifs du Maroc, Jérusalem 1965 (hebräisch 1964).

Victor Chauvin, Bibliographie des ouvrages arabes ou relatifs aux arabes, publiés dans l'europe chrétienne de 1810 à 1885, 12 Bde., Liège 1892–1922.

René Basset, Mille et un contes, récits et légendes arabes, 3 Bde., Paris 1924–27 (entlegenere Quellen, vergleichende Anmerkungen).

J. Oestrup, Studien über 1001 Nacht, 1925 (aus dem Dänischen).

N. Elisséeff, Thêmes et motifs de mille et une Nuits, Beyrouth 1949.

M. I. Gerhardt, The Art of Story-Telling, A Literary Study of the Thousand and One Nights, Leiden 1963.

Francesco Gabrieli, Storia della letteratura araba, Milano 1951, S. 269–276; derselbe, Le mille e una notte, 4 Bde. (mit Einleitung), Roma ⁵1958.

B. E. Perry, The Origin of the Book of Sindbad, Fabula III, S. 1–94.

Katharina Mommsen, Goethe und 1001 Nacht, 1960.

Bernhard Heller, Das hebräische und arabische Märchen, in Bolte-Polívka IV S. 315–418.

Ursula Nowak, Beiträge zur Typologie des arabischen Volksmärchens, Diss. Freiburg i. Br. 1969.
v. d. Leyen, S. 149–157.

»Naturvölker«

Bei den sogenannten Naturvölkern findet man eher Vorformen zum Märchen als Märchen. Besonders in den beliebten Tiergeschichten der Primitiven sind Mythus, Sage, Fabel, Märchen, Schwank noch nahe beieinander; Zauberglaube und Spieltrieb scheinen oft gemeinsam am Werk zu sein. Ähnlich wie beim Tanz im Tierkostüm und beim Tragen von Federschmuck schwingt auch beim Erzählen die Erwartung mit, daß etwas von der Macht der Tiere, Gestirne, Dinge, Geister oder Helden, von der Macht des erzählten Vorgangs überhaupt auf Erzähler und Hörer übergehe. Die Erzählung kann Zaubererzählung sein, darf oft nur zu bestimmten Zeiten und Gelegenheiten (z. B. abends oder nachts, im Winter, im Männerhaus) und nur im genauen Wortlaut erzählt werden; mitunter gehört sie zu Kulthandlungen, soll das Wachstum der Pflanzen oder das Jagdglück fördern, Regen und Sturm lähmen, einen Kranken heilen. Der Punkt, wo eine geglaubte, ernst genommene Geschichte in die Sphäre der Unterhaltung übergeht, ist meist schwer zu bestimmen (bisweilen unterscheiden die Erzähler selber zwischen sakralen Geschichten und übermütig erfundenen, die der fröhlichen Unterhaltung dienen). Wenig erforscht ist auch, wie weit Inkonsistenz, Sprunghaftigkeit, Dunkelheit ursprünglich und wie weit sie Verfallserscheinungen sind; der europäische Einfluß ist nicht immer leicht abzuschätzen. Während früher die Formlosigkeit der Erzählungen hervorgehoben wurde, wird neuerdings betont (besonders nachdrücklich von *A. Dundes),* daß auch ihnen eine deutlich erkennbare Struktur eigen sei. Am besten erschlossen sind bis jetzt die Erzählungen nordamerikanischer Indianer und Eskimos. *Stith Thompson* unterscheidet als große Erzählzyklen Schöpfungsmythen (die meist nur von wichtigen Veränderungen in einer schon bestehenden Welt berichten), Trickster-Geschichten (der Trickster, oft in Tiergestalt, als Kulturbringer oder als Schalk, als gewandter Betrüger oder Proteus oder als stupider Betrogener – *A. B. Rooth* warnt davor, hier gleich Ambivalenz zu wittern, der verschiedene Charakter des Erzähltyps beeinflusse die Darstellung der Gestalt, ›Fabula‹ I S. 193–197), Helden- und Prüfungsgeschichten (Sieg über gefährliche Gegner – Bestehen schwieriger Proben, z. B. Aushalten großer Hitze; oft übernatürliche Geburt des Helden, Helfer-Gestalten), Geschichten von Reisen in die andere Welt (meist Oberwelt, Himmel; Stern-Gemahl), von weiblichen und männlichen Tiergatten (Büffelkuh, Hund u. a.; Vorstellung eines unterirdischen Tierreichs).

Viele im europäischen Märchen vorkommende Motive sind schon in den Erzählungen der Naturvölker da. So die magische Geburt, die magische Flucht, Tiergemahl und Tiergattin, gefährliche Aufgaben, Helfer, strikte Verbote und ihre Übertretung. In den Erzählungen der Orientalen begegnet man extremen Strafen und Belohnungen, Rettungen im letzten Augenblick, glänzenden Königen und Prinzessinnen, also Elementen, die wir im europäischen Volksmärchen wiederfinden. In seiner hochentwickelten Konsequenz des Stils, in seinem Schweben zwischen Ernst und Heiterkeit aber ist dieses eigenen Rechts. Im Sinne Eliades (s. Lüthi S. 105 und unten S. 62 f.), Röhrichs (S. 3), Kurt Rankes (›Studium generale‹ 11, S. 649 f.), Obenauers (S. 294 f.) klingt der alte Glaube an die Realität des Erzählten auch beim modernen Hörer noch mit, aber in verfeinerter, sublimierter Form; was bei den Naturvölkern als Tabu empfunden wird, wirkt als solches nach, ist aber zugleich integrierender Teil des Gesamtstils geworden. Märchen im europäischen Sinn sind gleich weit entfernt von unverbindlichem Fabulieren und von strenger Bindung an äußere Wirklichkeit. Sie sind insofern eine Kunst der Mitte. Die Geschichten der Naturvölker sind im ganzen genommen dumpfer, schwerer, nicht selten fiebrig, stärker und unmittelbarer mit der Welt der Wirklichkeit, des Traums, der Angst, des Glaubens und der Sitte verknüpft, die der Orientalen motivisch realistischer, in der Erzählart oft der Neigung zu ungebundenem Schweifen der Phantasie oder zu Spekulation und Konstruktion hingegeben.

Literatur:

Neben den außereuropäischen Bänden der M. d. W., der Röthschen Sammlung, der Folktales of the World und der Contes des cinq continents vor allem: *Leo Frobenius,* Atlantis. Volksdichtung und Volksmärchen Afrikas, 12 Bde., 1921/28; *Harald v. Sicard,* Karangamärchen, Upsala 1965; *S. Thompson,* Tales of the North American Indians, Bloomington/London, [2]1966.

v. d. Leyen, Die Welt der Märchen I, S. 13–114 (Die Welt der Primitiven), S. 223–252 (China und Japan); *Thompson* S. 295–363 (The Folktale in a Primitive Culture – North American Indian); *Röhrich* S. 159–168 (Naturvölkererzählungen).

Paul Radin, Der göttliche Schelm. Ein indianischer Mythenzyklus, Zürich 1956 (nordamerikanische Trickster-Geschichten, mit mythologischen und psychologischen Erläuterungen von Karl Kerényi und C. G. Jung). – Zur Figur des Tricksters (Ränkeschmieds) vgl. auch *Anna B. Rooth,* Loki in Scandinavian Mythology, Lund 1961.

Alan Dundes, The Morphology of North American Indian Folktales, Helsinki 1964 (FFC 195).

Karel Horálek, Afrikanische Märchen in neuen Übertragungen (Forschungsbericht), in: Fabula 13, 1972, S. 167–180.

Anna Birgitta Rooth, The Importance of Storytelling. A study based on field work in Northern Alaska, Uppsala 1976. Rooth belegt u. a. the magic function of storytelling bei Eskimos und Alaska-Indianern sowie die Rolle des Erzählens in Erziehung und Enkulturation. Bestimmte Geschichten dürfen weder fehlerhaft erzählt noch unterbrochen werden, sonst muß man sie von Anfang an noch einmal vortragen; allenfalls erlaubt eine magische Formel, welche die unterbrochene Geschichte vorläufig zubindet, ein Erzählen in Fortsetzungen.

Gab es Märchen im engeren oder im weiteren Sinn schon in vorgeschichtlicher Zeit? Darüber sind nur Vermutungen möglich, sie gehören nicht zur Geschichte, sondern zur Theorie des Märchens. In der Literatur des Altertums hingegen finden sich Spuren des Märchens.

Altertum

Aus dem alten *Ägypten* haben sich Papyri mit Erzählungen erhalten, deren Motive wir auch in Märchen finden und die z. T. sogar einen märchenähnlichen Ablauf haben. In der um 1250 v. Chr. aufgezeichneten Geschichte der beiden Brüder *Anup und Bata* klingen Motive an, die zu den beliebtesten des Volksmärchens gehören: die Hindernisflucht, warnende Tiere, das Todeszeichen, das verborgene Leben (Leben im Ei), Feen-ähnliche, Unheil prophezeiende Frauen (Hathoren), das Lebenswasser. Die Geschichte vom verwunschenen Prinzen, kurz vor 1000 v. Chr. aufgezeichnet, enthält die Unheilsprophezeiung (wieder durch die sieben Hathoren: »Er wird durch ein Krokodil, eine Schlange oder einen Hund sterben«), den Versuch, den Prinzen durch Einschließen in eine Burg vor dem prophezeiten Schicksal zu bewahren, den Auszug des Prinzen, seine Werbung um eine Königstochter, die in einem unzugänglichen Turm behütet ist – er muß sie auf einem siebzig Ellen hoch gelegenen Erker erreichen. Aber solche Anklänge sind kein Beweis, daß das Volksmärchen im engeren Sinn im alten Ägypten lebendig war. Die auf Papyrus aufgezeichneten Geschichten waren als solche keine eigentlichen Volksmärchen, sondern für die Schicht der Gebildeten bestimmt. Die Erzählung von Anup und Bata besonders scheint nicht ein umgestaltetes und mit Götternamen aufgeputztes Märchen zu sein, sondern eher ein Pharaonenmythus, ein »Mythos des Gott-Königtums« (de Vries): Schon die Namen der beiden als Bauern dargestellten Brüder klingen an die des hundsköpfigen Gottes Anubis (Schakalgott) und des stierköpfigen Gottes Bata an. Hingegen hat die im 12. Jahrhundert vor Chr. aufgezeichnete Erzählung von Wahrheit und Lüge – in der auch Götter vorkommen – eine gewisse Ähnlichkeit mit den Geschichten von dem guten und bösen Wanderer, in denen der gute, dann der böse geblendet wird (KHM 107, T. 613); sie enthält zudem einen uns aus dem Märchen von der klugen Bauerntochter (KHM 94, T. 875) bekannten schalkhaften Zug. Die von Herodot aufgeschriebene Erzählung von Rhampsinit vollends ist eine im Morgenland wie im Abendland weitverbreitete Diebsgeschichte (T. 950); damit haben wir uns aber vom eigentlichen Märchen entfernt.

Noch spärlicher sind märchennahe Züge in Texten des alten *Babylon* (Gilgamesch-Epos, Etana-Erzählung; in jenem z. B. ein Lebenskraut, vom Meeresgrund zu holen, in dieser ein Heilkraut, aus dem Himmel zu holen) und *Assyrien*. Vom Märchen im alten *Israel* mag man einen Abglanz spüren in den Geschichten von Moses (Aussetzung im Kästchen), Joseph (Herrschaftstraum, neidische Brüder), David (Todesbrief des Uria), vom Richter Jephtha (Gelübde, Gott das zu opfern, was ihm aus seiner Haustür entgegentrete: Es ist Jephthas Tochter) oder von Tobias (im apokryphen Buch Tobit; ein Engel spielt eine ähnliche Rolle wie der dankbare Tote, und die Abfolge der Ereignisse erinnert an die des Märchens T. 507 A, dessen Normalform in sich logischer ist als die alttestamentliche Erzählung, was auf Priorität eines mündlich zirkulierenden Märchens schließen lassen kann, vgl. unten S. 79 f.). Aber die Motive brauchen nicht aus Volksmärchen zu stammen, sie können auch umgekehrt aus Mythen, Epen, Romanen und anderen Dichtungen ins spätere Volksmärchen gelangt sein, so daß die angeführten Züge und Motive nicht als eigentliche Zeugnisse für die Existenz des Volksmärchens im alten Vorderasien gelten können; andererseits spricht nichts gegen dessen Bestehen, die Tobiasgeschichte eher dafür; Märchen wurden offenbar im Altertum wie auch in späteren Zeiten nicht für würdig befunden, unverändert aufgezeichnet zu werden (s. Wielands berühmtes Urteil, unten S. 52).

Etwas günstiger liegen die Dinge im alten *Griechenland* und *Rom*. In der Literatur findet man Hinweise auf Kinder- und Ammenmärchen (Plato γραῶν μῦθοι, τιτθῶν μῦθοι) und Altweibergeschichten (γέροια, aniles fabulae). In manchen griechischen Sagen und Erzählungen gibt es Elemente, die wir als Märchenmotive anzusprechen gewohnt sind, so etwa das der dankbaren Schlange, des Lebenskrautes, des Todesbriefs. In besonderer Häufung treten sie auf in den Geschichten von Herakles (starker Hans, Drachentöter), Perseus (wunderbare Empfängnis, Aussetzung auf dem Fluß, Unterweltsfahrt mit Gewinn eines magischen Gegenstandes, Sieg über das Meerungeheuer und Befreiung der Jungfrau) und der Argonauten, Geschichten, die auch in ihrem Aufbau auf das Märchenschema hinzudeuten scheinen. Doch ist auch hier Zurückhaltung geboten. Die einzelnen Elemente können nicht ausschließlich dem Märchen zugesprochen werden, und die Ähnlichkeit des Handlungsablaufs ist nicht groß genug, um beweiskräftig zu sein; außerdem können Mythen ein dem des Märchens sehr ähnliches Handlungsschema besitzen. Für den hellenistischen Roman nimmt *Ilse Nolting-Hauff* (aufgrund struktureller Ähnlichkeiten) mündlich tradierte Märchen mit leidenden Helden als Vorläufer an: Vertreibungs-, Flucht-, Verfolgungsmärchen (S. 430: »Die Arsake-Episode der ›Aithiopika‹ ist ein rationalisiertes Hexenmärchen.«). – Die römische Erzählung von Amor und Psyche (um 150 n. Chr. in Apuleius' Metamorphosen, vielleicht nach einer griechischen Vorlage) ähnelt stark den Märchen vom Tierbräutigam; sie mag in der vorliegenden Gestalt als ein mit Götternamen aufgeputztes Märchen bezeichnet werden (Swahn); ebensogut aber kann man in ihr einen

spielerisch behandelten alten Mythus (von der Vereinigung und darauffolgenden Trennung eines Gottes und einer sterblichen Frau) sehen (de Vries). *Detlev Fehling* hält das Ganze für eine Erfindung des
Apuleius; dessen Erzählung solle frühhellenistische Darstellungen
deuten (Eros verfolgt oder küßt Psyche – nach Fehling Personifika-
tionen der von Liebe gequälten bzw. beglückten Seele, die dann aber
als mythische Personen aufgefaßt worden seien und daher das Bedürfnis nach einer zugehörigen Geschichte geweckt hätten). Apuleius
habe dabei bekannte mythische Motive adaptiert, so die Dienste des
Herakles, den Drachenliebhaber der Andromeda u. a. Fehlings These, »Amor und Psyche« sei eine ätiologische (bilderklärende) Erzählung, bleibt Hypothese, sie läßt sich so wenig beweisen wie die Existenz vorausgehender mündlicher Tiergemahlsmärchen (die aufgrund
alten Jägerbrauchtums und -glaubens angenommen werden können).
Natürlich ist für uns nur schriftlich Festgehaltenes faßbar; das darf
den Forscher nicht hindern, Wahrscheinlichkeit oder Unwahrschein-
lichkeit vorausgehender mündlicher Dichtung (sei es Hochliteratur
oder Volksüberlieferung) abzuwägen. In Fehlings Theorie ist die
komplizierte Annahme, daß die auf Bildern erscheinende Psyche aus
einer Allegorie (Personifikation) zu einer mythischen Figur und aus
dieser schließlich zu einem Menschen werde, eine der problematischen
Stellen.

Literatur:

Bolte-Polívka IV S. 94–126; *v. d. Leyen* S. 112–132; derselbe, Die
Welt der Märchen, Bd. I, S. 115–180; *Thompson* S. 272–282.
EM: Artikel Ägypten (Brunner-Traut, vgl. dieselbe in Fabula 20, 1979),
Amor und Psyche (Megas), Apuleius (van Thiel); HDM: Ägyptische
Motive (Pieper), Antike Motive (Mackensen).
De Vries S. 49–60 (bes. zum ägyptischen Zweibrüdermärchen),
84–98 (Argonauten, Auseinandersetzung mit Meuli). *Max Pieper,*
Das ägyptische Märchen, 1936; *Emma Brunner-Traut,* Altägypti-
sche Tiergeschichte und Fabel, 1968. Zu den neuzeitlichen Parallelen zum ägyptischen Brüdermärchen vgl. *Karel Horálek,* in Fabula
7, 1964, S. 1–32, in Archiv orientální 32 (Praha 1964),
S. 501–521, in Man and Culture II (Opera Ethnologica 3, Prague
1968), S. 80–98, und in Folklorica Pragensia I, Prague 1969, S.
7–74 (ebenda S. 75–123 eine Abhandlung Horáleks zur altorien-
talischen Achikar-Erzählung: »Der weise Achikar und verwandte
Erzählungen bei den Slaven«). *Isidor Levin,* Etana (Zur Frühge-
schichte von T. 357), in: Fabula 8, 1966, S. 1–63. *Hermann Gun-
kel,* Das Märchen im Alten Testament, 1917 u. ö. – *Karl Meuli,* Odyssee und Argonautica, 1921. *Rhys Carpenter,* Folktale, fiction and
saga in the Homeric Epics, Berkeley/Los Angeles ²1956 (setzt die
Odyssee zum Bärensohnmärchen, T. 301, in Beziehung). *D. Page,*
Folktales in Homer's Odyssee, Cambridge (Massachussets) 1973.

42

Bernhard Schweitzer, Herakles, 1922. Schweitzer hält Volksmärchen – flottierende Erzählungen von siebenköpfigen Drachen, starken Burschen (vgl. T. 650 A) u. ä. – nicht für Ableger, sondern für die Grundlage mythischer Dichtung; vgl. seine Erwiderung auf Bethes Rezension, Neue Jb. er. f. d. klass. Altertum LIII S. 62, sowie Otto Weinreichs ausführliche, eigene Forschungsergebnisse enthaltende Besprechung in Berliner Philol. Wochenschr. 1924, S. 807.

Wolf Aly, Volksmärchen, Sage und Novelle bei Herodot und seinen Zeitgenossen. Eine Untersuchung über die volkstümlichen Elemente der altgriechischen Prosaerzählung, 1921, [2]1969 (Aly sieht volkstümliche Erzähltechnik, Stilisierung und Motivik durchschimmern, vollständige Märchen hingegen nicht). *Gerhard Binder* u. *Reinhold Merkelbach* (Herausgeber), Amor und Psyche, 1968 (»Wege der Forschung«). – *Ilse Nolting-Hauff*, Märchenromane mit leidenden Helden, in: Poetica 6, 1974, S. 416–455. – *Detlev Fehling*, Amor und Psyche, 1977: s. unten S. 85 ff.

Zum Handlungsablauf in Mythen und Märchen s. *Lord Raglan*, The Hero Pattern, London 1936, New York [3]1956, S. 174 f. (dazu de Vries S. 78–84; sein eigenes »Modell eines Heldenlebens« zeichnet *De Vries* in Heldenlied und Heldensage, 1961, S. 281–301).

Mittelalter

Auch von der aus dem Mittelalter überlieferten Literatur kann man für die früheren Zeiten nur sagen, daß sie märchenartige Elemente enthält, die als Hinweis auf die Existenz des Volksmärchens aufgefaßt werden können, aber nicht müssen. Die einzelnen »Märchenmotive« in der Edda (die Wettkämpfe Thors mit dem Riesen Utgardloki, die Suchwanderung der rotes Gold weinenden Freya nach ihrem Gatten Odin, die Riesentochter Skadi, die durch Loki zum Lachen gebracht wird, u. a.) können ebensogut aus Mythen oder Sagen stammen wie aus Märchen. Die lateinische Literatur des früheren Mittelalters überliefert einige Geschichten, die als Schwankmärchen bezeichnet werden können, so die vom Meisterlügner (im ›Modus florum‹, 10. Jh., T. 852: Ein König gibt seine Tochter dem Freier, der so lügen kann, daß dem König selber die Worte »Du lügst« entschlüpfen), von den befolgten Ratschlägen (T. 910 B, im ›Ruodlieb‹, 10. Jh.: keinen Rothaarigen sich zum Freund zu wählen, nicht von der Hauptstraße abzuweichen, im Hause eines alten Mannes mit junger Frau nicht zu nächtigen, über den Zorn eine Nacht hingehen zu lassen u. a.) oder vom Einochs (Unibos, aus Frankreich oder Lothringen, 10. oder 11. Jh., T. 1535: Verkaufte Ochsenhaut – angeblich getötete, wiederbelebte und verjüngte Ehefrau – angeblich Silbermünzen fallen lassendes Pferd – angeblich auf dem Meeresgrund weidende Schweine). Auch die Sammlungen von Predigtbeispielen

(Exempla, Predigtmärlein) des späteren Mittelalters enthalten vor allem Fabeln und Schwänke. Immerhin erscheinen stark märchenhafte Motive und Handlungsabläufe, so im ›Dolopathos‹ (ca. 1185, Spuren von KHM 49, T. 451, Schwanenkindermärchen), in der ›Scala celi‹ des provenzalischen Dominikaners Johannes Gobii Iunior (um 1300): Mädchen ohne Hände (T. 706, erstes Zeugnis schon um 1200 in der südenglischen ›Vita Offae primi‹), Wasser des Lebens (T. 551), dankbarer Toter (T. 506: an der Stelle des dankbaren Toten hilft der heilige Nikolaus dem Jüngling die Sultantochter gewinnen), tiersprachenkundiger Knabe (T. 671). In den Erzählungen des kurz nach 1300 unter dem Titel »Gesta Romanorum« zusammengestellten Unterhaltungs- und allegorisierenden Weisheitsbuches ist das Märchenschema nicht so stark ausgeprägt. Hingegen erzählt der »Asinarius«, eine spätestens im 14. Jh. in Frankreich oder den Niederlanden entstandene lateinische Versdichtung, eine Version des Tierbräutigams (T. 430); sie ist von den Brüdern Grimm als »Das Eselein« wiedererzählt worden (KHM 144). Wesselski, der die Entstehung der eigentlichen Märchen ins Spätmittelalter verlegt, nennt es das vermutlich erste Märchen in Europa und leitet es aus einer indischen Quelle ab. In zahlreichen Ritterromanen des späten Mittelalters spiegelt sich deutlich das Märchen vom dankbaren Toten (T. 506, KHM 217). In einer Episode des französischen Artusromans »Perceforest« (14. Jh.) erscheint das Schema des Dornröschenmärchens (statt der Feen drei Göttinnen). W. E. Bettridge und F. L. Utley schlagen anstelle des Tierbräutigam-Typs (T. 425 A) eine türkische Version der Geduld einer Fürstin (vgl. Typ 306 bei W. Eberhard und P. N. Boratav, Typen türkischer Volksmärchen, 1953) als mögliche mündliche Quelle von Bocaccios Griselda-Erzählung (es ist die letzte des letzten Tages) vor.

Orientalische Erzählungen haben durch die Tore Byzanz und Spanien sowie in den Kreuzzügen Europa erreicht und ihre Spuren in dessen Dichtung hinterlassen. Das indische »Pañcatantra« ist namentlich durch Übersetzungen der unter dem Titel »Kalīla und Dimna« um 750 entstandenen arabischen Bearbeitung bekannt geworden. Stärker als indische haben indessen keltische Erzählungen, die an Volkssagen und -märchen anzuknüpfen scheinen, die europäische Literatur des Mittelalters beeinflußt. Ihre Liebe für das Wunderbare und Phantastische spiegelt sich in den französischen Versnovellen (Lais) und in der Artusepik Frankreichs und Deutschlands. In jüngster Zeit (70er Jahre) ist die Frage nach Märchenspuren in höfischen Epen neu diskutiert worden. Während der Germanist Gustav Ehrismann 1905 vornehmlich nach Märchenmotiven und -zügen fahndete und dabei auch Volkssagenmotive einbezog, sofern sie zu frei verfügbaren literarischen Formeln geworden waren (S. 14, 43 f.), vergleichen moderne Romanisten zusätzlich auch den Aufbau und den Stil. Ilse Nolting-Hauff weist anhand der Proppschen Kategorien die märchenähnliche Struktur großer Teile von Chrétiens Romanen nach.

»Das Erlösungsmärchen« mit seinem aktiven Helden sei »eigentliches konstitutives Merkmal des Genres ›Artusroman‹« (S. 417). Das »vielleicht älteste Märchenschema Schädigung-Kampf/Sieg-Behebung des Schadens« (vgl. unten S. 123 f.; bei Chrétien Feudalisierung der meisten Schädigungen: Ehrverletzung u. a.) liege einer Reihe von Handlungssequenzen (»Einzelmärchen«) zugrunde: »Monotonie ständiger Siege gegen kurzfristige Gegner nach dem Muster des Drachentötermärchens« (S. 175; zum hellenistischen Roman vgl. oben S. 41). *Wolfram Völker* stellt aufgrund vorwiegend Lüthischer Stilkriterien eine trotz allen Abweichungen weitgehende Märchenähnlichkeit der Artusromane Chrétiens fest – Hartmann und Wolfram individualisieren, psychologisieren und motivieren (erklären) mehr und entfernen sich dadurch vom Märchen: Für W. Völker besteht das eigentlich Märchenhafte gerade in der Entwirklichung und Isolierung der Elemente, im Aussparen von Begründungen und Erklärungen, im Unbeleuchtetlassen der Hintergründe, der Beziehungen und Verflechtungen (vgl. Lüthi S. 57: »Grundsätzliche Stumpfheit aller Märchenmotive«). *Hans Dieter Mauritz,* auf C. G. Jungs Psychologie und Anthropologie fußend, sieht die in den Artusromanen dargestellte Quête (Suchwanderung), die »Fahrt ins magische Reich . . . als Auseinandersetzung mit den Kräften des Unbewußten« (S. 17), die »märchenhaften« Partien überhaupt als Spiegelung innerer Erlebnisse der Romanfiguren und damit als »Sinnbilder seelischen Geschehens« schlechthin (S. 169; vgl. die Märchendeutungen bei v. Beit/v. Franz, unten S. 108 ff.). Nach *Volker Roloff* wären »neben Traditionen der christlichen Didaktik« (S. 188) »vorgefundene Märchenstrukturen«, Märchenmotive, Märchenzüge (S. 125 und passim) wichtigste Gestaltungsanregungen und Stoffgrundlagen der mittelalterlichen Romane. Roloff relativiert die von Ehrismann und Loomis »einseitig vertretene« keltistische These und postuliert stärkeren Einfluß des internationalen Märchenschatzes. – Die hier genannten Autoren, die übrigens fast ausschließlich mit Grimmschen, nicht mit französischen Märchenaufzeichnungen operieren, halten ebenso wie *Karl Otto Brogsitter* (s. unten) den Einfluß »vorgefundener« mündlich tradierter Volksmärchen (deren Existenz mangels Aufzeichnungen hypothetisch bleibt) für wahrscheinlich, mit Ausnahme von *Mauritz,* der, unter Berufung auf *Alois Haas, Max Wehrli* und *Jan de Vries,* die Möglichkeit nicht ausschließen will, daß »erst die höfischen Erzähler aus disparatem Material von Mythos, Sage und Legende einen Märchenstil geschaffen haben und das moderne Märchen eine Art Nebenprodukt der höfischen Dichtung darstellt« (vgl. *Wesselskis* und *Fehlings* Position). Aber auch sogenannte Heldenepen können in Struktur und Motiv Märchenzüge aufweisen: Jung Siegfried hat wie Herakles Ähnlichkeit mit dem starken Hans und mit dem Drachentöter, im ›Wolfdietrich‹ hat der König drei Söhne, von denen der jüngste ausgesetzt wird, weil ein Bösewicht die Königin verleumdet; Hugdietrich gewinnt durch Verkleidungslist eine in dem Turm eingeschlossene Königstochter. All diese Züge können aber aus kunstmäßiger Dichtung stammen und in ihr entstanden sein; wie weit direkte, wie weit indirekte Beeinflussung durch volkstümliche Erzählungen stattgefunden hat, bleibt eine offene Frage. *Brogsitter:* »Vordringlich wäre eine völlig neue Bearbeitung der Frage der Einwirkung von Märchen und volkstümlicher Erzählung auf die Artusepik« (1965/71, S. 11); »die Hauptwerke der Artusepik sind unter Übernahme von Märchenmotiven und Gestaltungselementen des Märchens als große Märchen stilisiert, und sie liefern ihrerseits Material für spätere Märchenentwicklungen« (1976, EM I, Sp. 828).

Literatur:

Bolte-Polívka IV S. 127–175; *Wesselski* S. 180–195; derselbe, Märchen des Mittelalters, 1925 (Texte, reicher Kommentar).

Martin Ninck, Älteste Märchen von Europa, Basel 1945 (Texte und Kommentar).

Lutz Röhrich, Erzählungen des späten Mittelalters u. ihr Weiterleben in Literatur u. Volksdichtung bis zur Gegenwart. Bd. I 1962, Bd. II 1967 (Texte, Kommentar).

P. Delarue, Le conte populaire français, Bd. I, S. 10–15.

F. v. d. Leyen, Das Märchen in den Göttersagen der Edda, 1899 (dazu Sveinsson, FFC 83 S. XV, Wesselski S. 180–186, de Vries S. 45–48).

HDM, Artikel »Edda« (Bd. I, S. 428–452, Kaiser).

Friedrich Panzer, Hilde-Gudrun, 1901 (Rückführung der Hildesagen auf das Goldener-Märchen); derselbe, Studien zur germanischen Sagengeschichte I, 1910, II 1912 (Rückführung der Sagen von Beowulf und Sigfrid auf das Bärensohnmärchen u. a. Märchenelemente. Umstritten; dazu de Vries S. 71 ff.).

Gustav Ehrismann, Märchen im höfischen Epos, in: Paul und Braunes Beiträge zur Geschichte der deutschen Sprache und Literatur 30, 1905, S. 14–54.

Roger Sherman Loomis, Breton Folklore and Arthurian Romance, in: Comparative Literature 2, 1950, pp. 289–306.

Kenneth Jackson. The International Popular Tale and Early Welsh Tradition, Cardiff 1961.

Francis Lee Utley, Arthurian Romane and International Folktale Method, in: Romance Philology 17, 1964, pp. 596–607.

Wolfram Völker, Märchenhafte Elemente bei Chrétien de Troyes, 1972.

Volker Roloff, Reden und Schweigen. Zur Tradition und Gestaltung eines mittelalterlichen Themas in der französischen Literatur, 1973 (vgl. die Rezension von Lüthi in der Zeitschrift für Volkskunde 71, 1975, S. 272–276).

Ilse Nolting-Hauff, Märchen und Märchenroman. Zur Beziehung zwischen einfacher Form und narrativer Großform, in: Poetica 6, 1974, S. 130–178, 417–455.

Hans Dieter Mauritz, Der Ritter im magischen Reich. Märchenelemente im französischen Abenteuerroman des 12. und 13. Jahrhunderts, Bern 1974 (Rez. von Lüthi in Zeitschr. f. Volksk. 73, 1977, S. 102–104).

Karl Otto Brogsitter, Artusepik, 1965, ²1971; derselbe, Artustradition, in der EM I, 1976 (Sp. 846 f.: »Folgende Märchentypen weisen in Struktur und Motivkomplexen bes. auffällige Ähnlichkeiten mit Artusromanen auf: AaTh 301, 302, 313, 326, 329, 400, 425, 471, 502, 530, 550, 551, 650 A und 707. Es ist aber bezeichnend, daß man keinen Artusroman ganz konkret auf einen einzelnen, bestimmten Märchentyp zurückführen kann.«)

Max Lüthi, Märchenspuren in mittelalterlichen Romanen, in: Neue Zürcher Zeitung vom 12. 12. 1976 (Nr. 291, S. 65).

William Edwin Bettridge and *Francis Lee Utley*, New Light on the origin of the Griselda Story, in: Texas Studies in Literature and Language XIII, 1971, pp. 153–208.

Neuzeit

Im *16. Jahrhundert* beginnen die Quellen reicher zu fließen. Wir erkennen im »Erdkühlein« eine von Martin Montanus in seiner »Gartengesellschaft« (um 1560) offenbar mit großer Treue wiedergegebene Aschenbrödelvariante. Der Name ›Aschengrüdel‹ und Anspielungen auf das ›Aschenbrödel‹ begegnen auch sonst in Deutschland, Frankreich, Portugal, wie überhaupt Hinweise auf Märchennamen häufiger werden. Hauptereignis aber in der Geschichte des Märchens ist im 16. Jh. das Erscheinen von *Giovan Francesco Straparolas* »Ergötzlichen Nächten« (Le piacevoli notti, Venedig 1550 und 1553), einer Sammlung von 73 großtenteils aus mündlicher Überlieferung stammenden Erzählungen, von denen 21 als Märchen bezeichnet werden können; wir finden darunter die Geschichten vom Meisterdieb (I 2: T. 1525 A, KHM 192), vom Tierprinzen (II 1: T. 430, 441, KHM 144, 108), vom faulen (hier dummen) Knaben mit dem Zauberwort (III 1: T. 675, in KHM nicht vertreten), vom Wilden Mann oder Eisenhans (V 1: T. 502, KHM 136), vom Zauberlehrling (VIII 4: T. 325, KHM 68), vom Drachentöter (X 3: T. 300), vom gestiefelten Kater (XI 1: T. 545 B, KHM 33a), vom dankbaren Toten (XI 2: T. 506, KHM 217). Die Erzählweise Straparolas (von dem man wenig weiß) ist bei den Märchen, die nach Johannes Boltes Urteil »den besten Teil des ganzen Werks ausmachen«, verhältnismäßig natürlich. Sie haben eine gewisse Wirkung gehabt, sind in portugiesische und französische Sammlungen übergegangen und aus diesen wieder von italienischen Übersetzern übernommen worden. Johann Fischart erwähnt Straparola in der Vorrede zu seiner »Geschichtklitterung«, einer Bearbeitung des ersten Kapitels von Rabelais' »Gargantua« – den 1532 erschienenen »Gargantua« selber hat man »eine gigantische

Verzerrung des Märchens vom starken Hans« genannt (Bolte). *Hermann Hubert Wetzel*, der im Sinne der Theorie von André Jolles die »naive Moral«, die Darstellung einer sich schließlich durchsetzenden »Gerechtigkeit im Geschehen« als das wesentlich Märchenhafte ansieht, sucht den Märchengrundriß bestimmter Renaissance-Novellen aufzudecken (oder dessen Fehlen zu erklären), er glaubt durch eine Analyse der literarischen Adaptationen »die ursprüngliche Struktur« gewinnen zu können; zum »Gargantua« sagt Wetzel: Wichtiger als die Einzelheiten der Krafttaten »ist dem Erzähler das Ganze des nach der Märchenordnung abrollenden Geschehens«. (S. 142).

Im *17. Jahrhundert* ist es zunächst wiederum Italien, das den wichtigsten Beitrag zum Bestande der publizierten Volksmärchen stellt: das »Pentamerone« des neapolitanischen Schriftstellers und Beamten *Giambattista Basile* (1575–1632), das unter dem Titel »Lo cunto de li cunti, ouero Lo tratteniemento de' peccerille, di Gian Alesio Abbattutis« (Das Märchen aller Märchen, oder Unterhaltung der Kinder) 1634/36 posthum in Neapel erschien. Wie Straparola gibt auch Basile eine Rahmenerzählung nach der Art von Boccaccios »Decamerone«. In den meisten seiner 50 Erzählungen haben die Brüder Grimm Parallelen zu ihren eigenen Märchen erkannt, so zu denen vom Tischleindeckdich, von Aschenputtel, den zwei Brüdern, Marienkind, Rapunzel, vom gestiefelten Kater, vom Tierbräutigam, von Allerleirauh, Schneewittchen, vom Mädchen ohne Hände, von den drei Männlein im Walde, den zwölf Brüdern, vom treuen Johannes, von König Drosselbart, von Dornröschen, von den vier kunstreichen Brüdern. Für manche Märchen bringt Basile die älteste bekannte Vollform. Vermutlich hat er die Geschichten in der mündlichen Überlieferung kennen gelernt (dagegen Fehling: »Es gibt dafür nicht den Schatten eines Grundes,« S. 51), und er erzählt sie, einem damals in Abwehr gegen die Vorherrschaft des Toskanischen aufgenommenen Zuge zur Dialektdichtung folgend, in neapolitanischer Mundart. Das Gewand ist barock, Basile durchwirkt seine Geschichten mit ganzen Girlanden von Wortvariationen und mutwilligen Schnörkeln, von Vergleichen, Allegorien, Anspielungen, Wortspielen, das Ganze gewürzt durch Witz, Humor und Ironie, wobei die Kraft der Volkserzählung und die Spielfreude des barocken Dichters zu einer seltsamen, aber reizvollen Einheit kommen. Sein Werk ist für die Märchenforschung ein Dokument ersten Ranges; eine breite Auswirkung auf die mündliche Tradition hat es, vom Neapolitanischen, Apulischen, Kalabrischen vielleicht abgesehen, offenbar nicht gehabt (anders Fehling, S. 56), wohl aber sind literarische Anregungen von ihm ausgegangen; in Deutschland haben Wieland und Brentano Stoffe aus dem »Pentameron«, den »Fünf Tagen«, aufgenommen.

Als Zeugnis für das Märchen in Deutschland ist die Erzählung vom Bärenhäuter zu nennen, die Grimmelshausen in seinen »Simplicianischen Schriften« zum besten gibt. Im übrigen haben sich bisher weder die Schächte des barocken Romans noch die der Predigtsammlungen als ergiebig erwiesen; als Predigtmärlein waren Mirakelgeschichten, Frevelsagen, Fabeln und Schwänke aller Art beliebt; auch Schwankmärchen, Liebesgeschichten und »die intrigantesten Romane« kommen vor, aber Zaubermärchen scheinen auf der Kanzel wenig erzählt worden zu sein – sie waren offenbar weder als moralische Exempel noch als »bloße Unterhaltung« recht zu gebrauchen, ein Befund, der für die Wesensbestimmung des Märchens nicht unwichtig ist.

Am Ende des 17. Jh.s gab der Schriftsteller *Charles Perrault* (1628–1703, seit 1671 Mitglied der Akademie, von 1664 bis 1680 Sekretär des Ministers Colbert) acht Erzählungen heraus, von denen sieben offensichtlich echte Volksmärchen sind: La Belle au bois dormant (T. 410, KHM 50: Dornröschen), Le petit Chaperon rouge (T. 333, KHM 26: Rotkäppchen), La Barbe-Bleue (T. 312, KHM 46: Blaubart), Le maître Chat ou le Chat botté (T. 545 B, KHM 33 a: Der gestiefelte Kater), Les fées (T. 480, KHM 24: Frau Holle), Cendrillon ou la petite pantoufle de verre (T. 510 A, KHM 21: Aschenputtel), Le petit poucet (T. 327 B, Der Jüngling beim Menschenfresser, nicht zu verwechseln mit eigentlichen Däumlingsmärchen); die achte, Riquet à la houppe, geht vermutlich auf eine (möglicherweise verstümmelte) Version von Ricabert-Ricabon (Ricdin-Ricdon, Rumpelstilzchen, T. 500, KHM 55) zurück. Perrault, der in der »Querelle des anciens et des modernes« auf der Seite der Modernen stand, nahm diese Volksmärchen, als deren Verfasser er seinen Sohn Pierre Perrault Darmancour ausgab, als Zeugnisse der Überlegenheit moderner über antike Ammenmärchen. Er erzählt sie in einem halb naiven, halb ironischen Tonfall, im ganzen recht einfach und getreu, im Gegensatz zu seinen Nachahmern, die mit Ausschmückungen und willkürlichen Erweiterungen nicht knauserten. Perraults erstes Manuskript datiert von 1695, die Märchen erschienen 1696/97 in einem Sammelwerk und 1697 gesondert (»Histoires ou Contes du temps passé, avec des moralitez«); in Versform hatte Perrault schon 1693/94 zwei Volksmärchen veröffentlicht, Les souhaits ridicules (T. 750 A, KHM 87) und Peau-d'âne (T. 510 A, KHM 65: Allerleirauh). 1697/98 stellt sich *Mme D'Aulnoy* (1650–1705) mit »Les contes des fées« (vier Bände) und »Contes nouveaux ou les fées à la mode« an Perraults Seite. Wenn bei ihr eine ganze Anzahl von Volksmärchen noch gut erkennbar ist, so sind die sogenannten Feenmärchen der Mlle Lhéritier, der Mme de Murat, der Mlle de la Force, alle an der Schwelle zum 18. Jh. publiziert, und vieler anderer, Späterer, zumeist phantastische Kombinationen von Elementen, die aus heroisch-galanten Romanen, orientalischen Erzählungen und eigener Erfindung stammen. Mme de Murat rühmt sich, die einfachen Feen des Volksmärchens und Perraults durch junge, elegant gekleidete Damen ersetzt zu haben, die in Zauberpalästen und an Königshöfen residieren. Diese höfischen Feen sind in den französischen *Feenmärchen* (sie wurden mit einer Verspätung von etwa einem halben

Jahrhundert eifrig ins Deutsche übersetzt und von deutschen Schriftstellern nachgeahmt) die eigentlichen Motoren der Handlung; fast alle Initiative geht von ihnen aus, die Menschen erscheinen als Spielbälle ihrer Intrigen und gegenseitigen Kämpfe oder als Gegenstand ihrer Erziehungsbemühungen. Während im echten Volksmärchen die Machtverhältnisse und Hierarchien der jenseitigen Gestalten nicht enthüllt werden, stehen die Feen, ihre Fähigkeiten und Absichten, ihre gegenseitigen Beziehungen hier im Mittelpunkt des Interesses; sie sind die Quelle alles Wunderbaren, das damit rationalisiert und seines geheimnisvollen Charakters beraubt wird. Man kann von Feenmaschinerie sprechen, von Feenkorporationen mit genau festgelegten Rängen, Titeln, Verfassungen, Versammlungen und sogar Adreßbüchern (Benz). Die ganze Flut der im Laufe des 18. Jh.s gedichteten Feenmärchen wurde in den verschiedenen Feenkabinetten eingefangen (z. B. »Le cabinet des fées«, Amsterdam 1749–1761, 8 Bde.; Amsterdam/Paris 1785–1789, 41 Bde.). Die erste deutsche Übersetzung erschien 1761/66 bei Raspe in Nürnberg unter dem Titel »Das Cabinet der Feen«, 9 Bde. Am bekanntesten wurde Friedrich Justus Bertuchs (anonym erschienene) »Blaue Bibliothek aller Nationen«, 1790/97, 11 Bde.

Zu Beginn des *18. Jahrhunderts,* wenige Jahre nach dem Erscheinen der Perraultschen Märchen, wartet Frankreich mit einem weiteren in der Geschichte des Märchens wichtigen Ereignis auf: *Jean Antoine Galland* (1646–1715) veröffentlicht von 1704–1712 »Les mille et une Nuits en François« (10 Bändchen, Bd. XI und XII erscheinen 1717 posthum) nach einer aus dem 14. Jh. stammenden arabischen Handschrift und nach mündlichen Erzählungen eines syrischen Maroniten. Die im Geschmack der Zeit gehaltene freie Bearbeitung hatte sofort großen Erfolg, noch vor Abschluß der Ausgabe konnten Teile des schon publizierten Werks in Neuausgaben erscheinen. 1710/12 bringen F. Pétis de la Croix und Le Sage in fünf Bändchen die »Mille et un jours« heraus, nach persischen Manuskripten. Eine Flut von pseudoorientalischen Erzählungen folgt, die Schriftsteller kleiden eigene Erfindungen oder heimische Volkserzählungen in orientalisches Gewand, um dem modischen Geschmack entgegenzukommen. Im Jahrhundert der Aufklärung waren Feengeschichten, die sich öfters ironisch über sich selber lustig machten, und orientalische Märchen, für die man sich aus kultureller Wißbegierde interessieren durfte, Mittel, das geheime Bedürfnis nach Wunderbarem und Phantastischem zu befriedigen und doch zugleich den skeptischen, spöttischen spielfreudigen Verstand auf seine Rechnung kommen zu lassen. Beide Elemente sind noch in *Wielands* Märchen und Feengeschichten (»Die Abenteuer des Don Sylvio von Rosalva«, »Idris und Zenide«, »Pervonte oder die Wünsche«, »Oberon« u. a.) wirksam. Von Abneigung gegen die ganze »Feerei« erfüllt, greift der Weimarer Pagenhofmeister und Gymnasialprofessor *Johann Karl August Musäus* (1735–1787) auf die mündliche Überlieferung, die sich in einigen seiner »Volksmärchen der Deutschen« (1782/86) durch das idyllisierende und satirisierende, breit ausladende Gewand hindurch deutlich genug bemerkbar macht; so in »Die drei Schwestern«, der Geschichte von den Tierschwägern (T. 552), die sogar von Musäus aus ins Volk zurückgewandert ist. Die gebräuchlichen Musäus-Ausgaben basieren meist auf dem von *Wieland* retuschierten Text (1804 f.), die Gesamtausgabe von 1961 gibt den Originaltext.

Literatur:

Bolte-Polívka IV S. 176–285; *Delarue* I, S. 15–27. *Hermann Hubert Wetzel,* Märchen in französischen Novellensammlungen der Renaissance, 1974. Zu Perrault *Marc Soriano,* Les contes de Perrault, culture savante et traditions populaires, Paris 1968 (großangelegte Untersuchung: Diskussion der einzelnen Erzählungen nach folkloristischen und psychologischen Gesichtspunkten; auf Grund literarhistorischer, kulturgeschichtlicher, biographischer und psychoanalytischer Studien nimmt Soriano eine gewisse Zusammenarbeit von Vater und Sohn an und erklärt die Art der Auswahl und der Bearbeitung aus teils bewußten, teils unbewußten Bedürfnissen des Bearbeiters und des Zeitalters); kommentierte Perrault-Ausgabe von *Gilbert Rouger,* Paris 1967; *Walter Scherf,* Charles Perraults Märchen und ihre pädagogische Bedeutung, in: Die Freundesgabe 1966, S. 36–48 (s. a. Scherfs Übersetzung der Erzählungen Perraults, 1965).

Gonthier-Louis Fink, Naissance et apogée du conte merveilleux en Allemagne 1740–1800, Paris 1966 (befaßt sich vorwiegend mit dem deutschen Kunstmärchen, enthält aber ein großes Kapitel über dessen Vorgeschichte in Frankreich, von Perrault und Galland bis zum Cabinet des fées, p. 20–68).

Heinz Hillmann, Wunderbares in der Dichtung der Aufklärung. Untersuchungen zum deutschen und französischen Feenmärchen, in: DVjs. 43, 1969, S. 73–113.

Rich. Benz, Märchendichtung der Romantiker, [2]1926, S. 15–33.

Deutsche Übersetzung von *Straparola* durch Hans Floerke 1920, von *Basile* durch Felix Liebrecht 1846, Neuausgaben 1909, 1928, 1956, italienische Ausgabe durch Benedetto Croce, 2 Bde., Bari 1925, Dialektausgabe Neapel 1891 (nur Bd. I); neue deutsche Übersetzung durch A. Potthoff, 1954; vgl. *Ursula Klöne,* Die Aufnahme des Märchens in der italienischen Kunstprosa von Straparola bis Basile, 1961, und *Detlev Fehling,* Amor und Psyche, 1977 (s. unten S. 85 f.), S. 45–56. – Zum deutschen Barock s. die (negativen) Befunde bei Elfriede Moser-Rath, Predigtmärlein der Barockzeit, 1964.

Erwin Jahn, Die »Volksmärchen der Deutschen« von Johann Karl August Musäus, Diss. Leipzig 1914. *Alfred Richli,* Johann Karl August Musäus. Die Volksmärchen der Deutschen, Zürich 1957 (Diss.).

Im *19. Jahrhundert* ward das entscheidende Wort in der Geschichte des Volksmärchens in Deutschland gesprochen. Die »Kinder- und Hausmärchen« der *Brüder Grimm* (Bd I 1812, Bd II 1815) wurden im deutschen Sprachbereich und später auch anderswo in noch höherem Grade zum eigentlichen Volksbuch als in Frankreich die Sammlung Perraults. Damit war zweierlei entschieden: Das lange Zeit so verachtete Volksmärchen (Wieland 1786: »Ammenmärchen, im Ammenton erzählt, mögen sich durch mündliche Überlieferung fortpflanzen, aber gedruckt müssen sie nicht werden«, Vorrede zu »Dschinnistan«, vgl. Bolte-Polívka IV, S. 82) war endgültig buchfähig geworden, es war aus der Kinder- und Gesindestube ins gedruckte Hausbuch aufgestiegen; nach dem Grimmschen Vorbild begann man bald auch in anderen Ländern Volksmärchen aufzuzeichnen und zu veröffentlichen. Gleichzeitig aber wurde damit der, freilich ohnehin dem Untergang geweihten, mündlichen Überlieferung ein kräftiger Stoß versetzt, das ins Buch gerettete Märchen tat das seinige, der mündlichen Erzählkultur weiteren Boden zu entziehen, es trat immer mehr an die Stelle des von Generation zu Generation, von Erzähler zu Erzähler überlieferten Märchens.

Jacob und *Wilhelm Grimm* (1785–1863, 1786–1859), als Schüler des Juristen Friedrich Karl von Savigny von romantischem Geiste beeinflußt und mit romantischen Dichtern, im besonderen mit Clemens Brentano und Achim von Arnim, den Herausgebern der Volksliedersammlung »Des Knaben Wunderhorn« (1805 ff.), persönlich bekannt geworden, interessierten sich nicht nur für die altdeutsche Literatur (frühe Aufsätze Jacobs über das Nibelungenlied und die Minnesänger), sondern auch für die »Naturpoesie« des Volks, für die »Poesie der Ungebildeten«. Wie einst Herder, von dem die Romantiker den Ausdruck ›Naturpoesie‹ entlehnt hatten, suchten die Brüder Grimm in den Liedern, Sagen, Märchen des Volks den Urquell der Poesie, den Nachklang uralter Dichtung. Sie arbeiteten am 2. und 3. Band des »Wunderhorns« mit, sie gaben 1812 und 1815 zwei Bände »Kinder- und Hausmärchen«, 1816 und 1818 zwei Bände »Deutsche Sagen« heraus. Während von den »Deutschen Sagen« erst nach dem Tode der Brüder eine zweite Auflage herauskam (1865/66), erschienen die Märchen schon 1819 in neuer Ausgabe, dann wieder 1837, 1840, 1843, 1850, 1857: sieben Editionen der 210 Erzählungen umfassenden »Großen Ausgabe«, neben der eine 50 ausgewählte Märchen enthaltende »Kleine Ausgabe« einherlief (1825, 1833, 1836, 1839, 1841, 1844, 1847, 1850, 1853, 1858). Der Begriff ›Märchen‹ ist wie in den meisten populären Sammlungen weit gefaßt; die zehn letzten Geschichten bezeichnen die Brüder Grimm selber als »Kinderlegenden«, von den übrigen 200 will Wesselski »kaum 60« als »richtige oder eigentliche Märchen« gelten lassen, die anderen bezeichnet er als Scherzmärlein von Menschen und Tieren, Schwänke, Natursagen, Wahngeschichten u. ä. Die Anregung, Volksmärchen zu sammeln, ging von *Brentano*, der selber eine Ausgabe plante, und *Arnim* aus; 1807 setzte die systematische Sammelarbeit der Brüder Grimm ein, 1810 sandten sie ihr Manuskript zur freien Verwendung an Brentano, nicht ohne vorher eine Abschrift genommen zu haben. Brentanos Pläne zerflossen, das Manuskript verscholl (es wurde erst im 20. Jh. im elsässischen Trappistenkloster Oelenberg wieder entdeckt und veröffentlicht). Nun waren die Brüder Grimm frei, selber zur Publikation zu schreiten. Ihre Grundsätze waren andere als jene Arnims und besonders Brentanos, der sich eine freie Um- und Ausgestaltung der Volkslieder gestattete und es bei den Volksmärchen genauso zu machen gedachte. Die Brüder Grimm betonen immer wieder ihren Willen, das Überlieferte rein und treu wiederzugeben. Namentlich Jacob hat in der Auseinandersetzung mit Arnim, aber auch mit seinem Bruder Wilhelm, »lebhaft auf Treue gehalten und Verzierungen abgewehrt« (Brief an Franz Pfeiffer vom 19. Februar 1860).

Der Grundstock der ganzen Sammlung, namentlich aber des ersten Bandes, sind mündliche Erzählungen aus Hessen. Als »stockhessisch« (Bolte-Polívka IV S. 437) oder »ächt hessisch«, »urdeutsch« (Wilhelm Grimm 1815, Vorrede zum 2. Band) schlechthin kann man sie dennoch nicht bezeichnen. Die Untersuchungen *Hagens* (1954/55), *Lüthis* (1958/59), *Weber-Kellermanns* (1970/71 und *Röllekes* (1975) weisen nach, daß einige Grimm-Märchen indirekt auf Perrault, Mme d'Aulnoy, Mlle de la Force, letztlich also auf französische Volksmärchen zurückgehen und daß bei anderen Erzählungen hugenottische Herkunft zumindest zu vermuten ist. Die »alte Marie« (Marie Müller, 1747–1826), Haushälterin bei der Familie Wild (s. u.), die auf Grund des Zeugnisses von Wilhelm Grimms Sohn Hermann bisher als eine der Hauptquellen für den ersten Band der KHM galt, ist von *Rölleke* entthront worden; an ihre Stelle setzt er die junge Marie Hassenpflug (1788–1856), die zusammen mit ihren Schwestern den von Hugenotten abstammenden Gewährsleuten der Brüder Grimm zuzurechnen ist; »Marie«, nach H. Grimm also Marie Müller, nach Rölleke aber Marie Hassenpflug, erzählte u. a. Brüderchen und Schwesterchen, Dornröschen, Das Mädchen ohne Hände. Zu den ersten Beiträgern gehörten Mutter und Töchter Wild aus der Sonnenapotheke in Kassel (Vater Wild stammte aus Bern, Mutter Wild väterlicherseits aus Basel); Dortchen Wild, Wilhelm Grimms spätere Gattin, erzählte u. a. Frau Holle, Der singende Knochen, Fitchers Vogel, Die sechs Schwäne, Rumpelstilzchen, Der liebste Roland, Allerleirauh, Löweneckerchen (Herman Grimm: »Meine Mutter sprach immer im hessischen Dialekt«). Daß trotz der nichthessischen Abstammung der genannten und anderer Gewährspersonen diese ihre Geschichten ihrerseits von hessischen Erzählern übernommen haben können, schließt auch Rölleke nicht aus, ebensowenig, daß die »alte Marie« den Kindern Wild Märchen erzählt haben könnte – nur eben beziehe sich Wilhelm Grimms Herkunftsbezeichnung »von der Marie« u. ä. keinesfalls auf sie (Rölleke brieflich am 5. 4. 1976). – Für den zweiten Band wurde namentlich Katharina Dorothea Viehmann, die Märchenfrau aus Niederzwehren (bei Kassel), wichtig (geb. Pierson, 1755–1815, Tochter eines aus Metz eingewanderten Hugenotten; Rölleke 1975, S. 390: »keine Bäuerin, sondern eine bürgerliche Schneidersfrau«). Von ihr kommen u. a. Der getreue Johannes, Die zwölf Brüder, Der Teufel mit den drei goldenen Haaren, Die kluge Else, Die kluge Bauerntochter, Doktor Allwissend, Des Teufels rußiger Bruder, Hans mein Igel. Von den übrigen deutschen Landschaften ist besonders Westfalen gut vertreten, dank dem Bökendorfer Märchenkreis (Familien Haxthausen und Droste-Hülshoff). »Die frühesten Beiträger« waren nach Rölleke (1975, S. 390) »junge Leute aus dem gutsituierten Stadtbürgertum«; die männlichen Gewährsleute treten hinter den weiblichen zurück. Manche Erzählungen schöpfen die Brüder Grimm aus literarischer Quelle, aus Handschriften und Drucken des Mittelalters, des 16. bis 18. Jh.s, und natürlich auch aus handschriftlichen Aufzeichnungen ihrer Freunde und Korrespondenten.

Die Brüder Grimm haben den Stil des deutschen Buchmärchens recht eigentlich geschaffen. Ihr eigenes Vorbild waren die plattdeutschen (pommerschen) Märchen des Malers *Philipp Otto Runge,* die sie in ihre Sammlung aufnehmen durften, »Machandelboom« und »De Fischer un sine Fru«. Die Vorliebe für aneinandergereihte Hauptsätze, für »und« und »da«, für Steigerung durch Wortwiederholung (»weent un weent«) oder durch die Wendung »so recht«, für Lautspiele findet sich schon bei ihm, ebenso Anschaulichkeit und Humor. Jacob neigt in seinen Aufzeichnungen und auch in der Wiedergabe zur Klarheit, Wilhelm, der vom zweiten Bande an die Hauptverantwortung für das gemeinsame Werk übernimmt, malt recht gerne aus. Er strebt nach reicherer und präziserer Motivierung, nach anschaulicher und bewegter Situationsdrastellung, ersetzt gerne das Präsens durch das erzählende Imperfekt, die indirekte durch direkte Rede, merzt Fremdwörter aus (sogar Prinz und Prinzessin müssen in den späteren Auflagen dem Königssohn, der Königstochter weichen), liebt volkstümliche Doppelausdrücke (»Speise und Trank«), archaisierende Wendungen, ferner Verkleinerungsformen und auch Gefühlswörter. Sein Stil ist der Romantik und dem Biedermeier verpflichtet, die Freude an der Kleinmalerei führt da und dort zu breiter Schilderung. Im ganzen aber kennzeichnet eine schöne Einfachheit auch seine Erzählweise; auch er hat dem Volk aufs Maul geschaut, und die vollere Form, die er von der zweiten Auflage an vielen Erzählungen gibt, hat dem Buch manche Freunde gewonnen. »Das bürgerliche Säkulum, in dessen biedermeierlicher Familienwelt nun auch das Kind zu seinem Recht kam, bot den fruchtbaren Boden«; der Erfolg der

»Kinder- und Hausmärchen« »hängt aufs engste mit der Sozialge-
schichte der Familie im 19. Jh. zusammen«, »die Kinderstuben der
Bürgerhäuser (bildeten) den willigen und begeisterten Konsumenten-
kreis« (*Weber-Kellermann*, Volkskunde, S. 19; dieselbe, Fabula 17,
S. 139).

Daß die KHM auch heute noch das beliebteste Märchenbuch bei
alt und jung sind, beweist, daß Wilhelms Stil nicht nur zeitbedingt
und persönlich ist (obschon er das auch ist: »Man hört Sie in den
meisten persönlich sprechen«), sondern in einem gewissen Grade
überzeitlichen Bedürfnissen entspricht. Spätere Aufzeichner sind gerne dem Grimmschen Stil gefolgt, und die Brüder selber haben literarische Fassungen in den Stil übersetzt, den sie sich geschaffen hatten
und der auf ihrer Kenntnis des mündlichen Erzählens fußt, zugleich
aber ihrem eigenen Gefühl und Geschmack sich anpaßt, so daß unter
ihren Händen der Typus des Lesemärchens, des gehobenen Buchmärchens entstanden ist.

Theoretisch forderte Jacob »buchstabengetreue« Aufzeichnung,
»ohne Schminke und Zutat«. Aber praktisch gestatteten sich beide
Brüder nicht nur Reinigung und Umstilisierung der ihnen vorliegenden Texte, und Wilhelm dazu noch ihre Erweiterung, sondern sie
verschmolzen ohne Bedenken zwei oder mehr verschiedene, mitunter
aus weit voneinander entfernten Landschaften stammende Varianten,
wählten aus jeder die ihnen am besten scheinenden Züge. Dies ver-
stößt für die Brüder Grimm nicht gegen die Idee der Treue, denn sie
sehen in den Märchen späte Überbleibsel alter Mythen, und da ist es
ganz folgerichtig, daß sie die Trümmer des Mythos und der Poesie
aus den verschiedenen Fassungen zusammensuchen und so, auf ihr
Gefühl und auch auf ihr Wissen vertrauend, eine Art Urform rekonstruieren. Für Jacob, dem wohl die Initiative zu dem ganzen Unternehmen zuzuschreiben ist, waren die Märchen »für Poesie, Mythologie und Geschichte wichtig«. »Das Märchenbuch ist mir gar nicht für
Kinder geschrieben, aber es kommt ihnen recht erwünscht und das
freut mich sehr.« Von der zweiten Auflage an wurde es von Wilhelm
bewußt als Kinderbuch gestaltet, und gewisse seiner Änderungen
(Ausmerzung anstößiger Stellen, Ethisierung, zuweilen im Sinne bürgerlichen Anstands) erklären sich aus diesem Bestreben. Noch stärker
als Kinderbuch war die kleine Ausgabe gedacht, die aber nur in der
Auswahl (Bevorzugung von Geschichten mit Kindern u. ä.), nicht in
der Stilisierung eigene Wege geht; Böses und Grausames (z. B. das
Märchen vom Machandelboom) wird bewußt mit aufgenommen.

Literatur zu den KHM:

Heinz Rölleke, Die älteste Märchensammlung der Brüder Grimm. Sy-
nopse der Urfassung von 1810 und der Erstdrucke von 1812, Co-
logny-Genève 1975. Ersetzt, verbessert und ergänzt die Ausgabe
der sog. Ölenberger Handschrift von Josef Lefftz (1927). Die mit
Erläuterungen versehene kritische Edition will die Grundlage für

eine »neu zu schreibende Entstehungsgeschichte der Grimmschen Märchen« legen. – Derselbe, Märchen aus dem Nachlaß der Brüder Grimm, 1977 (kommentierte textkritische Edition von 48 für den nie erschienenen 3. Textband der KHM bestimmten Erzählungen; kommentierte KHM-Ausgabe vorbereitet). – Derselbe, Zur Vorgeschichte der KHM. Bislang unbekannte Materialien aus dem Nachlaß der Brüder Grimm. In: Euphorion 72, 1978, S. 102–105 (bestätigt die auch von Ginschel hervorgehobene Fortdauer der Mitarbeit Jacobs bei späteren Auflagen). – Derselbe, Der wahre Butt. Die wundersamen Wandlungen des Märchens vom Fischer und seiner Frau, 1978 (Entstehungsgeschichte von KHM 19, kommentierter Abdruck von zwölf deutschen und außerdeutschen Varianten, Auseinandersetzung mit dem Roman von Günter Grass, Der Butt, 1977 u. ö., der eine »andere Wahrheit« des Butt-Märchens fingiert: »Umwandlung der Märchenprotagonisten zum vermessenen Mann und zur bescheidenen Frau«, Rölleke S. 16, 18, 49).

Friedrich Panzer, Die KHM der Brüder Grimm. In ihrer Urgestalt herausgegeben, 1913 (Abdruck der ersten Ausgabe, 2 Bde. mit einer Einleitung Panzers und den Grimmschen Anmerkungen; 1948 u. ö. mit veränderter Einleitung).

Hermann Grimm, Die Brüder Grimm. Erinnerungen, in: Deutsche Rundschau 82, S. 35–100 (Zitat S. 87).

Hermann Hamann, Die literarischen Vorlagen der KHM und ihre Bearbeitung durch die Brüder Grimm, 1906.

Ernest Tonnelat, Les contes des frères Grimm, Etude sur la composition et le style, Paris 1912.

Elisabeth Freitag, Die KHM der Brüder Grimm im ersten Stadium ihrer stilgeschichtlichen Entwicklung, 1929.

Karl Schulte Kemminghausen, Die niederdeutschen Märchen der Brüder Grimm, 1929.

Bolte-Polívka IV (1930) S. 418–487.

Kurt Schmidt, Die Entwicklung der Grimmschen KHM seit der Urhandschrift, 1932.

Gunhild Ginschel, Der junge Jacob Grimm 1805–1819, 1967. S. 212–278 sorgfältige Untersuchung, Aufzeichnung und Bearbeitung der KHM betreffend; betont u. a., daß »Ausgestaltungen« in den späteren Auflagen oft nicht einfach Ausschmückungen seien, sondern auf uns häufig unbekannte Vorlagen, die den Grimms zu Gesichte kamen, zurückgehen (S. 216), und bestreitet nachdrücklich einen grundsätzlichen Unterschied der Auffassungen Jacobs und Wilhelms in der Frage der »Treue« der Wiedergabe; Jacob fordere zwar von den Sammlern buchstabentreue Aufzeichnung, für die Herausgeber aber sei nicht mathematische, sondern sachliche Treue maßgebend (S. 242, 253, 257, 259, 270, 274).

Otto Spies, Orientalische Stoffe in den Kinder- und Hausmärchen der Brüder Grimm, 1952.

Wilhelm Schoof, Zur Entstehungsgeschichte der Grimmschen Märchen, 1959.

Felix Karlinger, Les contes des frères Grimm. Contribution à l'étude de la langue et du style. Paris-Fribourg 1963.

Roland Crahay, L'eau de la vie. La méthode mythographique des frères Grimm. Mémoires et Publications de la Société des Sciences, des Arts et des Lettres du Hainaut 77, 1963.

Rolf Hagen, Der Einfluß der Perraultschen Contes auf das volkstümliche deutsche Erzählgut und besonders auf die KHM der Brüder Grimm, Diss. (Masch.) Göttingen 1954; derselbe, Perraults Märchen und die Brüder Grimm, in: ZfdPh. 74, 1955, S. 392–410.

Max Lüthi, Rapunzel. In: Volksmärchen und Volkssage, 1961, ³1975, S. 62–96, 187–190 (indirekte Quelle: Mlle de la Force!).

Alfred Roman, Zur Gestalt des Grimmschen Dornröschenmärchens, in: Zeitschr. f. Volksk. 42 (1933), S. 84–116.

Ingeborg Weber-Kellermann, Interethnische Gedanken beim Lesen der Grimmschen Märchen, in: Acta Ethnographica 19, Budapest 1970, S. 425–434. – Dieselbe, Vorwort zu der von O. Ubbelohe illustrierten Ausgabe der KHM, 1971, Taschenbuch 1974. – Dieselbe, Deutsche Volkskunde zwischen Germanistik und Sozialwissenschaften, 1969 (Slg Metzler 79). – Dieselbe, Besprechung von Rölleke 1975, in: Fabula 17, 1976, S. 138 ff.

Heinz Rölleke, Die ›stockhessischen‹ Märchen der ›Alten Marie‹. Das Ende eines Mythos um die frühesten KHM-Aufzeichnungen der Brüder Grimm, in: Germanisch-Romanische Monatsschrift N. F. 25, 1975, S. 74–86 (vgl. a. Röllekes Artikel »Alte Marie« in der EM).

Brüder Grimm Gedenken (Bd. I) 1963. Gedenkschrift zur hundertsten Wiederkehr des Todestages von Jacob Grimm (hrsg. v. G. Heilfurth, L. Denecke, I.-M. Greverus. Enthalten auch in Hess. Bl. f. Volksk. Bd. 54, 1963. Bringt u. a. Aufsätze zur Wirkungsgeschichte des Grimmschen Werks in andern Ländern). – Bd. II 1975 (hrsg. von L. Denecke).

Jacob Grimm. Zur 100. Wiederkehr seines Todestages, 1963 (hrsg. von *W. Fraenger* u. *W. Steinitz.* Enthalten auch im Jahrbuch IX. Bringt ebenfalls Aufsätze zur Wirkungsgeschichte – Rußland, Ungarn –, ferner eine Analyse des Märchenstils Jacob Grimms).

Ludwig Denecke, Jacob Grimm und sein Bruder Wilhelm, 1971 (Slg Metzler 100). Darin vor allem der Abschnitt »Volkskundliche Germanistik« (Entstehungsgeschichte, Ausgaben, Stilentwicklung, Nachwirkung der KHM, Märchenforschung u. a., S. 63–87, mit reicher Bibliographie). – Vgl. Nachtrag unten S. 61.

Zur Märchenforschung der Brüder Grimm vgl. unten S. 62 f.; zur Kritik an den Grimmschen Märchen unten S. 91–94.

Der Erfolg der Grimmschen Sammlung und der Appell der beiden Brüder zu weiterem Sammeln rief in vielen Ländern eine rege Sammeltätigkeit ins Leben. In Deutschland fand namentlich das »Deutsche Märchenbuch« des Thüringer Germanisten, Volkskundlers und Schriftstellers *Ludwig Bechstein* (1801–1860) Anklang: 1. Auflage 1845, sieben Jahre später sind schon 63 000 Exemplare abgesetzt. Mit den Richterschen Illustrationen versehen, wetteiferte Bechsteins Sammlung (der er 1856 das »Neue Deutsche Märchenbuch« folgen ließ) eine Zeitlang erfolgreich mit ihrem Grimmschen Vorbild; sie ist noch heute recht verbreitet. Bechstein schöpft aus mündlicher Überlieferung, aus zeitgenössischen Veröffentlichungen und aus mittel- und frühneuhochdeutschen Quellen, er strebt nach Anschaulichkeit und Individualisierung, liebt einen ironischen Ton und will moralisch wirken. Er schmückt gerne aus, seine Sprache ist weniger schlicht als die der Brüder Grimm, aber trotz allem, was man gegen sie vorgebracht hat (s. HDM I S. 216–229, Kaiser), nicht ohne Anmut (Neuausgabe 1965, mit Anmerkungen und Nachwort von Walter Scherf). Für die Forschung jedoch sind andere deutsche Sammlungen wertvoller, z. B. die von *Karl Müllenhoff* aus Schleswig/Holstein (1845), von *Ernst Meier* aus Schwaben (1852), von *Josef Haltrich* aus Siebenbürgen (1856, Neudruck 1956, Neuausgabe Bukarest 1972) und namentlich die von *Ulrich Jahn* aus Pommern und Rügen (1891). Aus anderen Sprachgebieten seien genannt die dänischen Volksmärchen von *Svend Grundtvig* (1854/61), die schwedischen von G. O. *Hyltén-Cavallius* (1844/49), die norwegischen von P. *Chr. Asbjörnson* und *J. Moe* (1842 ff.), die schottischen (gälischen) von *J. F. Campbell* (1860/62), die französischen von P. *Sébillot* (1884), die bretonischen von F. M. *Luzel* (1870 ff., in französischer Übersetzung), die gascognischen von *J. F. Bladé* (1886), die lothringischen von E. *Cosquin* (1886), die italienischen von D. *Comparetti* (1875), die mailändischen und florentinischen von V. *Imbriani* (1871/77), die toscanischen von G. *Pitré* (1885), die sizilianischen von L. *Gonzenbach* (1870, in deutscher Sprache) und von G. *Pitré* (1875, 1888), die griechischen von *J. G. v. Hahn* (1864, in deutscher Sprache), die serbischen von *Vuk S. Karadžić* (1853, deutsch 1854), die südslavischen von F. S. *Krauss* (1883/84, in deutscher Sprache), die russischen von A. N. *Afanasjev* (1855–1873; sein Stil wird zum Vorbild für das russische Buchmärchen überhaupt), die estnischen von F. R. *Kreutzwald* (1866, deutsche Auswahl 1869).

In *Jahns* sorgfältig beobachtender Sammelarbeit kündet sich schon das märchenbiologisch interessierte, nach größter Texttreue strebende 20. *Jahrhundert* an. Es wird verheißungsvoll eröffnet durch *Johannes R. Bünkers* mundartlich aufgezeichnete »Schwänke, Sagen und Märchen in heanzischer Mundart« (1906), die die Erzählungen eines analphabetischen Straßenkehrers aus dem Burgenland enthalten. *Wilhelm Wissers* »Plattdeutsche Volksmärchen« sind bearbeitet (1914/1927, M. d. W.). Für die moderne Sammelarbeit, die sich nicht nur auf stenographische Aufzeichnungen, sondern auch auf Tonband- und Filmaufnahmen stützt, sind in Deutschland *Gottfried Henssen* und *Johannes Künzig,* in Österreich *Karl Haiding* und *Elli Zenker-Starzacher,* in der Schweiz *Leza Uffer,* in Ungarn *Linda Dégh* und *Ágnes Kovács,* in Jugoslawien *Maja Bošković-Stulli* und *Milko Matičetov,* in Italien' *S. Lo Nigro* repräsentativ (vgl. unten S. 88 ff., Märchenbiologie).

Von den zahlreichen wichtigen Sammlungen des 20. Jh.s, die teils auf Neuaufnahmen beruhen, teils sorgfältige Editionen auf Grund von unpublizierten oder nicht rein publizierten Manuskripten des 19. Jhs, teils auch zusammenfassende Ausgaben des Erzählschatzes einer bestimmten Region sind, können hier nur wenige Beispiele genannt werden:

Deutschsprachige Sammlungen:

R. Bünker: s. oben S. 58; dazu jetzt: Otto Bünker, Märchen und Schwänke der Heanzen, dargestellt an Reinhard Bünker, in: Güssinger Begegnungen, Eisenstadt 1977, S. 1 ff., und Leopold Schmidt, Johann Reinhard Bünker und die Erforschung des Erzählgutes im Burgenland, in: Mitteilungen des Instituts für Gegenwartsvolkskunde 6, Wien 1979. *Hertha Grudde,* Plattdeutsche Volksmärchen, 1931 (umstritten, enthält nur wenige wirkliche Märchen). *Matthias Zender,* Volksmärchen und Schwänke aus der Westeifel, 1935. *Angelika Merkelbach-Pinck,* Lothringer erzählen, Bd. I Märchen, 1936. *Elli Zenker-Starzacher,* Eine deutsche Märchenerzählerin aus Ungarn, 1941. *Gottfried Henssen,* Volk erzählt. Münsterländische Sagen, Märchen und Schwänke, ²1954. Derselbe, Überlieferung und Persönlichkeit, 1951 (Plattdeutsche Erzählungen, davon 23 Zaubermärchen, eines Knechts aus dem Grenzgebiet Emserland/Holland). Derselbe, Mecklenburger erzählen, 1957 (z. T. auf Grund von *Richard Wossidlos* Aufzeichnungen, z. T. eigene Aufnahmen). *Karl Haiding,* Österreichs Märchenschatz, 1953 u. ö. *Viktor v. Geramb,* Kinder- und Hausmärchen aus der Steiermark, ⁴1967 (mit Beiträgen von *Karl Haiding).* *Gustav Grannas,* Plattdeutsche Volkserzählungen aus Ostpreußen, 1957. *Siegfried Neumann,* Mecklenburgische Volksmärchen, 1971. *Kurt Ranke,* Schleswig-Holsteinische Volksmärchen, 3 Bde., 1955/58/62 (zu T. 300–960; z. T. auf Grund des Nachlasses von *Wilhelm Wisser* und *G. Fr. Meyer,* z. T. eigene Aufnahmen mit dem Tonbandgerät; reich dokumentiert und kommentiert). *Alfred Cammann,* Märchenwelt des Preußenlandes, 1973; derselbe, Deutsche Volksmärchen aus Rußland und Rumänien, 1967 (s. a. unten S. 96). *Charlotte Oberfeld,* Volksmärchen aus Hessen, 1962; dieselbe, Märchen des Waldecker Landes, 1970. – Schallplatten: *Johannes Künzig* und *Waltraut Werner,* Drei Märchen (und eine Ballade) der »blinden Schwestern« aus Gant (ungar. Schildgebirge), 1958; Ungarndeutsche Märchenerzähler I, 1969, II 1971, beide mit Textheften (Institut f. ostdt. Volkskunde, Freiburg; die Märchen enthalten z. T. gesungene Verse).

Reihenpublikationen: Supplementserie zur Zeitschrift ›Fabula‹, Reihe A: Texte (1959 ff., wissenschaftliche Editionen). – Die Märchen der Weltliteratur (M. d. W., 1912 ff.). – Das Gesicht der Völker (1951 ff.). – Volksmärchen. Eine internationale Reihe (1957 ff.). – Märchen der europäischen Völker (1961 ff.). – Märchen aus deutschen Landschaften (1961 ff.) – Begegnung der Völker im Märchen (1961 ff.). Die letzten drei Reihen herausgegeben von der ›Gesellschaft zur Pflege des Märchengutes der europäischen Völker‹, die seit 1956 auch in ihren Jahresgaben (»Von Prinzen, Trollen und Herrn Fro«) bisher unveröffentlichte Märchen in der Originalsprache und in deutscher Übersetzung publiziert. – Märchen der Welt (1978 f., bisher 3 Bde.: Südeuropa – Mittel- und Nordeuropa – Amerika).

Außerdeutsche Sammlungen:

Romanisch: Leza Uffer, Rätoromanische Märchen und ihre Erzähler, Basel 1945 (romanische Texte, deutsche Übersetzung, Kommentar); derselbe, Las Tarablas da Guarda, Märchen aus Guarda, Basel 1970 (ebenfalls zweisprachig). *Italienisch: Italo Calvino,* Fiabe italiane, Turin 1956 (reiche Auswahl, Textgestaltung zum Teil willkürlich, wertvolle Anmerkungen). *Spanisch: Aurelio M. Espinosa,* Cuentos popolares Españoles, 3 Bde., Madrid 1946/47. *Joan Amades,* Folklore de Catalunya I, Rondallistica, Barcelona 1950; *Juan B. Rael,* Cuentos Españoles de Colorado y de Nueva Mejico, Stanford o. J., 2 Bde. (mit englischen Inhaltsangaben); *Susana Chertudi,* Cuentos folkloricos de la Argentina, Buenos Aires I 1960, II 1964; *Yolando Pino Saavedra,* Cuentos folkloricos de Chile I 1960, II 1961, III 1963. *Französisch: G. Massignon,* Contes Corses, Aix-en-Provence 1963. Dieselbe, Contes Traditionnels des Teilleurs de Lin du Trégor (Basse-Bretagene), Paris 1965. *C. Seignolle,* Contes populaires de Guyenne, Paris ²1971. *Charles Joisten,* Contes populaires de l'Ariège, Paris 1965; derselbe, Contes populaires du Dauphiné, Grenoble 1971. *Englisch: K. M. Briggs,* A Dictionary of British Folk-Tales in the English Language, 2 Bde., London 1970. *Gälisch: J. G. McKay,* More West Highland Tales, 2 Bde., Edinburgh 1940, 1960. *Griechisch: G. A. Megas,* Ἑλληνικὰ Παραμύθια, Athen, ²1956, Neue Folge 1963; *D. S. Loukatos,* Νεοελληνικὰ Λαογραφικὰ Κείμενα, Athen 1957; *G. A. Megas,* Κυπριακὰ Παραμύθια, Athen 1962; *R. M. Dawkins,* Modern Greek Folktales, Oxford 1953 und 1955; *P. J. Milliopoulos,* Mazedonische Märchen, Hamburg 1951. *Armenisch: S. Hoogasian-Villa,* 100 Armenian Tales, Detroit 1966. *Serbokroatisch: M. Bošković-Stulli,* Istarske Narodne Priče, Zagreb 1959; dieselbe, Narodne Pripovijetke, Zagreb 1963; *Marko K. Cepenkov,* Makedonski narodni prikazni, 3 Bde., Skopje 1958/59. *Rumänisch: Ovidiu Bîrlea,* Antologie de proză populară epică, Bukuresti 1966 (3 Bde.). *Ungarisch:* Besonders viele Ausgaben, so von *J. Berze Nagy* 1907, 1960, *Gyula Ortutay* 1940, *István Banó* 1941, *Ágnes Kovács* 1944, *Linda Dégh* 1955. *Tschechisch: V. Tille,* Soupis Českých Pohádek, 3

Bde., Prag 1929/34/37 (deutsche Inhaltsangaben in: Zeitschr. f. slav. Philologie IX S. 509 ff., XIV S. 227 ff., XVIII S. 245 ff.). *J. Polívka,* Súpis Slovenských Rozpravok, 5 Bde., V Turčianskom SV Martine 1923/24/27/30/31. *Sorbisch: Paul Nedo,* Sorbische Volksmärchen, 1956 (zweisprachig; vgl. Nedos Charakteristik der Eigenart der sorbischen Märchen, in seinem Grundriß der sorbischen Volksdichtung, 1966). *Russisch:* Viele Sammlungen, regionale und einzelnen Erzählern zugeordnet. *Schwedisch: W. Liungman,* s. oben S. 20. *Irisch: Curtin/Duielarga,* Irish Folktales, Dublin ⁵1964. *Mexiko: Stanley L. Robe,* Mexican tales and legends from Los Altos, Berkeley/Los Angeles/London 1970; derselbe Mexican tales and legends from Veracruz, ebenda 1971.

Reihenpublikationen: Folktales of the World (1963 ff.), hrsg. von *R. M. Dorson* (University of Chicago Press). – Contes merveilleux des provinces de France (Paris 1953–1956); Contes des Cinq Continents (Paris 1955–1957), beide hrsg. von Paul Delarue. – Récits et contes populaires (Paris 1978 ff.), hrsg. von Jean Cuisenier. – Norsk Eventyrbibliotek (1968 ff.), hrsg. von *B. Alver, O. Bø, R. Kvideland, M. Nolsøe* (Oslo, Det Norske Samlaget). – *Japanisch:* Nihon Mukashi Banashi Isukan (Kyoto 1977 ff.): Übersicht über die japanischen Volksmärchen, Texte mit Kommentar, hrsg. von Toshio Ozawa und Koji Onada. – Die zahlreichen Bände dieser und der oben S. 59 f. genannten Reihen sind in unserer Zusammenstellung nicht einzeln aufgeführt.

Nachtrag zu S. 57 (Grimm-Bibliographie):
Katalin Horn, Motivationen und Funktionen der tödlichen Bedrohung in den Kinder- und Hausmärchen der Brüder Grimm. In: Schweiz. Archiv für Volkskunde 74, 1978, S. 20–40.
Linda Dégh, Grimm's *Household Tales* and its place in the household: The social relevance of a controversial classic. In: Western Folklore 38, 1979, p. 83–103.

Wie die systematische Sammlung, so hat auch die systematische Erforschung des Märchens ihren eigentlichen Ursprung in der Arbeit und in Anregungen der Brüder Grimm. Ihre Vorreden, Anmerkungen und Briefe stellten schon die entscheidenden Fragen nach Wesensart, Bedeutung, Lebensweise und Ursprung der Volksmärchen und legten so die Grundlage zu einer umfassenden Märchentheorie.

Jacob Grimm sah in den Märchen »den Niederschlag uralter, wenn auch umgestalteter und zerbröckelter Mythen« (1854, Vorrede zu Karadschitschs »Volksmärchen der Serben«); *Wilhelm Grimm* sagt 1815 in der Vorrede zum zweiten Band der KHM: »In diesen Volksmärchen liegt lauter urdeutscher Mythus, den man für verloren gehalten«, und 1856 in den Anmerkungen: »Gemeinsam allen Märchen sind die Überreste eines in die älteste Zeit hinauf reichenden Glaubens, der sich in bildlicher Auffassung übersinnlicher Dinge ausspricht. Das Mythische gleicht kleinen Stückchen eines zersprungenen Edelsteins, die auf dem von Gras und Blumen überwachsenen Boden zerstreut liegen und nur von dem schärfer blickenden Auge entdeckt werden. Die Bedeutung davon ist längst verloren, aber sie wird noch empfunden.« Neben dem volkskundlichen und dem poetisch-literaturhistorischen war es dieses mythologische Interesse, das die Brüder Grimm zum Märchen führte; die Einschränkung auf deutschen Mythus wurde unter dem Eindruck des sich öffnenden internationalen Märchenschatzes fallen gelassen.

Den eigentlichen Quell des Märchens sehen die Brüder Grimm also im Mythus, eine Auffassung, die später zeitweise in ihr Gegenteil verkehrt wurde (*Andrew Lang, Wundt, Panzer, Herrmann, Naumann* u. a. hielten das Märchen für älter als Mythus und Sage, sahen in ihm »die erste Form der Erzählung«), der man sich aber später wieder näherte (*Arnold van Gennep, Wesselski:* »Das Märchen ist das Kind des Mythos, gezeugt aber von ihm erst im Tode oder nach dem Tode«, S. 56 ff. – dagegen de Vries: »Ces différentes formes ont pu coexister«, ›Diogène‹ 22 p. 14 –, *Eliade, Propp, v. d. Leyen* u. a., zeitweise auch *de Vries*), obwohl die grundsätzliche Verschiedenheit der Erzählformen (wie namentlich *Jolles, de Boor, de Vries* betonen) es verbietet, die eine aus der anderen gradlinig abzuleiten. Wilhelm Grimms Hinweis, im Märchen sei die ursprüngliche Bedeutung der mythischen Elemente verloren, aber sie werde noch empfunden, kehrt in *Eliades* Formulierungen wieder: »Sans se rendre compte, et tout en croyant s'évader, l'homme des sociétés modernes bénificie encore de cette initiation imaginaire apportée par les contes«; »le conte merveilleux, ...un ›doublet facile du‹ mythe et du rite initiatiques«, »reprend et prolonge l'initiation au niveau de l'imaginaire«. Die Auffassung, daß die eigentlichen Zaubermärchen der indoeuropäischen Kultur zuzuschreiben seien (arische oder indogermanische Theorie) ist im 20. Jh. von *C. W. von Sydow* wieder aufgenommen worden, und die Vermutungen Wilhelm Grimms über den Grund der Übereinstimmung der Erzählungen zeitlich und örtlich weit getrennter Völker nehmen die Theorie der *Polygenese* (Grimm 1856: »Es gibt Zustände, die so einfach und natürlich sind, daß sie überall wiederkehren, wie es Gedanken gibt, die sich wie von selbst einfinden, es konnten sich daher in den verschiedensten Ländern dieselben oder doch sehr ähnliche Märchen unabhängig von einander erzeugen«; vgl. Bastians ›Elementargedanken‹ oder ›Völkergedanken‹) und der Wanderung vorweg (Grimm 1856: »Ich leugne nicht die Möglichkeit ... des Übergangs eines Märchens von einem Volk zum andern«).

Im 19. Jh. stand die Diskussion über Ursprung und Sinndeutung des Märchens im Mittelpunkt des Interesses, im 20. Jh. sind dann die Fragen nach seiner Funktion in der Gemeinschaft (Märchenbiologie und -soziologie) und nach seiner Wesensart (Typologie, Struktur- und Stilforschung) stärker in den Vordergrund getreten; Untersuchungen und Hypothesen über die Gründe seiner weiten Verbreitung haben die Forschungsarbeit beider Jahrhunderte begleitet (Erklärung der Ähnlichkeit der Märchen bei den verschiedensten Völkern ist nach V. J. Propp und ebenso nach R. Th. Christiansen das Hauptanliegen der Märchenforschung; vgl. Lévi-Strauss' entsprechende Frage, die Ähnlichkeit der Mythen betreffend, Strukturale Anthropologie, 1967, S. 228).

Eine Reihe von Mythenforschern und Völkerkundlern sahen wie die Brüder Grimm den Hauptgrund der Ähnlichkeit der über die Welt verbreiteten Volksmärchen nicht in der Wanderung von Volk zu Volk, sondern teils in der Herkunft aus gemeinsamem Erbe (*arische Theorie:* v. Sydow), teils in der Ähnlichkeit der Grundveranlagung und der Grundsituationen des Menschen (*Polygenese*, anthropologische Theorie: A. Bastian, Th. Waitz, E. B. Tylor, A. Lang, J. Bédier u. a.).

Die in der Romantik wurzelnde und zugleich von dem Siegeszug der Naturwissenschaft im 19. Jh. beeindruckte Mythenforschung neigte dazu, die Mythen als Allegorien, namentlich für Naturerscheinungen, aufzufassen. Die eine Gruppe der Naturmythologen sieht in den Mythen vor allem Bilder für Witterungserscheinungen, so *Adalbert Kuhn*, der »Begründer der vergleichenden Mythologie«, der im erschreckenden Gewittersturm das den mythenbildenden Menschen beschäftigende Urphänomen zu fassen glaubt, und sein Schwager *F. L. W. Schwartz*, der Wodan/Odin als Gestaltwerden des Windes und alle mythischen Schlangen als Himmelsschlangen, d. h. als Bilder für den Blitz erklärt, während für *H. Oldenberg* der Gewittergott der blitzbewehrte Überwinder des die Wasser gefangen haltenden Drachen ist. Eine andere Forschergruppe geht vom Eindruck der Gestir-

ne, namentlich der Sonne, auf den Menschen aus, so *Max Müller,
Angelo de Gubernatis, Sir George Cox, Leo Frobenius;* sie sehen in
den Mythen Darstellungen solarer Vorgänge, des Schicksals der Sonne in Aufgang und Untergang (Morgenröte und Abendröte), während andere (so *Paul Ehrenreich,* der auf die Mondkultur der Agrar-
völker verweist, und *Eduard Stucken*) neben die Sonne Mond und
Sterne und deren Bewegungen und Veränderungen als wesentliche
Anreger der Mythenbildung stellen. Die Wiener mythologische Schule
(*Leopold v. Schroeder, Georg Hüsing, Wolfgang Schultz, Karl v.
Spiess, Edmund Mudrak* u. a.) setzt das Märchen zu der Mythologie
der indogermanischen Völker in Bezug und betont den »chronologi-
schen Charakter oder doch wenigstens Einschlag der Mythen«
(Schultz): Zeiteinteilung war lebenswichtig, sie entsprach dem Ord-
nungsbedürfnis der Arier; als Zeitmesser aber bot sich der Mond an,
daher, entsprechend den 3 Schwarzmond- und den 3 mal 9 Licht-
mondnächten des Monats, die Wichtigkeit der Zahlen 3 und 9 in den
Märchen (die mit mehr oder weniger Vorsicht und Einschränkung als
»Kalendererzählungen«, als Darstellungen der Mondvorgänge bezeichnet werden: Wechsel zwischen lichtem und dunklem Mond
u. ä.). Später sei unter dem Einfluß des babylonischen Systems die 9
durch die 7 überwuchert worden, während sich die 3 meist gehalten
habe und nur gelegentlich durch die 12 ersetzt worden sei (»Zahlenverschiebung«). Vgl. oben S. 23.

Im Gefolge der Wetter- und Astralmythologie setzte alsbald eine
natursymbolische Märchendeutung ein, deren Ausläufer sich bis in
unsere Tage gehalten haben. Wenn schon Jacob Grimm Dornröschen
zu Brynhild in Beziehung setzte und darauf hinwies, daß Dornröschens Kinder bei Basile Luna e Sole, bei Perrault Aurore et Jour hei-
ßen (»Kleine Schriften« II, S. 195 ff.), so sieht *Philipp Stauff* ohne
Zögern im König die Sonne, in der Königin den Mond, in Dornröschen die Erde, im Ausschluß der dreizehnten Fee den Übergang der
Germanen (denen er das Märchen zuschreibt) vom dreizehnmonati-
gen Mond- zum zwölfmonatigen Sonnenjahr (Märchendeutungen,
[3]1935. S. 25 f.); kühne astralsymbolische Transkriptionen der Mär-
chentiere bietet *Ludwig Schellhorn* an (Goldenes Vlies. Tiersymbole
des Märchens in neuer Sicht, 1968).

Literatur:

Bolte-Polívka V S. 239–264 (Theorien über die Entstehung und Verbreitung des Märchens), IV 166 f.; *Thompson* pp. 367–405 (Theories of the Folktale); *v. d. Leyen* S. 17–26; *Jan de Vries,* For-
schungsgeschichte der Mythologie, 1961, S. 216–281. *Linda Dégh,*
Folk Narrative, in: Richard Dorson (ed.), Folklore and Folklife,
Chicago and London 1972, pp. 53–83. *Hans Naumann,* Grundzüge der deutschen Volkskunde, 1922, S. 141–154 (bei Karlinger
S. 61–73), Kapitel Sage und Märchen (»Mythos und Heldensage

sind zeitlich bedingte und wieder vorübergehende höhere Stilformen von Märchen und Sage; ihre Bausteine sind die gleichen: die primitiven Motive, die aus dem Erzählgut der primitiven Gemeinschaft geschöpft sind.« S. 144 bzw. S. 63). Zu Grimm s. oben S. 55 ff.

Mircea Eliade, Les savants et les contes de fées, in: Nouvelle Revue Française 4, 1956, p. 884–891, bei Karlinger S. 311–319.

Hermann Bausinger, Aschenputtel: Zum Problem der Märchensymbolik, in: Zeitschr. f. Volkskunde 52, 1955, S. 144–155, bei Laiblin S. 284–298.

Die naturmythologischen Schriften von *Kuhn, Schwartz, Max Müller, Gubernatis, Cox, Stucken* u. a. zusammengestellt bei Bolte-Polívka V S. 253 ff.; s. ferner *Paul Ehrenreich,* Die allgemeine Mythologie und ihre ethnologischen Grundlagen, 1910.

Leo Frobenius, Das Zeitalter des Sonnengottes, 1904; derselbe, Vom Kulturreich des Festlandes, 1923, S. 62–96.

Wiener mythologische Schule: *G. Hüsing,* Die iranische Überlieferung und das arische System, 1909. *W. Schultz,* Gesetze der Zahlenverschiebung im Mythos und in mythenhaltiger Überlieferung, in: Mitteilungen der anthropologischen Gesellschaft in Wien 40, 1910, S. 101–150. *K. v. Spiess,* Deutsche Volkskunde als Erschließerin deutscher Kultur, 1934 S. 134–160, 195–205. Zeitschriften: Mitra, 1914/1920; Bausteine zur Geschichte, Völkerkunde und Mythenkunde, 1931 ff.

Zu der englisch-amerikanischen anthropologisch-ethnologischen Schule s. unten.

Einflußreicher und nachhaltiger als die Versuche natursymbolischer Ausdeutung des Märchens sind die Bemühungen der Ethnologen, es zu Sitten, Denkgewohnheiten und Traumerfahrungen primitiver Völker in Beziehung zu setzen. Diese »anthropologische Schule« leugnet nicht, daß sich in den Erzählungen der Völker gewisse astrale, solare, meteorologische Vorgänge spiegeln, wohl aber, daß solche Naturvorgänge im Zentrum primitiven Erlebens, Beobachtens, Denkens und Phantasierens stehen und daß sie die Bildung der Mythen und Märchen zu erklären vermögen. Vielmehr sei es die Auseinandersetzung mit den Phänomenen und Vorgängen des irdischen Lebens und Sterbens, die das Empfinden, Denken, Glauben, das wirkliche und das symbolische Handeln und die Kunst, also auch das Erzählen, der Naturvölker bestimme. Nicht umsonst seien bei den von der Jagdkultur bestimmten oder mitbestimmten Völkern vor allem Tiergeschichten verbreitet.

Andrew Lang sieht im Mythus eine Art primitive Wissenschaft (Naturbeseelung, *Animismus*) und weist auf die Spuren von Kannibalismus und Magie im Märchen, die in Mythus und Sage (heroic myth, epic legend) meist getilgt seien. Andere nehmen Mythen und Märchen als Begleiterzählungen von *Riten,* als Zaubererzählungen, die ähnlich wie der Ritus oder im Zusammenwirken mit diesem gefährliche Situationen bewältigen oder wichtige Unternehmungen fördern sollen, z. B. Jagd, Heilung eines Kranken, Wiedererweckung oder Abwehr eines Toten. *Hans Siuts, Hans Naumann,* z. T. auch *V. J. Propp* und andere betonen den Toten- und Jenseitsaspekt: Die dem Märchenhelden mitgegebenen Speisen sind Spiegelbilder der Totenbeigaben, die eisernen Schuhe (von denen Held oder Heldin 7 Paar ablaufen müssen, bis sie den entrückten Gatten wiederfinden) sind die Schuhe für die Reise ins Jenseits, die magische Flucht (das Hintersichwerfen von Zaubergegenständen) deutet auf Totenabwehr, Riesen und Zwerge, alte Frauen und Männer sind Tote, der Menschenfresser der Tod. »Im Totenglauben und Totenritus ist alles basiert« (Naumann). *Saintyves, Meuli, Peuckert, Propp, Meletinsky, Gehrts* u. a. setzen die Märchen in Beziehung zu Jahreszeitenriten, Initiationsriten (Pubertätsriten, schamanistische Initiation) Heiratsnormen (Endogamie/Exogamie), Königsriten und anderen Bräuchen und Praktiken, wie sie von den Ethnologen beobachtet und in Standardwerken wie *Edward B. Tylors* »Primitive Culture«, *James Frazers* »Golden Bough« und *Bronislaw Malinowskis* »Myth in Primitive Psychology« festgehalten sind. *Wilhelm Wundt,* der das lose reihende, Tiere und Menschen unterschiedslos vermischende ›Mythenmärchen‹ an den Anfang der Entwicklung der Erzählkultur stellt (ihm ist »die Märchenform die früheste Form der Erzählung überhaupt«, nichts deute darauf, daß es bei den Naturvölkern sich von höheren Formen der Erzählung herleite), sieht unter dem modernen Gewand des entwickelten Zaubermärchens vor allem zwei Elemente, die auf die Primitivkultur zurückgehen: »die unbegrenzte Herrschaft des Zaubers und die moralische Indifferenz der handelnden Menschen«. *Andreas Heusler* hat den Terminus ›Mythenmärchen‹ übernommen und bezeichnet solche »volksläufigen Wundergeschichten« als ›Urmärchen‹, aus ihnen als zwischenvölkischen Erzählungen sollen nach seiner Annahme schon die alten germanischen Sagen geschöpft haben, während eigentliche Märchen erst seit dem 12. Jh. »entheroisierend« auf deutsche und nordische Stoffe eingewirkt hätten (Siegfrieds Jugendsagen).

Literatur:

Allgemeines siehe oben S. 64 f., Ferner: *Edward B. Tylor,* Primitive Culture, 2 Bde., London 1871 (deutsch 1873); *Angelo de Gubernatis,* Zoological Mythology, London 1872; *Andrew Lang,* Custom and myth, London 1885; derselbe, Myth, ritual and religion, London 1887; derselbe, Einleitung zu M. R. Cox, Cinderella, London 1893 (sowie zu den englischen Ausgaben von Grimm, 1884, und Perrault, 1888); *James Frazer,* The Golden Bough, London ³1911

(13 Bde.; gekürzte deutsche Ausgaben: Der goldene Zweig, 1928 in
1, 1977 in 2 Bden).

Bronislaw Malinowski, Myth in Primitive Psychology, New York
1926.

Joseph Bédier, Les fabliaux, Paris 1893 (entwickelt in der Einleitung
die Theorie der Polygenese der Märchen); *Pierre Saintyves*, Les
contes de Perrault et les récits parallèles, leurs origines: coutumes
primitives et liturgies, populaires, Paris 1923. *V. J. Propp*, Le radici storichi dei racconti di fate, Torino ²1972 (vgl. unten S. 118,
120, zu *Meletinsky* S. 118, 121). *Heino Gehrts*, Das Märchen und das
Opfer, 1967; derselbe, Mahābhārata. Das Geschehen und seine Bedeutung, 1975; derselbe, Ramayana. Brüder und Braut im Mär-
chen-Epos, 1977. Das Volksmärchen ist für Gehrts, wie für andere
der Mythus, eine Art Ritualkommentar (1977, S. 16); die Märchen-
braut bezeuge keineswegs »ein archaisches Matriarchat«, sie bedeu-
te vielmehr »jene Substanz (Essenz, Kostbarkeit), ohne die der
Held nicht König sein kann« (1977, S. 71), in deren Erringung,
Verlust und Wiedergewinnung sich sein Königtum bewähre (1975,
S. 197 f. u. ö.). Im europäischen Zweibrüdermärchen sieht Gehrts die
Spiegelung des Schwurbrüderrituals der indogermanisch/jungstein-
zeitlichen Epoche und setzt es in Beziehung zu antiken und germanischen Zeugnissen (1967, passim).

Wilhelm Wundt, Völkerpsychologie III (Die Kunst), ²1908,
S. 348–383 (Die ursprünglichen Formen der Prosaerzählung, Zitat
S. 361) und V (Mythus und Religion), ²1914, S. 91–370 (Das Mythenmärchen); *Andreas Heusler*, Die altgermanische Dichtung,
1929, S. 156; *Adolf Bastian*, Der Mensch in der Geschichte, 3 Bde.,
1860 (entwickelt und belegt die Idee der ›Völkergedanken‹, ›Elementargedanken‹); *Theodor Waitz*, Anthropologie der Naturvölker, 6 Bde., 1859/72; *Hans Siuts*, Jenseitsmotive im deutschen
Volksmärchen, 1911; *Hans Naumann*, Primitive Gemeinschaftskul-
tur, 1912, S. 18–116 (vgl. oben S. 64 f.).

v. d. Leyen S. 45–93 (Die Ursprünge des Märchens, darin die
Rückführung von Märchenmotiven auf *Traummotive* und schama-
nistische Erzählungen S. 63–80 [dazu unten S. 118]; vgl. a. die Alb-
traum-Theorie *Ludwig Laistners* in: Das Rätsel der Sphinx, 1889).
Peuckert S. 18–26 (Die Welt des Märchens); *Huet* p. 68–129
(Evolution et formation des contes populaires).

s. außerdem im HDM die Artikel »Anthropologische Märchentheorie« (I S. 79 f., v. Sydow), »Elementargedanken im Märchen« (I
S. 519–524, Kahlo), »Ethnologische Märchendeutung« (I S.
630 ff., v. Sydow); in der EM »Anthropologische Theorie (I Sp.
586–591, Dorson).

So äußern Ethnologen und Literaturhistoriker Vermutungen
sowohl über die Entstehungsbedingungen wie über die Entstehungszeit der Gattung Märchen. Ihre Beobachtung, daß bei

weit von einander entfernten Völkern gleiche oder ähnliche Sitten, Riten, Glaubensvorstellungen und auch Erzählungen bestehen, führt sie zum Schluß, daß, obwohl Beeinflussung, Wanderung von Werkzeugen, Verhaltensweisen und Dichtungen auch vorkomme, im wesentlichen doch unabhängige Entstehung anzunehmen sei: die überall gleichen Grundbedingungen (Eigenart und Entwicklung der menschlichen Seele, der Umwelt und der Auseinandersetzung mit dieser) führen zu ähnlichen Kulturerscheinungen: Polygenese, ›Völkergedanken‹, (vgl. oben S. 63). Die eigentlichen Erzählforscher, die von dem Märchen als einem Ganzen ausgehen, wenden ein, daß wohl viele Märchenmotive und auch einfache Erzählungen so erklärt werden können, nicht aber komplizierte, wohlaufgebaute Gebilde, die sich bis in einzelne Züge gleichen: Belauschung von überirdischen Wesen und Übernahme ihres Wissens etwa wäre, meint *Wesselski,* ein Erzählkeim, der sich überall entwickeln kann, ebenso die mißglückte Nachahmung (Typus Goldmarie/Pechmarie oder Tod statt Verjüngung in Feuer oder heißem Wasser, Blendung statt Erwerbung des augenheilenden Krauts), »die novellenartige Verbindung« der beiden Motive aber, wie sie sich in Erzählungen verschiedener Völker findet, »kann nur einmal entstanden sein« (»Märchen des Mittelalters«, S. 208). Diese Gruppe von Märchenforschern sieht die Erklärung der frappanten Übereinstimmungen im wesentlichen in der Wanderung der Erzählungen, sei es von Mund zu Mund, von Nachbarvolk zu Nachbarvolk (Benfey und seine Schüler, finnische Schule), von Generation zu Generation (v. Sydow), sei es durch literarische Übertragung (Wesselski, Fehling u. a.). Sie setzt also voraus, daß die einzelnen Erzählungstypen an je einem Punkte entstanden seien.

Der erste Forscher, der diesen Standpunkt bestimmt und radikal vertreten hat, ist *Theodor Benfey.* Ihm schien Indien das Ursprungsland nicht nur vieler, sondern fast aller Märchen zu sein. Er glaubt, sie in den literarisch fixierten indischen Sammlungen, die namentlich seit dem 10. Jh. (islamische Vorstöße nach Indien) durch persische, arabische, jüdische Vermittlung im Westen, durch mongolische im Osten bekannt geworden seien, nachweisen zu können, und nimmt dabei auch mündliche Überlieferung von Indien nach Europa (slawische Völker) an. Einige Jahrzehnte hindurch fanden Benfeys Auffassungen fast uneingeschränkt Zustimmung. Das Auftauchen von Märchenspuren im alten Ägypten und in der griechischen Antike erschütterte seine Theorie; die Gegner (allen voran Lang und Bédier als Vertreter der Polygenese) wiesen darauf hin, daß frühe literarische

Fixierung nicht notwendig den älteren Zustand festhalte als die mündliche Tradition, daß die von Benfey und seinen hervorragendsten Anhängern *Reinhold Köhler* und *Emmanuel Cosquin* nachgewiesenen Parallelen sich oft auf einzelne Motive beschränken, daß für manche europäische Erzählung überhaupt keine indische Parallele zu finden sei, daß einzelne Erzähltypen (und besonders manche von Cosquin herangezogene moderne Parallelen) ebensogut von Europa nach Indien gewandert sein können wie umgekehrt, daß das im Märchen wichtige Motiv des dankbaren Tiers, das Benfey aus buddhistischen Anschauungen ableiten wollte, unabhängig von Indien bei manchen anderen Völkern vorkomme (ähnlich wie manches andere von Benfey für Indien beanspruchte Motiv), daß umgekehrt in Indien auch viel von undankbaren Tieren erzählt werde, daß die indischen Volksmärchen überhaupt nicht buddhistischen Ursprungs seien.

Literatur:

Theodor Benfey, Pantschatantra. Fünf Bücher indischer Fabeln, Märchen und Erzählungen, 2 Bde., 1859 (mit umfangreicher Einleitung und Anmerkungen, Neudruck 1966); derselbe, Kleinere Schriften zur Märchenforschung, 1894.

Reinhold Köhler, Kleinere Schriften zur Märchenforschung, 3 Bde., 1898–1900; derselbe, Aufsätze über Märchen und Volkslieder, 1894; vgl. auch Köhlers vergleichende Anmerkungen zu den estnischen Märchen F. Kreutzwalds (1869), den sizilianischen Laura Gonzenbachs (1870), den Contes populaires aus dem Agenais von J. F. Bladé (Paris 1874), den isländischen Märchen von H. Gering (1883), den Lais der Marie de France (1885).

Emmanuel Cosquin, Contes populaires de Lorraine, 2 Bde., Paris 1887 (mit reichen vergleichenden Anmerkungen); derselbe, Les contes indiens et l'occident, Paris 1922; derselbe, Etudes folkloriques, Paris 1922.

Alfred Forke, Die indischen Märchen und ihre Bedeutung für die Märchenforschung, 1911 (Gegner der indischen Theorie; ebenso schon Joseph Bédier, Les fabliaux, Paris 1893).

vgl. *Huet* S. 28–50, *Thompson* S. 376–380, *v. d. Leyen* S. 20 f., *Bolte-Polívka* V S. 249–253.

Heute wird Indien immer noch als ein wichtiger Quell der international verbreiteten Märchen betrachtet, aber längst nicht mehr als der einzige. Den europäischen Völkern, insbesondere den Kelten, wird die Kraft zu eigener Märchenbildung zugestanden. Die Wanderungstheorie als solche ist einflußreich geblieben. Ihre eindrücklichste Auswirkung hat sie in der Ausbildung der geographisch-historischen Methode der Finnen und in deren Übernahme und Entwicklung durch Forscher vieler anderer Länder erfahren.

Die sogenannte finnische Schule, die zu Beginn unseres Jahrhunderts von *Kaarle Krohn* (1863–1933) und *Antti Aarne* (1867–1925) begründet wurde, übernimmt die »geographische Methode« des Kalevala-Forschers Julius Krohn (1835–1888). Sie geht von der Überzeugung aus, daß die Geschichte des Märchens nicht geschrieben werden könne, bevor die Geschichte jedes einzelnen Märchentyps erforscht sei. In monographischen Arbeiten werden alle erreichbaren (gedruckten und handschriftlich archivierten, volkstümlichen und literatirschen) Varianten eines Erzähltyps geographisch und, so weit möglich, chronologisch geordnet (das letzte ist meist nur bei literarisch fixierten Erzählungen aufschlußreich) und miteinander verglichen; Kurt Ranke hat 1934 etwa tausend Fassungen des Drachentötermärchens (T. 300 und 303), Jan-Öjvind Swahn 1955 über 1000 Fassungen der Erzählung vom Tierbräutigam (T. 425 und 428) einander gegenübergestellt – man versteht, daß Antti Aarne für die Erfüllung der gestellten Aufgaben eine autonome Märchenforschung gefordert hat; zu Unrecht sei das Märchen bisher ein Randgegenstand anderer Wissenschaften gewesen. Ziel der strengen Vertreter dieser geographisch-historischen Methode ist es, durch den sorgfältigen Vergleich der verschiedenen Fassungen eine Urform (primary form), einen Archetypus, »von dem alle uns vorliegenden Varianten abstammen« (Anderson, HDM II 508) zu erschließen, dessen Heimat und Entstehungszeit, zugleich die Eigenart und Geschichte der verschiedenen Lokalredaktionen (der in einem bestimmten Verbreitungsgebiet traditionell gewordenen »abgeänderten Formen«, Subtypen) festzustellen und so weit möglich die Wanderwege der Erzählungen aufzuzeigen. Für die Gewinnung der Urform ist bei jedem einzelnen traditionellen Zug der Erzählung abzuwägen, welche Form innerhalb der voneinander abweichenden Varianten mit größter Wahrscheinlichkeit als ursprünglich zu betrachten ist. »Als ursprünglich hat jene Form des betreffenden Zuges zu gelten, die 1. durch die meisten Aufzeichnungen vertreten ist, 2. das größte Verbreitungsgebiet aufweist, 3. in den ältesten und 4. den am besten erzählten Fassungen vorkommt, 5. am natürlichsten und 6. am folgerichtigsten ist (d. h. mit den übrigen als ursprünglich erkannten Zügen am besten in Einklang steht), 7. nicht aus einem anderen Erzählungstypus entlehnt sein kann, 8. aus der die anderen Formen am leichtesten als lokale Variationen abgeleitet werden können, 9. im äußeren Ring des Verbreitungsgebietes gut vertreten ist, 10. in der auf Grund anderer Indizien schon ermittelten Heimat des betreffenden Erzähltyps vorkommt« (Anderson, S. 517). Aus den so ermittelten Urzügen der Erzählung kann ein »Urtext« zusammengesetzt werden. Die Vertreter der finnischen Schule sind sich bewußt, daß die Kriterien nicht eindeutig sind, daß ihre Aussagen sich nicht nur ergänzen, sondern auch widersprechen können, daß verschiedene Fehlerquellen auszuschalten sind (das wichtigste Indiz, die Häufigkeit des Vorkommens, kann irreführen, weil in bestimmten Gebieten viele, in anderen fast keine

Märchen aufgezeichnet worden sind; auch kann eine spätere Form die frühere ganz oder fast ganz verdrängt haben). Trotzdem glaubt *Walter Anderson*, der 1962 verstorbene Vertreter der geographisch-historischen Methode, daß meist schon die Prüfung von 20–30 Varianten genüge, um die »Normalform« und damit die wichtigste Grundlage für die Urform zu erkennen: »The form simply cries out from the data before one« (Four Symposia, S. 278; eine Aussage, die selbstverständlich die oben S. 70 wiedergegebene Forderung, alle verfügbaren Versionen zu untersuchen, nicht außer Kraft setzen will). Nicht die einzelne Variante, sondern nur die Urform dürfe die Grundlage für mythologische, psychoanalytische und andere Deutungsversuche bilden (vgl. dagegen unten S. 77, S. 110). *Isidor Levin*, der mit exakten modernen Methoden (unter Benutzung des Computers) große Kollektionen von Volkserzählungen untersucht, will nur Kartogramme und die Statistik des Gesamtbefundes interpretieren, »nicht die einzelne Aufzeichnung ...«, wie es hie und da leider noch üblich ist«. Er erfaßt in Prozentzahlen (Häufigkeitsnachweisen) u. a. Geschlecht, Altersgruppe und Heimat der Erzähler, Art, Familienbezug und Rolle der dramatis personae, Präsenz (bzw. Absenz) und Umfang von Anfangs- und Schlußformeln. *Gisela Schenkowitz*, welche Levins »quantifizierende Corpusanalyse« auf Vorlesestoffe für Kinder anwendet, erklärt, »der Weg der Corpusanalyse« stehe in völligem Gegensatz zu jenem der Strukturalisten, die »aus einem oder wenigen Texten« Strukturmodelle erstellen möchten, aus denen man »alle möglichen Texte«, »aus denen man ein Corpus gewinnen könnte«.

Von den Einwänden, die gegen das methodische Vorgehen und gegen die Möglichkeit der Gewinnung einer Urform vorgebracht worden sind, seien vor allem die Wesselskis, v. Sydows und Peuckerts genannt. Wesselski und v. Sydow glauben nicht an die wellenförmige Ausbreitung einer Erzählung von einem bestimmten Zentrum aus (›Wellentheorie‹). *Wesselski,* der, wie später Detlev Fehling, die Wirkungskraft mündlicher Überlieferung bezweifelt (vgl. die gegensätzliche Position von *Megas,* oben S. 13), betont die Rolle von weitreisenden Kaufleuten, Missionaren, Soldaten (de Vries vor allem die von Auswanderern), die ihre Geschichten an weit entfernte Punkte tragen, während v. Sydow umgekehrt die Schwerbeweglichkeit der relativ komplizierten Märchenerzählungen unterstreicht: Sie hätten, im Gegensatz zum einfachen Schwank, schon Mühe, allernächste Sprachgrenzen zu überschreiten; eine Überlieferung von Geschlecht zu Geschlecht gehe leichter vonstatten, so daß die lebendigen Märchen im allgemeinen nicht von fernher zugewandert, sondern alt ererbte ›Ökotypen‹ seien. *Peuckert* verweist unter Anrufung von Lévy-Brühl auf die Fragwürdigkeit des Kriteriums »folgerichtig« (das Empfinden, Denken und Erzählen der Naturvölker schließe manches für uns Unlogische ein), *Swahn* auf die Subjektivität der Entscheidung, ob etwas »natürlich« und »gut« erzählt sei, *Kurt Ranke* auf die Schwierigkeit, das dominante Motiv zu erkennen (ein Einwand, den V. J. Propp auch gegenüber Aarnes Typensystem erhebt, S. 19, p. 20, vgl. oben S. 23). Wesselski kann sich in seiner Kritik nur auf Einzelfälle berufen; v. Sydows Befund ist schon von Friedrich Ranke als auf schwedischen Sonderverhältnissen beruhend bezeichnet worden, im allgemeinen gehe der Austausch und damit die Wanderung leichter vor sich; das Prinzip der Folgerichtigkeit will de Vries gelten lassen, aber nur für europäische Märchen der historischen Zeit. Die Kritik am methodischen Vorgehen trifft Einzelpunkte; sie kann die Bemühungen der geographisch-historischen Methode zwar relativieren, vermag sie aber nicht zu entwerten. Am umstrittensten ist das Hauptanliegen, die Herstellung der Urform (zu der ihr von *Lüthi* entgegengestellten »Zielform« s. u. S. 85). Für *Laurids Bødker* ist sie »eine reine Abstraktion« (Four Symposia, S. 275), *Archer Taylor* glaubt, daß nur einige ihrer Elemente festgestellt werden können (The black Ox, S. 14), *Jaques Geninasca* bemerkt: »Man müht sich ab, einen Archetyp zu rekonstruieren«, in Wahrheit »konstruiert man ein Modell« (Destins du cannibalisme, p. 220, vgl. unten S. 130). *J. Ö. Swahn* meint, daß für das von ihm untersuchte Amor- und Psyche-Märchen und ebenso für andere eine festgeprägte Urform nie existiert habe, sondern nur so etwas wie ein Handlungstyp (›original theme‹), der sich bei verschiedenen Völkern unabhängig auch in einer späteren Zeit wieder herstellen kann: Vermählung unter Auflage eines speziellen Verbots (Tabu) – Übertretung des Verbots – Lösung unlösbarer Aufgaben. Die Erscheinungsform des Gemahls, die Art des Verbots und der Aufgaben schwanken und können von Anfang an geschwankt haben. Swahn nähert sich damit einerseits der Sichtweise Propps, der ebenfalls den Handlungsverlauf (Struktur, Komposition), nicht den »Inhalt« (Handlungsträger, d. h. Subjekte und Objekte) für das Wesentliche hält (vgl. oben S. 23), andererseits jener der Psychologen, die die unabhängige Entstehung auch komplizierter Erzählungen vom gleichen Typ aus den ebenfalls komplizierten, aber überall ähnlichen, auf manchen Kulturstufen gleichen Grundvorgängen in der menschlichen Seele ableiten. In solcher Sicht ist es unwichtig, ob der Tierprinz beim allerersten Bildner der Erzählung ein Bär oder ein Wolf gewesen ist. Swahn nimmt in diesem Sinne nicht wie die Anhänger der finnischen Schule einen individuellen Ursprung des Märchentyps an, sondern einen kollektiven – was Walter Anderson und Kurt Ranke als ein Argument »aus der Mottenkiste der Romantik« ablehnen: Wollte man die »immanente Geistigkeit und seelische Grundveranlagung für die Kollektivschöpfung verantwortlich machen, wäre jeder geistig-seelische Schaffensprozeß ein Kollektivvorgang«. So sehr dieser Satz Rankes überzeugt, ist zugunsten Swahns doch zu sagen, daß die menschliche »Grundveranlagung« sich in Volkserzählungen, die von Ungezählten rezipiert und durch Jahrhunderte bewahrt werden, offensichtlich reiner und überzeugender Ausdruck verschafft als in Individualdichtungen, die einen sehr speziellen Charakter haben können. Wie Volkslieder sind wohl auch Märchen schon im Hinblick auf ihre Annahme durch ein Kollektiv hin konzipiert, und insofern darf bei ihnen mit größerem Recht als bei literarischen Kunstwerken (Fabri/Benn: »Jedes Gedicht ist von mehreren«) eine Art kollektiven Ursprungs postuliert werden (vgl. unten S. 83: Bogatyrev/Jakobson). Kurt Ranke räumt die von den meisten Märchenforschern angezweifelte Möglichkeit einer Polygenese auch komplizierter Erzählungen ein, bezeichnet sie aber als »eine Vielfalt von Monogenesen« (hinter jeder von ihnen steht »ein individueller Schöpfungsakt«) und fordert, gewiß mit Recht, für jeden dieser von einander unabhängigen Erzählstränge sorgfältige Sonderuntersuchungen, deren Summe uns den Überblick »über den Gesamtzyklus der zwar geistes-, aber nicht genetisch verwandten Erzählungen verschaffen«. Auch russische Forscher üben Kritik am Dogma der Monogenese und an der Bindung der Finnischen Schule an die Idee vom »gesunkenen Kulturgut« (Jason 1970, S. 288 f.), an ihrem mangelnden Interesse für die konkreten Erzählungen und deren kulturell-historischen Hintergrund (S. 287, 289); Lévi-Strauss bezeichnet »die Suche nach einer authentischen oder ursprünglichen Version« als »eines der Haupthindernisse für den Fortschritt der mythologischen Forschungen« (Strukturale Anthropologie S. 238); E. Moser-Rath fordert ähnlich wie M. Pop (s. unten S. 101 f.) statt der Längsschnitte (Monographien) oder neben ihnen »Querschnitte durch die Quellenbestände bestimmter Perioden«, mit Blick auf den »zeitspezifischen, sozialen oder funktioalen Stellenwert« der Erzählungen. M.-L. Tenèze möchte durch Analyse der französischen Zaubermärchen die geschichtlichen Stufen herauskritallisieren, die in dem uns zugänglichen Gesamtkorpus zu einem Nebeneinander geworden sind (gemäß dem Dictum des Tanzforschers Jean-Michel Guilcher: »Was historisch aufeinander folgte, ist eine der Grundlagen der heutigen Vielfalt.«). Zu Propp s. unten S. 118, 120.

Wenn in der Frage der Möglichkeit und Nützlichkeit der Rekonstruktion einer Urform und ihrer zeitlichen Fixierung Meinung gegen Meinung steht (Bédiers »Agnostizismus«: »Nous ne saurons jamais ni où ni quand ils sont nés, ni comment ils se propagent. Et il est indifférent que nous le sachions ou non«, S. 284), so bleibt unbestritten, daß wir der Anregung der Finnen, ihrem Bedürfnis nach reichem Variantenmaterial dreierlei verdanken: die internationale Organisation der Märchenforschung (Gründung des Folkloristischen Forscherbundes, Folklore Fellows, 1907; Anlegung von Märchenarchiven mit reichem handschriftlichem Material in Helsinki, Uppsala, Stockholm, Göteborg, Lund, Kopenhagen, Oslo, Dublin, Paris, Marburg, Athen, Vilnius, Riga, Tartu, Moskau, Leningrad und anderswo), die Erstellung von internationalen und nationalen Typen- und Motivregistern, nach denen gedruckte Erzählungen und archivierte Manuskripte gekennzeichnet und der Forschung zugänglich gemacht werden, und eine Anzahl von wertvollen Monographien, die, auch dort, wo die erschlossene Urform und selbst die vermutete Urheimat und die Verbreitungswege fragwürdig bleiben (dazu de Vries S. 12), Einblick in die »Biographie« einzelner Erzähltypen gewähren und durch den Vergleich der Varianten vielfältigen Aufschluß geben über kultur-, geistes- und dichtungsgeschichtliche Entwicklungen, wechselseitige Beeinflussungen, Beharrungs- und Verwandlungskräfte.

Literatur zur vergleichenden Märchenforschung der finnischen (geographisch-historischen) Schule:

Antti Aarne, Leitfaden der vergleichenden Märchenforschung, FFC 13, 1913.

Kaarle Krohn, Die folkloristische Arbeitsmethode, Oslo 1926; derselbe, Übersicht über einige Resultate der Märchenforschung, FFC 96, 1931.

Walter Anderson, Geographisch-historische Methode, HDM II S. 508–522; derselbe, Zu Albert Wesselski Angriffen auf die finnische folkloristische Arbeitsmethode, Tartu (Dorpat) 1935.

Isidor Levin, Erzählforschung im Pamirgebiet, in: Festschr. Ranke, S. 159–163; derselbe, Tiermärchen im Tadschikischen, in: Kontakte und Grenzen, Festschr. für Gerhard Heilfurth, 1969, S. 93–113.

Gisela Schenkowitz, Der Inhalt sowjetrussischer Vorlesestoffe für Vorschulkinder, 1976 (Zitat S. 39).

Stith Thompson, The Folktale (passim); derselbe, Four Symposia on Folklore, Bloomington 1953, S. 267–286.

v. d. Leyen S. 30–34.

Friedrich Ranke, Märchenforschung, DVjs. 14, 1936, S. 271–299 (diskutiert u. a. C. W. v. Sydows These vom Zaubermärchen als indogermanischem Erbgut und seine Lehre von den *Ökotypen,* bei den einzelnen Völkern und Völkergruppen sich vererbenden, von wandernden Erzählungen wenig beeinflußten Sonderformen der verschiedenen Erzähltypen).

C. W. v. Sydow, Selected Papers on Folklore, Copenhagen 1948 (darin besonders S. 11–43: On the spread of tradition, S. 44–59: Geography and Folk-Tale Oicotypes, S. 200–219: Folk-Tale Studies and Philology, S. 220–242: Das Volksmärchen unter ethnischem Gesichtspunkt); derselbe, Folksagan sasom indoeuropeisk tradition, in: Arkiv för nordisk filologi 1925 S. 1–19, und Das Volksmärchen als indogermanische Tradition, in: Niederdt. Zeitschr. f. Volkskunde 4, 1926, S. 207 ff.; derselbe, Märchenforschung und Philologie, in: Universitas 3, 1948, S. 1047–1058.

Wesselski S. 145–166 (Ablehnung der Theorien von der »Vollkommenheit der ursprünglichen Kunstform«, von der ursprünglichen

Zugehörigkeit jedes Motivs zu einer bestimmten Erzählung, von der Konstanz der mündlichen Überlieferung).

Peuckert, Volkskunde, 1951, S. 153–161, und »Märchen« in: Dt. Phil. i. A., ²1962, Sp. 2705 Sp. 1796.

De Vries S. 8–21 (zur Finnischen Schule), S. 45–66 (zu v. Sydow und seiner Schule).

J. Ö. Swahn, The Tale of Cupid and Psyche, Lund 1955, S. 9–13, 395–440; dazu die Besprechungen von W. Anderson in: Hessische Blätter für Volkskunde 46, 1955, S. 118–130, mit Replik und Duplik in Bd. 47, 1956, S. 111–118, und von Kurt Ranke in: Arv 12, 1956, S. 158–167. Zur Polygenese vgl. a. *Kurt Ranke,* Der Schwank vom Schmaus der Einfältigkeit – ein Beispiel zur Generatio Aequivoca der Volkserzählungen, Helsinki 1955 (FFC 159 = Ranke S. 222 f.), S. 15 f., und *Manfred Reinartz,* Genese, Struktur und Variabilität eines sogenannten Ehebruchschwanks (Blindfüttern aus Untreue, T. 1380), Diss. (Typoscript) Mainz 1970, S. 52 ff., 69 f., 144 f. (dazu die kritische Bemerkung von Leopold Schmidt in der Österr. Zeitschr. f. Volksk. 73, 1970, S. 311).

Heda Jason, The Russian Criticism of the »Finnish School« in Folktale Scholarship, in: Norveg, n. s. 14, 1970, S. 285–294.

Elfriede Moser-Rath, Gedanken zur historischen Erzählforschung, in: Zeitschr. f. Volkskunde 69, 1973, S. 61–81.

Marie-Louise Tenèze, Le conte merveilleux français: problématique d'une recherche, in: Ethnologie française, 1972, p. 97–106 (Guilcher-Zitat p. 103).

Vgl. auch die oben S. 20–24 und unten S. 86 f. aufgeführte Literatur.

In seiner »Übersicht über einige Resultate der Märchenforschung« (FFC 96, 1931) kann *Kaarle Krohn* eine stattliche Anzahl von Monographien besprechen: zu Tiermärchen und -fabeln seine eigenen Arbeiten über Bär (Wolf) und Fuchs (Helsingfors 1889), Mann und Fuchs (1891) und die von *Antti Aarne* über »Die Tiere auf der Wanderschaft« (FFC 11, 1913); zu den Märchen vom dummen Teufel die Abhandlung von *Oskar Hackmann* über »Die Polyphemsage in der Volksüberlieferung« (Helsingfors 1904); zu Zaubermärchen u. a. *Aarnes* Arbeiten über die Märchen vom Zauberring, vom Zaubervogel, von den drei Zaubergegenständen und den wunderbaren Früchten (alle drei Helsingfors 1908), von den Zaubergaben (Helsinki 1911), vom tiersprachenkundigen Mann und seiner neugierigen Frau, T. 670 (FFC 15, Hamina 1914; Vermutung über Herkunft: Asien, vielleicht Indien), vom reichen Mann und seinem Schwiegersohn, T. 461 (FFC 23, 1916; indische Herkunft vermutet), zu der Episode der magischen Flucht (FFC 92, 1930), ferner die Untersuchungen *Reidar Th. Christiansens* zu »The Tale of the two travellers or the blinded man«, T. 613 (FFC 24, 1916; indische Herkunft vermutet), *Lutz Mackensens* zum »Singenden Knochen«, T. 780 (FFC 49, 1923; Entstehung in Flandern, in frühgermanischer Zeit, vermutet, vgl. dazu aber Krohn und Fr. Ranke, DVjs. 1936 S. 287 f.), *E. Röschs* zum Getreuen Johannes, T. 516 (FFC 77, 1928), *Sven Liljeblads* zur Tobiasgeschichte und anderen Märchen mit toten Helfern (Lund 1927), *Inger Marg. Bobergs* zu »Prinsessen pa glasbjaerget« (›Danske Studjer‹ 1928, S. 16–53), schließlich drei Untersuchungen zur angeblichen Meisterspinnerin (T. 500 und 501, von E. Clodd 1898, Polívka 1900, v. Sydow 1909); zu novellenartigen Märchen und Schwänken die Monographien von *Aarne* über den Mann aus dem Paradiese (FFC 22, 1915), von *Ernst Philippson* über den König Drosselbart (FFC 50, 1923), von *Anderson* über den Schwank vom Kaiser und Abt (FFC 42, 1923), von *de Vries* über die Märchen von klugen Rätsellösern (FFC 73, 1928), und wieder von *Anderson* über den Schwank vom alten Hildebrand (Dorpat 1931), schließlich den ersten Teil der Kettenmärchenstudien *Martti Haavios* (FFC 88, 1929; der zweite Teil, FFC 99, folgte 1931), daneben einige Arbeiten zu legendenartigen Erzählungen (*Andrejev* über die Legenden von den zwei Erzsündern, FFC 54 und vom Räuber Madej, FFC 69) und zu Sagen (darunter *Archer Taylors* Studie über »The Black Ox«, FFC 70). Ferner verdient Erwähnung *Waldemar Liungmans* Arbeit über die Prinzessin in der Erdhöhle (»En traditionsstudie över sagan om Prinsessan i Jordkulan«, 1925, T. 870 – KHM 198: Jungfrau Maleen; skandinavischer Ursprung vermutet: Jütland, im hohen Mittelalter).

Später erschienen u. a. die Arbeiten von *Kurt Ranke* »Die zwei Brüder«, FFC 114, 1934 (T. 300 und 303, als Heimat beider Typen wird Frankreich vermutet, während *Wolfgang Hierse* östliches Mittelmeer und Zeit des Hellenismus annimt), *Marianne Rumpf* »Rotkäppchen«, Diss. Göttingen 1951 (T. 333, Ursprungsland Frankreich, Warnmärchen), *Anna Brigitta Rooth* »The Cinderella Cycle«, Lund 1951 (T. 510 und 511; östliche Herkunft vermutet, für die eigentliche Aschenbrödelgeschichte speziell der Nahe Osten, Modifizierung in Südosteuropa), *Nai-Tung Ting,* The Cinderella Cycle in China and Indo-China, FFC 1974, *Jan Öjvind Swahn* »The Tale of Cupid and Psyche«, Lund 1955 (T. 425 und 428; die Kombination der Motive als indoeuropäisch bezeichnet). *Warren E. Roberts* »The Tale of the kind and the unkind girls«, Berlin 1958 (T. 480 Frau Holle – KHM 24 – und Verwandtes); derselbe, »The Black and the White Bride« in Scandinavia, in: Fabula 8, 1966, S. 64–92 (T. 403). *Michael Meraklis,* »Das Basilikummädchen, eine Volksnovelle« (T. 879), 1970. *Georgios A. Megas,* »Das Märchen von Amor und Psyche in der griechischen Volksüberlieferung (T. 425, 428–432), Athen 1971 (Diskussion zahlreicher neugriechischer Varianten). *Germain Lemieux,* Placide-Eustache. Sources et parallèles du conte-type 938, Québec 1970. *Hélène Bernier,* La fille aux mains coupées (conte-type 706), Québec 1971. *Nancy Schmitz,* La Mensongère. T. 710 dans la tradition orale du Canada français et de l'Irlande, Québec 1972 (Typus Marienkind). *Maja Bošković*-Stulli »Narodna Predaja o Vladerevoj Tajni«, Zagreb 1967 (Midas mit den Eselsohren, T. 782. Bošković ergänzt die geographisch-historische Methode, indem sie den kulturgeschichtlichen, namentlich den mythisch-rituellen und gesellschaftlichen Grundlagen sowie künstlerischen Momenten – insbesondere der Gattungsfrage: Zuordnung zur Sage – Aufmerksamkeit schenkt). *Karel Horálek* fordert kurze »monographische Charakteristiken«, Analysen einzelner Märchentypen, die von der Besonderheit regionalen Materials ausgehen, und gibt einige Beispiele aus dem slawischen Bereich (T. 302, 313 u. a.): »Zur typologischen Charakteristik der tschechischen Volksmärchen«, in: Zeitschrift für Slawistik XIV, 1969, S. 85–109; vgl. Horáleks Arbeiten zur slawischen und balkanischen Überlieferung von T. 302 (Leben im Ei), Jahrbuch 13, 1967, S. 260–287, von T. 331 (Geist im Glas), in: Festschrift für M. Woltner, 1967, S. 83–90, von Märchen aus 1001 Nacht, in: Fabula 10, 1969, S. 155–195; ferner die Untersuchungen von *Nai-Tung Ting* zu T. 301 (Drei geraubte Prinzessinnen) in China, Fabula 11, 1970, S. 54–125, von *Heiki Paunonen* zu T. 552 A (Tierschwäger) und 580 (Liebling der Frauen) in Finnland, Studia Fennica XIII, 1967, S. 71–105, von *Megas* (s. oben).

Eine Art Vorläufer der Monographien war die Zusammenstellung und Analyse von 345 Aschenputtelvarianten durch *Marian Roalfe* Cox »Cinderella«, London 1893; vgl. a. die Sneewittchenstudien von *Ernst Böklen*, 1910/15, Neudruck 1974.

Daß die Monographien nicht mehr so rasch aufeinander folgen wie in der Pionierzeit, hat mehrere Gründe, u. a. die Scheu, eine bei der Zahl der von Jahr zu Jahr neu zutage tretende Aufzeichnungen unabsehbar werdende mühsame Arbeit auf sich zu nehmen, dann die Angriffe, die gegen die Arbeiten der finnischen Schule gerichtet worden sind, schließlich auch der Zug der Zeit, der mehr nach Beschäftigung mit den einzelnen lebendigen Erzählungen als nach der Konstruktion einer Urform geht, wie ja auch in der Publikation antiker und mittelalterlicher Dichtungen die Herstellung eines kritischen Textes nicht mehr die gleiche Anziehungskraft besitzt wie zu Beginn des Jahrhunderts, das Studium der originalen Texte in ihrer individuellen Gestalt dagegen eine größere. Der Märchenbiologe interessiert sich für die Eigenart des einzelnen Erzählers, für die Funktion seiner Erzählweise im Gefüge seines Daseins, der Literaturwissenschaftler nimmt die einzelne Erzählung als ein Gebilde eigenen Rechts, und der Psychologe betont, daß jede Variante Ausdruck einer anderen psychischen Situation sein könne, daß also nicht nur die Urform, sondern auch die einzelnen Varianten der psychologischen Interpretation würdig seien. Und der Historiker, der Soziologe fragt nach dem gesellschaftlichen (schichtenspezifischen), wirtschaftlichen, kulturellen Wurzelgrund und der entsprechenden Ausstrahlung gerade der geschichtlich ortbaren Erzählungen, weniger nach Vorbedingungen und Wirkungen vergleichsweise überzeitlicher Typen oder erschlossener bzw. konstruierter Urformen. Dennoch bildet die allmähliche Vermehrung der Monographien und dabei auch die freilich vorsichtig als Hypothesen aufzufassenden Konstruktionen von Grundformen eine wichtige Grundlage für die Klärung wesentlicher Fragen der Märchenforschung, auch der psychologischen und literaturwissenschaftlichen.

In den einzelnen Monographien werden Mutmaßungen über das *Alter* des behandelten Märchentyps geäußert. Es besteht Einigkeit darüber, daß die Motive viel älter sein können und es meist auch sind als die Erzählungen, in denen wir sie finden; die Schätzungen sind daher vorsichtig; sie können nur den Terminus ante quem mit einiger Sicherheit bestimmen: Er wird dort, wo europäische Herkunft zu vermuten ist, meist im späteren Mittelalter angesetzt, während indische Märchensammlungen Datierungen bis etwa 1 000 vor Christus gestatten. Umstritten ist die Entstehung und daher auch die Entstehungszeit der Gattung ›Märchen‹, insbesondere des ›eigentlichen Zaubermärchens‹. Sein verhältnismäßig kunstvoller Bau hebt es von einfachen Tiergeschichten und anderen primitiven Erzählungen ab, er scheint für die Zuordnung zu einer relativ hohen Kulturstufe zu sprechen.

C. W. v. Sydow, der das Zaubermärchen (Schimäremärchen) für indoeuropäisch hält (bei den Semiten sei ursprünglich nur die Novelle, die Parabel und die Problemgeschichte, bei den Naturvölkern nur das Mythenmärchen beheimatet), nimmt eben deshalb an, daß es bis ins Neolithikum zurückreiche; zum selben Schluß kommt *Peuckert,* der, auf Grund inhaltlicher Merkmale, die Elemente des Märchens der nachtotemistischen, vordämonischen und vorvernünftigen »zauberischen Welt« zuspricht, in der allein es sinnvoll gewesen sein könne. Es ist eine Welt, wo Menschen zugleich Vögel zu sein vermeinen, wo man vom Freier Haus und Pflanzung als Leistung für ein Mädchen verlangt (Märchenaufgabe: in einer Nacht Palast bauen, Feld bestellen), wo Pubertätshütten die Mädchen einschließen (Die Jungfrau im Turm), wo die Jünglinge bei Eintritt der Reife drei Qualnächte im Geisterhause erleiden, wo anthropophage Waldwesen erscheinen, wo das Mutterrecht herrscht (Vererbung des Reichs über die Tochter – anders Gehrts, s. oben S. 67): die Welt des Vorbauerntums, der hackbauenden Pflanzer; in der auf sie folgenden Bauernkultur erst seien die Erlebnisse zu Geschichten, zu Märchen »geronnen«. Weil die nordischen, germanischen Völker von Sammlern unmittelbar zu Bauern geworden seien, hätten sie die zauberische Pflanzerkultur nicht erlebt und die Zaubermärchen von außen übernommen (Gegensatz zu v. Sydow): die ersten eigentlichen Märchen glaubt Peuckert der ostmittelmeerisch-ägyptischen, innerhalb ihrer vor allem der kretisch-minoischen Welt zuschreiben zu dürfen. *Jan de Vries* stimmt weder v. Sydow noch Peuckert zu: »die eine Hypothese schließt die andere völlig aus«. Mit Peuckert (und mit Eliade, Rank und anderen) stimmt er insofern überein, als auch er die Entstehung des (leichten, spielerischen) Märchens hypothetisch in eine Übergangszeit setzt, er spricht vom Übergang von einer mythisch empfindenden zu einer vergleichsweise rationalistischen Epoche – solche das Märchen erzeugende Übergangsepochen hätten sich aber bei verschiedenen Völkern zu ganz verschiedenen Zeiten eingestellt, bei den Griechen vielleicht im homerischen Zeitalter, bei den Germanen gewiß später. »Die Fälle, daß man bestimmte Märchen nur im slawischen oder aber nur im keltischen Gebiet bezeugt findet, könnten beweisen, daß auch bei diesen Völkern dieselben Umstände eingetreten sind, die für die Ausbildung des Märchens erforderlich waren.« De Vries lehnt es ab, das Fehlen von Märchenspuren in irgendeiner Literatur, z. B. in der skandinavischen vor 1200, als Beweis für ein Fehlen des Volksmärchens zu nehmen: schriftlich festgelegte Dichtung nehme Märchen nicht auf, sobald diese da seien, sondern erst sobald sie das Bedürfnis danach habe. Andererseits ist er ähnlich wie Thompson mißtrauisch gegen die Verlegung der Entstehung in unkontrollierbare Vorzeiten, also z. B. in die Steinzeit; zu *Otto Huths* Versuchen, das Märchen mit seinen Glasbergen und Metallisierungen zu den Stufentürmen und Pyramiden des alten Orients, zu den dreistufigen Megalithgräbern, zum iranischen Metallmenschen und zugleich zu gnostischen und alchimistischen Strömungen in Beziehung zu setzen, haben die maßgebenden Märchenforscher bisher überhaupt noch nicht ernsthaft Stellung genommen (sondern höchstens in Form ablehnender Randbemerkungen – Peuckert: »mir unverständlich« in Dt. Phil. i. A. III, ²1962, Sp. 2723; Röhrich: »Das Märchen gibt jedenfalls keine stehengebliebene Megalithkultur« S. 4, vgl. ›Jahrbuch‹ II S. 308). Hingegen glaubt der Historiker *August Nitschke,* eine bestimmte Gruppe von Märchentypen der Megalith-Gesellschaft (in Europa: 4/3. Jahrtausend vor Chr.) zuweisen zu können: Treuer Johannes (Versteinerung, Kindesopfer!), Rapunzel, Schwanenjungfrauen, Prinzessin auf dem Baum (T. 317) u. a., so wie er andere Gruppen (mittels Vergleich mit bildlichen Darstellungen, z. B. Höhlenmalerien, und aufgrund weiterer Indizien) ganz bestimmten anderen Zeitaltern zurechnet: Singender Knochen, Machandelboom, Erzählungen von Büffelfrauen u. ä. hätten demzufolge ihre Wurzeln im Jungpaläolithikum (Jäger, dominierendes Verhalten: Verherrlichung der Tiere und teilweise Sorge für sie), Hänsel und Gretel, Zauberlehrling (T. 325) u. a. im Mesolithikum (Bauern und Fischer, beunruhigende Umwelt, Erwerb von »erlösenden Dingen«) etc. Die Auseinandersetzung der Märchen-Spezialisten mit diesen ungewöhnlich kühnen, wenn auch umsichtig erarbeiteten Thesen ist noch sporadisch, zumeist skeptisch.

Eine andere Frage ist, ob man einzelne Volksmärchen aufgrund von deren besserer Erzähllogik für der alten Urform näher stehend halten darf als entsprechende Dichtungen der Hochliteratur: Im Bärensohnmärchen (T. 301) ist die Unterweltsfahrt überzeugender motiviert als in der Odyssee (*Carpenter,* s. oben S. 42), im bretonischen Peronnik-Märchen (dessen Authentizität allerdings angezweifelt wird) das Lanzenmotiv besser als bei Chrétien *(Krogmann)*, in den Märchen-Fassungen des Dankbaren Toten ist neben anderem das Verhältnis des Toten zu seinem Wohltäter einleuchtender als in der alttestamentlichen Erzählung das des Engels zu Tobits Sohn. In solchen Fällen sind die jeweils besonderen Umstände zu berücksichtigen und ist ferner zu bedenken, daß Volkserzählungen nicht nur entweder treu überliefert oder erzählt, sondern auch zurechterzählt sein können (die finnische These, daß die Urform in sich kohärent, »logisch« sein müsse, ist umstritten, vgl. oben S. 71 und unten S. 85).

Literatur zur Frage des *Alters der Märchen:*

C. W. v. Sydow, Selected papers on Folklore, S. 231–240 (Megalithkultur) und die Abhandlung von 1926 (s. oben S. 74); vgl. auch Våra Folksagor (passim).

Peuckert S. 36–52; *de Vries* S. 45–70, 174–178.

Otto Huth, Märchen und Megalithreligion, in: Paideuma 1950 S. 12–22; derselbe, Der Glasberg, in: Symbolon II, 1961, S. 15–31.

August Nitschke, Soziale Ordnungen im Spiegel der Märchen, Bd. 1: Das frühe Europa, 1976 (zu Bd. 2 s. unten S. 101).

Otto Rank, Psychoanalytische Beiträge zur Mythenforschung, Wien 1919, S. 359–420 (Das Brüdermärchen, Mythus und Märchen).

Thompson S. 272, *Lüthi* S. 90 f., *Röhrich* S. 3 ff., 66, 78, 92 f., 95; HDM I S. 50 ff. (Mackensen: Alter des Märchens) und S. 55–62 (Kahlo: Altersbestimmung der Märchen), EM I, Sp. 407–419 (D. R. Moser: Altersbestimmung des Märchens). *Liungman,* Die schwedischen Volksmärchen, 1961, gibt zu den von ihm besprochenen Märchentypen seine Ansicht über die mutmaßliche Entstehungszeit.

Wolfgang Hierse, Das Ausschneiden der Drachenzunge und der Roman von Tristan, Diss. Tübingen 1969 (befaßt sich S. 92–153 mit dem Drachentöter- und Zwei-Brüder-Märchen; Hypothese über Ort und Zeit der Entstehung S. 151–153, vgl. oben S. 76).

Willi Krogmann, Der heilige Graal und seine Herkunft aus dem Märchen, in: E. Kracht (Herausgeber), Deutsch-französisches Gespräch im Lichte der Märchen, 1964; zur Kritik an »Peronnik l'idiot« s. namentlich *R. S. Loomis,* Breton Folklore and Arthurian Romance, in: Comparative Literature 2, 1950, S. 289–306 (302–306).

Detlev Fehling, s. oben S. 42, unten S. 87 f.

Zur Motivforschung:

Stith Thompson, Motif-Index (s. oben S. VI).

Arthur Christensen, Motif et thème, FFC 59, Helsinki 1925. Christensen versteht unter ›Motiv‹ ein prägnantes, eine Episode konstituierendes Element (z. B. Liebe), unter ›Thema‹ die durch ein Motiv oder eine Motivgruppe ausgedrückte Grundidee (z. B. Liebe überwindet alles, Liebe macht blind). Er unterscheidet thèmes d'action-réaction (tempérament – finesse – sottise – erreur – destinée – conséquences) und thèmes d'expérience (cause et effet – apparences et réalité – sort – nature humaine – choix, estimation de valeurs – dispositions sages ou imprudentes – vertus et vices – travail – éducation – commerce entre les hommes – affaires sociales et politiques). Bei den Motiven: concurrence – défense – délivrance – exposition – fraude – grossesse – imitation – magiques, formules – oracle – pacte – sens surnaturellement fins – signe – substitution. Dieses im wesentlichen aus den Erzählungen des Pantschatantra und aus Lafontaines Fabeln abgeleitete Schema hat in der Märchenforschung bisher keine praktische Auswertung gefunden.

Ina-Maria Greverus versteht unter Thema »den Grundgedanken, aus dem eine Erzählung erwächst«, unter Motiv die »kleinste stoffliche Einheit« (ein Typus umfaßt stofflich ähnliche Erzählungen); Beispiel eines Motivs: Arbeit am Freitag; eines Themas: Der Verstoß gegen Ordnungen wird bestraft (Thema, Typus und Motiv, in: Laographia 12, 1965, p. 130–139, sowie Thema und Motiv, in: Folk Narrative Research 1962, Antwerpen 1963, S. 78–85). Zur bestehenden Begriffsverwirrung s. *Adam John Bisanz*, Zwischen Stoffgeschichte und Thematologie, in: Deutsche Vierteljahrsschrift für Literaturgeschichte und Geisteswissenschaft 1973, S. 148–166; vgl. a. *Elisabeth Frenzel*, Motiv- und Symbolforschung, 1963, [4]1978 (Slg Metzler); dieselbe, Stoffe der Weltliteratur, 1962, [4]1976; dieselbe, Motive der Weltliteratur, 1976. *Lüthi* (Volkslit. u. Hochlit. S. 90 ff.; derselbe, Ästhetik S. 78–81, 131–150, 185–187 und passim) unterscheidet Stoffelement (z. B. Pferd oder Pferdeschädel), Motiv (Tod durch das eigene Pferd), Zug (todbringender Fußtritt nach dem Pferdeschädel) und Thema (Selbstverfangenheit, Selbstzerstörung; andere zentrale Themen im Märchen s. oben S. 26). Für *Kaarle Krohn*, der von Themen nicht spricht, ist Motiv »ein die Handlung begründendes oder treibendes Element«, während er Figuren, Requisiten u. a. als »Hauptzüge«, den Stand der Figuren, die spezielle Art der Todesstrafe, die Art und Weise der Vertauschung eines Briefs u. a. als »Nebenzüge« bezeichnet (Die folkloristische Arbeitsmethode, Oslo 1926, S. 29). *A. B. Rooth* weist auf die Wichtigkeit des Begriffs Motivkomplex hin: Nicht das Einzelmotiv, nur der Motivkomplex könne ein Eigenleben führen (vgl. oben S. 19), die Erzählung ist aus Motivkomplexen aufgebaut (The Cinderella Cycle, S. 31 ff.).

Alle zeitlichen Bestimmungen sind umstrittene oder überhaupt nicht diskutierte Hypothesen geblieben. Mehr Übereinstimmung herrscht seit Jahren in der Annahme – auch hier handelt es sich nur um eine solche –, das Volksmärchen sei nicht im Volk entstanden, sondern als *gesunkenes Kulturgut* (im Sinne Hans Naumanns) zu ihm gekommen. In extremer Form wird diese These von Detlev Fehling, der sich nachdrücklich auf Wesselski beruft, vertreten (s. oben S. 42, unten S. 87 f.). Der kunstvolle Bau des Märchens hat die finnische Schule, aber auch Friedrich Ranke, Will-Erich Peuckert, Jan de Vries, Kurt Ranke und viele andere zur Überzeugung gebracht, daß das Märchen sich nicht, wie die Brüder Grimm meinten, von selber mache, daß es nicht, wie André Jolles postulierte, »Einfache Form« sei, sondern ein Kunstgebilde, von Dichtern und zwar vermutlich von einer Oberschicht zugehörigen Dichtern geschaffen, und dann »als eine durchsichtige Erzählung archetypalen Charakters« (de Vries S. 178) vom Volke übernommen worden sei. Dagegen schreiben neuerdings russische und ungarische Märchenbiologen der schöpferischen Kraft des Märchenerzählers im Volke wieder eine gewichtigere Rolle zu (vgl. unten S. 88 f.).

Während lange Zeit das Interesse der Forschung vorwiegend den Märchentexten galt, die man in den Aufzeichnungen der publizierten Sammlungen vorfand, vor allem den Motiven und ihrer Anordnung, dem Inhalt also und der Struktur der Erzählungen, ist im Laufe des 20. Jh.s die Frage nach dem Leben und den Lebensbedingungen der mündlich überlieferten Märchen stark in den Vordergrund getreten. Märchenbiologie bemüht sich einerseits um das Märchen selber: Entstehungs- und Wachstumsbedingungen, Verfalls- und Regenerationserscheinungen, Modifikationen durch Vermischung mit anderen Erzählungen und Erzähltypen, verschiedenartige Ausprägung im Munde verschiedener Erzählerpersönlichkeiten, verschiedener Völker und Zeiten. Von da aus erfolgt von selber der Schritt zur Betrachtung der lebendigen Träger der Märchen-Überlieferung, der Erzähler und der Erzählgemeinschaft und ihres Verhältnisses zu den Erzählungen und zum Erzählen, eine Forschungsaufgabe, die sich die funktionalistisch orientierte Volkskunde entsprechend auch auf allen anderen Gebieten stellt. Die grundsätzliche Gemeinschaftsbezogenheit der Volkserzählung, der mündlich überlieferten Folklore überhaupt wird 1929 von *Peter Bogatyrev* und *Roman Jakobson* als entscheidendes Wesensmerkmal hervorgehoben: »Die Existenz eines Folkloregebildes als solches beginnt erst, nachdem es von einer bestimmten Gemeinschaft angenommen wurde.« Bogatyrey/Jakobson sprechen von der »Präventivzensur der Gemeinschaft« (eine einflußreiche Formel, die später von vielen paraphrasiert wurde) und rehabilitieren, wenn auch mit Einschränkungen, die romantische Konzeption des kollektiven Schaffens: »Reproduktion bedeutet keine passive Übernahme«, »das Milieu stutzt sich ... das geschaffene Werk zurecht«; »Umbildung ... ist ebenfalls ein Akt des Schaffens«. Neuerdings fragt Forschung auch nach den Wechselbeziehungen zwischen den Märchen und den gesellschaftlichen Systemen, in denen sie leben. In diesem Sinne bildet die *Märchensoziologie,* zu der erste Ansätze besonders in Osteuropa und in den USA vorhanden sind, einen Teil der Märchenbiologie.

Zur Märchenbiologie im Sinn der ›Life history of a folktale‹ (Thompson S. 428) haben schon die Arbeiten der geographisch-historischen Methode wesentliche Beiträge geliefert, Gesichtspunkte, Ergebnisse und Vermutungen. »Das innere Leben der Märchen ist sehr anziehend«, sagt *Antti Aarne,* »die Veränderungen folgen nämlich bestimmten Gesetzen des Denkens und der Phantasie« (S. 23). Der häufigste und folgenreichste Vorgang ist ihm das Vergessen eines Zuges; da der vergessene Zug durch einen anderen (meistens »dem schon vorhandenen Stoffvorrat, gewöhnlich anderen Märchen« entnommenen) ersetzt werden kann, ist die Folge nicht immer ein Zerfall, sondern häufig eine Umgestaltung der Erzählung, die sich indessen in der Regel auf Nebenzüge beschränke. Aarne hebt hervor die Erweiterung der Erzählung, namentlich die Vermischung (›Kontamination‹) zweier oder mehrerer Märchen, die Vervielfältigung (der Personen, Gegenstände, Eigenschaften, Tätigkeiten, besonders gern nach der Dreier- oder Zweierformel: einem in der Erzählung schon vorhandenen Zug wird ein ähnlicher als *Dublette* hinzugefügt), ferner die Angleichung (einzelne Züge der Erzählung ebenso wie verschiedene Erzählungen werden einander angeglichen: Analogieformen), die Spezialisierung oder Verallgemeinerung einer Bezeichnung (Fisch wird Hecht, Äpfel werden Früchte), Vertauschung (auch innerhalb ein- und desselben Märchens können Eigenschaften einer handelnden Figur einer anderen zugeteilt werden: »Die Persönlichkeiten, Eigenschaften, Tätigkeiten … lösen sich aus ihrer ursprünglichen Verbindung und fügen sich zu neuen Verbindungen zusammen«), Ersetzung von Tieren durch Menschen und – seltener – umgekehrt (Anthropomorphismus, seltener Zoomorphismus oder Egomorphismus – doch setzen sich Icherzählungen selten durch), Akklimatisierung und Modernisierung (eines fremden Gegenstandes beim Übergang in eine andere Gegend oder Zeit – heute ›Requisitverschiebung‹ genannt: Äpfel werden zu Feigen, Trauben, Datteln, das Schwert wird zur Flinte, der König zum Präsidenten, der Prinz raucht eine Zigarre). *Wolfgang Kosack* sieht in Raffung, Vergessen, unreflektiertem Erzählen und »Motivzwang« (Notwendigkeit gewaltsamer Korrektur von Erzählpannen) die vier entscheidenden Merkmale der »mündlich tradierten naiven Volkserzählung« (nicht nur des Märchens); die gleichen Arten des »Fehlverhaltens« seien allerdings auch dem Trivialroman eigen.

Die finnische Schule, für die das Ursprüngliche (die Urform) zugleich das Legitimste ist, neigt dazu, die Veränderungen als Verderbnis zu werten. Ihr radikalster Opponent, *Wesselski,* der wesentlich literarischen Ursprung und auch literarische Stützung der Überlieferung annimmt (vgl. oben S. 71), denkt noch geringer von den Trägern mündlicher Überlieferung; er glaubt überhaupt nicht an die Fähigkeit des »Volks«, Märchen von Generation zu Generation zu überliefern; da komme es vielmehr rasch zum fürchterlichsten Durcheinander, ohne schriftliche Fixierung gerate die Erzählung »binnen zwei oder drei Generationen gänzlich in Vergessenheit«. *Anderson* hält dem auf Grund eines ungenügenden Schulkinderexperiments urteilenden *Wesselski* das von ihm beobachtete ›Gesetz der *Selbstberichtigung*‹ entgegen: Ein Erzähler hat sein Märchen, eh er es selber nacherzählt, meist mehr als einmal gehört und zwar gewöhnlich von verschiedenen Erzählern; die verschiedenen Versionen korrigieren einander gegenseitig, eine Standardform stellt sich her, die die Fehler einzelner Erzähler ausscheidet. So oszilliert die Überlieferung, getragen von begabten Erzählpersönlichkeiten und kontrolliert von den zuhörenden »passiven Märchenträgern«, durch Jahrhunderte um die originale Form. *Ovidiu Bîrlea* hält auch Andersons Experimente (mit Studenten als Versuchspersonen, was von Schier und Glade ebenfalls beanstandet wird) für ungenügend; gute Volkserzähler lernen, laut eigener Aussage, ihre Geschichten meist nach einmaligem Hören auswendig, »ein zweites Hören verwirrt das Gedächtnis« (vgl. Gaechter S. 54 f., 61 f.). *Linda Dégh* und *Andrew Vázsonyi* anerkennen die Notwendigkeit von Experimenten (die Gesetze der Überlieferung können bei normaler Feldforschung nicht exakt untersucht werden), verlangen und praktizieren aber realitätsnähere Methoden, vor allem »freedom of choice« und möglichst auch »the narrators right of selection« als Vorbedingung: Begabte Erzähler, die freiwillig und freudig nacherzählen, vergessen kaum und entstellen die Erzählungen nicht; die »außerordentliche Stabilität« von Märchen über viele Generationen hin könne durch das »multi-conduit system«, die »Überlieferungskette kongenialer Individuen« erklärt werden (Affinität zwischen Märchentypen und Persönlichkeitstypen). *Dieter Glade* nennt neben wiederholtem Hören und Erzählen noch andere »Faktoren der Stabilität«, z. B. den Einfluß des Formel- und Motivschatzes anderer Erzählungen. *Lüthi* betont, daß es, unabhängig von mehrmaligem Hören, eine Art Selbstberichtigung des Stils gebe: Buchmärchen, die in die mündliche Tradition zurückgelangen, nähern sich wieder der traditionellen Erzählweise. Eine andere Art der Selbstberichtigung kann nach Lüthi von den in bestimmten stofflichmotivischen und sprachlichen Konstellationen enthaltenen Entelechien ausgehen; die schließlich erreichte »Zielform« kann logischer, konsequenter, entwickelter, vollkommener sein als es die u. U. diffuse oder zufällig-individuelle Urform war. Dies entspricht der längst bekannten Beobachtung, daß es neben dem »Zerzählen« auch ein »Zurechterzählen« gibt (vgl. die der Volksliedforschung geläufigen Begriffe »Zersingen« und »Zurechtsingen«), *Kurt Ranke* spricht von »viel zu wenig beachteten generativen Momenten«, die »tief angelegte Freude an der Variation« rücke »den homo narrans in die Nähe des home ludens«. Auch *Bremond* verweist auf die Wahlmöglichkeiten (options logiquements offertes à un narrateur, alternatives, vgl. unten S. 125, 130), und selbst *Kosacks* »Motivzwang« (s. oben S. 84) impliziert die Wahl zwischen mehreren Möglichkeiten. Hingegen stellt *Fehling* die Kraft der mündlichen Überlieferung radikal in Abrede. Von »einem ständigen Strom mündlicher Überlieferung ... neben der Literatur« könne keine Rede sein, »die stabile Überlieferung von Volksepik ist reiner Mythos« (1977, S. 99). Im allgemeinen sei »die erste uns bekannte schriftliche Aufzeichnung« als »Anfang der Tradition anzusehen« (S. 100). *Basile* habe, von Straparola angeregt, mittels »Verschmelzung von Apuleius und mittelalterlichen Verwandlungsmotiven« T. 425 recht eigentlich geschaffen (mit Pentamerone 5, 4: Lo turzo d'oro, S. 54), und französische Bearbeiterinnen hätten ihn weitergeleitet: »In Wahrheit dürften die Volksmärchen des 19. Jahrhunderts aus der Saat der Feenmärchen des 18. Jahrhunderts hervorgegangen sein« (S. 55 f.). Das »Motiv der bösen Schwestern« sei »tausendfaches Echo der Stimme eines Autors«, des Apuleius (S. 50), ebenso die Tierbräutigamsmärchen. Seit längerem hat die Forschung Wechselwirkungen zwischen schriftlicher und mündlicher Erzählkultur beobachtet, periodisch erfolgende Anregung und Stützung der mündlichen Überlieferung wird allgemein angenommen. Abkunft der Gattung Volksmärchen aus schriftlicher (oder auch mündlicher) Hochliteratur ist für verschiedene Epochen postuliert worden (s. oben S. 45, 81 f.). Mit seiner Ableitung tausendfach bezeugter ähnlicher Erzählungen (s. die Stichwörter Quest und Search bei ATh) und Motive (Ameisen sammeln Körner, böse Schwestern) steht Fehling fast allein; nicht ganz: Dietz-Rüdiger Moser stimmt ihm im wesentlichen zu, unter Hinweis auf die Abkunft des Schwanks vom Ruder/Sexual-Test (The sailor who went inland) aus Homer (Fabula 20, S. 135). Den Volkserzählern traut Fehling weder getreue Überlieferung über längere Zeiträume zu noch die Fähigkeit zu schöpferischen und ausstrahlungskräftigen Neuerungen; er faßt solche überhaupt nicht ins Auge, während ein Folklorist wie R. A. George Laienerzählern gerade Kreativität und Originalität zuspricht und sie nicht als bloße Übermittler (transmitters, reproducers, perpetuators, heirs) bezeichnet sehen will: In vielen »primitiven« Gesellschaften erwarte man von ihnen Neuerungen; variability might be common rather than anomalous (p. 161, im Blick auf Volkserzählungen überhaupt formuliert; vgl. unten, Register: Zielform, Zurechterzählen).

Literatur:

P. Bogatyrev und *R. Jakobson,* Die Folklore als eine besondere Form des Schaffens, in: Donum Natalicium Schrijnen, Utrecht 1929, S. 900–913 (Zitate S. 901 ff., 907). Neudruck in: Roman Jakobson, Selected writings IV, The Hague 1966, pp. 1–15, und in: Heinz Blumensath (Herausgeber), Strukturalismus in der Literaturwissenschaft, Köln 1972, S. 13–24.

Antti Aarne, Leitfaden der vergleichenden Märchenforschung, FFC 13, 1926.

Wolfgang Kosack, Der Gattungsbegriff »Volkserzählung«, in: Fabula 12, 1971, S. 18–47 (mit scharfer Polemik gegen Lüthis Kennzeichnung der Gattungsmerkmale des Märchens).

Wesselski, S. 167–178; *W. Anderson,* Zu Albert Wesselskis Angriffen..., Tartu 1935.

W. Anderson, Ein volkskundliches Experiment, FFC 141, 1951; derselbe, Eine neue Arbeit zur experimentellen Volkskunde, FFC 168, 1956 (Auseinandersetzung mit Schier; das Gesetz der Selbstberichtigung erstmals in: Kaiser und Abt, FFC 42, 1923, S. 399 ff.).

Kurt Schier, Praktische Untersuchungen zur mündlichen Weitergabe von Volkserzählungen, Diss. (Masch.) 1955 (Kritik an Anderson).

Dieter Glade, Zum Andersonschen Gesetz der Selbstberichtigung, in: Fabula 8, 1966, S. 224–236.

Ovidiu Bîrlea, Über das Sammeln volkstümlichen Prosaerzählgutes in Rumänien, bei Karlinger S. 445–466 (s. besonders S. 459 ff.).

Paul Gaechter, Die Gedächtniskultur in Irland, Innsbruck 1970.

D. A. Macdonald and Alan Bruford, Memory in Gaelic Story-Telling, Edinburgh 1979.

Linda Dégh and *Andrew Vázsonyi,* The hypothesis of multiconduit transmission in folklore, in: Folklore. Performance and Communication, ed. by Dan Ben-Amos and Kenneth S. Goldstein, The Hague/Paris 1975, pp. 207–252 (Zitate pp. 243–250); vgl. Déghs Artikel Conduit-Theorie, EM Bd. 3.

Lüthi, S. 102 f. Derselbe, Volksmärchen und Volkssage, S. 150. Derselbe, Urform und Zielform in Sage und Märchen, in: Fabula 9, S. 41–54, und in Volksliteratur und Hochliteratur, 1970, S. 198–210. Derselbe, Ästhetik S. 84 ff., 88 ff. Derselbe, New observations and reflexions concerning the phenomenon »Zielform« (end form, goal form), in: Folklore today, Festschrift für Richard Dorson, Bloomington 1976, pp. 357–368.

Kurt Ranke, Orale und literale Kontinuität (zuerst 1969), s. Ranke S. 47–60; derselbe, Die Lügenbrücke (zuerst 1972), Ranke S. 261–269 (Zitat S. 268).

Leopold Schmidt, Der singende Knochen. Kulturgeschichtliche Gedanken zur Musik im Märchen, in: Die Volkserzählung. Märchen. Sage. Legende, Schwank, 1963, S. 48–54 (zuerst, kürzer, in: Musikerziehung III, Wien 1950, S. 3 ff.; Einführung des Begriffs der Requisitverschiebung; Vorläufer: Kaarle Krohn, der in Mann und Fuchs, Helsingfors 1891, S. 8, von »Requisitenverschiebung« und in Die folkloristische Arbeitsmethode, Oslo 1926, S. 74–78, von örtlicher und zeitlicher »Anpassung an ein gewisses Milieu« spricht).

H. Bausinger, Historisierende Tendenzen im deutschen Märchen seit der Romantik. Requisitverschiebung und Requisiterstarrung, in: Wirk. Wort 5, 1960, S. 279–286 (Einführung des Begriffs Requisiterstarrung).

Detlev Fehling, Erisychthon oder das Märchen von der mündlichen Überlieferung, in: Rheinisches Museum für Philologie 1972, S. 173–196. Fehling folgert aufgrund seiner Untersuchung des Schwanks von »der Ernährung des hungrigen Vaters durch die verwandlungsfähige Tochter«: »Klassische Philologen wie Märchenforscher haben zu Unrecht oft die ältesten Überlieferungen in den jüngsten Quellen gesucht« (S. 195, vgl. die entgegengesetzte Meinung von G. Megas, oben S. 13). – Derselbe, Amor und Psyche.

Die Schöpfung des Apuleius und ihre Einwirkung auf das Märchen, eine Kritik der romantischen Märchentheorie, 1977. Dieses Buch könnte sehr wohl zum Auslöser eines Überlieferungsstreits, der Querelle des anciens et des modernes vergleichbar, werden. Es hat schon jetzt eine weit stärkere Resonanz gefunden als sein Vorläufer von 1972 (s. D.-R. Mosers Rezension in Fabula 20, S. 305 ff.).

Dietz-Rüdiger Moser, Die homerische Frage und das Problem der mündlichen Überlieferung aus volkskundlicher Sicht, in: Fabula 20, 1979, S. 116–136; Moser schlägt für den Schwank die Motiv-Bezeichnung F 111.7 vor: Journey to land where people had never seen the sea; vgl. William F. Hansen, The Story of the Sailor Who Went Inland, in: Folklore today (s. oben S. 87).

Robert A. Georges, From Folktale Research to the Study of Narrating, in: Folk Narr., p. 159–168.

Eine starke Aufwertung erfährt der Erzähler durch die Beobachter, die seine Rolle in der Dorfgemeinschaft und seine Erzählkunst untersuchen (vgl. unten S. 103 ff., Kontext- und Kommunikationsforschung). Schon *Ulrich Jahn* und *Angelika Merkelbach-Pinck* wußten von der hohen Schätzung begabter Erzähler, auch wenn sie wirtschaftlich wenig tüchtig waren, zu berichten, und ähnliche Urteile kehren bei fast allen Beurteilern wieder. Unabhängig voneinander berichten sie von zwei Erzählertypen: von Bewahrern und von Schöpfern. Russische und ungarische Forscher halten die Lust der schöpferischen Erzähler, neue Wendungen zu erfinden – zu der die konservativen Bedürfnisse der Hörerschaft das im ganzen wirksamere Gegengewicht bilden –, für wertvoll; sie weigern sich, in den Veränderungen ein bloßes Zerzählen, eine Verschlechterung des Übernommenen zu sehen: es seien die schöpferischen Erzähler, in denen dichterische Kräfte sich äußern, die das Märchen am Leben erhalten haben, und die Hörergemeinschaften trügen durch Zustimmung, Ablehnung und Korrekturen sowohl zur Erhaltung der Erzählungen wie zur Bildung neuer Varianten bei. *Gottfried Henssen,* der in Deutschland als erster die Erzählerforschung systematisch betrieben hat, bezeugt, daß »schöpferische Persönlichkeiten in allen Schichten der Bevölkerung wirken und hier wie dort die eigentlichen Träger, Fortsetzer und Erneuerer der Kultur sind«. Während westliche Sammler im allgemeinen darauf achten, von ihren Gewährsleuten Geschichten zu bekommen, die sie rein aus mündlicher Überlieferung geschöpft haben (*Carl Tillhagen* ließ den alten Zigeuner Milosch, der weder lesen noch schreiben konnte, einen heiligen Eid schwören, sich keine gedruckten Texte vorlesen zu lassen), betrachten *Gyula Ortutay, Linda Dégh* und andere osteuropäische Märchenbiologen die Aufnahme gedruckter Erzählungen oder Erzählteile in das Repertoire des Erzählers als eine natürliche Erscheinung; sie beobachten die Art, wie das so Aufgenommene von den Erzählern verarbeitet, eingebaut, ausgesponnen, umgestaltet wird; bei bedeutenden Erzählerpersönlichkeiten brauche eine solche Einwirkung durchaus nicht zu einer Qualitätsverschlechterung zu führen.

Unter den ungarischen Märchenforschern vertreten namentlich Ortutay und Dégh die Auffassung, daß zwischen bedeutender Erzählerpersönlichkeit und Gemeinschaft ein fruchtbares Spannungsverhältnis bestehe. Der Erzähler erzählt nicht bloß, was ihm liegt, sondern zugleich, was die Gemeinschaft hören will (ein und derselbe Erzähler erzählt bei verschieden gestimmter Hörerschaft die gleiche Geschichte anders), er ist gleichzeitig individuelle Persönlichkeit und Repräsentant der Gemeinschaft. Wenn L. Dégh glaubt, das Schicksal des Märchens in heute noch zu beobachtenden Dorfgemeinschaften stimme »im wesentlichen mit der Weltgeschichte des Märchens« überein, so ist das reichlich kühn. Daß aber das oben angedeutete Grundverhältnis zwischen Erzähler und Hörergemeinde auf frühere Zeiten zurückübertragen werden darf, liegt auf der Hand. Im übrigen wird von allen Seiten bestätigt, daß das lebendige Märchenerzählen unter Erwachsenen im heutigen Europa im Sterben sei – rationalistische Denkhaltung, Buch, Rundfunk und Fernsehen, ferner der Wegfall vieler Gelegenheiten nachbarlichen Zusammenseins und manches andere wirken zusammen; den letzten Märchenerzählern fehlt die Hörerschaft. Dichterische Erfindung und Erzählkraft erschöpfen sich heute in Schwänken, Witzen, Anekdoten, Memorabilien aller Art (›Schaffnergeschichten‹) – Witzsatiren scheinen namentlich in Zeiten politischer Unterdrückung zu gedeihen. Daß die Forschung erst heute, wo echte Erzählgemeinschaften kaum mehr bestehen, sich für soziologische Fragen interessiert, ist ebenso mißlich wie das andere: daß wörtliche Aufzeichnung (oder Tonbandaufnahme) und Wiedergabe der Erzählungen erst zu einer Zeit einsetzte, als die Erzählkultur fast überall in Europa schon in starkem Verfall war.

Eine Auswirkung des Interesses für die Erzähler und zugleich für die Erzählgemeinschaft ist der mehr und mehr sich einbürgernde Brauch, in Sammlungen möglichst viel Biographisches über die Erzähler und ihr Verhältnis zur Gemeinschaft anzumerken, ferner die Erzählungen nicht nach ihrem Inhalt, sondern nach 'Erzählerpersönlichkeiten zu ordnen (Forderung vor allem Mark Asadowskijs, nach dem Vorbild des Bylinenforschers A. Hilferding), und schließlich Sammlungen herauszugeben, die den Erzählschatz eines einzigen guten Erzählers ganz oder teilweise enthalten.

Von den Feldforschern des 20. Jahrhunderts – *Henssen, Künzig, Bausinger, Cammann, Karasek, Haiding, Zenker, Uffer, Werner, Karlinger, Asadowskij, Ortutay, Dégh, Kovács, Jech, Tenèze* und vielen anderen – sind die verschiedensten Typen von Erzählern beobachtet worden: Schwank-, Sagen-, Märchenerzähler, unter den Märchenerzählern subjektive und objektive Erzähler, Neuerer und Bewahrer, umständlich Ausschmückende, Fabulierer und Kurzerzähler, berühmte Spezialisten und Alltagserzähler, ruhig epische und stark dramatische Erzählart; zeremonielles, streng die gleiche Geschichte immer gleich berichtendes Erzählen steht einem freudig und mit Stolz variierenden gegenüber. Wiederum entspricht die Erzählart der individuellen Begabung und Veranlagung und zugleich den Bedürfnissen der Hörerschaft, die sowohl den dramatischen wie den epischen, den ernsten wie den schalkhaften Erzähler zu schätzen weiß, weil verschiedene Möglichkeiten des menschlichen Geists und Erlebens, der menschlichen Haltung und Daseinsweise überhaupt in ihnen sich präsentieren. Berufs- und standesmäßig findet man Erzähler unter Landstreichern, Tagelöhnern, Handwerkern, Soldaten, armen, aber auch reichen Bauern, Wirten, Hotelbesitzern... *Schwietering, Bausinger, Uffer* sehen den beweglichen Handwerker als den prädestinierten Erzähler an. Er ist heute im allgemeinen auf ein Kinderpublikum angewiesen (Uffers Störschuster). Die meisten Beobachter haben vorwiegend männliche Erzähler getroffen, doch findet man immer wieder auch unter Frauen hervorragende Erzählerinnen (Asadowskijs »sibirische Märchenerzählerin« und manche andere). In der Art der Erzählung machen sich Geschlecht und Beruf bemerkbar, bei der Auswahl der Märchen und bei der Darstellung der Personen: Frauen erzählen gerne von unschuldig leidenden Heldinnen oder von bösen Stiefmüttern; Soldaten oder solche, die es gerne wären, machen ihre Helden zu Soldaten, ein Schuster die Bösewichter zu Schneidern.

Früher diente das Märchenerzählen ebenso zur Förderung der Arbeit wie zur Unterhaltung am Feierabend. Gelegenheiten zum Erzählen waren namentlich Gemeinschaftsarbeiten wie Korbmachen, Kohlenbrennen, Tabakbündeln, Federschleißen, Mais auskörnen, Kastanien schälen, Fischernetze flicken, Spinnen (in den abendlichen ›veillées‹, ›Lichtstubeten‹) Totenwachen, aber auch Ruhestunden während der Erntearbeiten, der Feierabend der Holzhauer, der Soldaten, ferner Werkstätten, Fußreisen (zum Jahrmarkt, zum Wallfahrtsort, Handwerkerwanderungen), Seereisen, Dorffeste. Bei Arbeitserzählungen soll die Erzählung oft kunstvoll in die Länge gezogen und über mehrere Tage erstreckt worden sein. Daß sie der Arbeit nicht immer nur förderlich zu sein braucht, daß Erzähler und Hörer beim Märchenerzählen die Arbeit auch vergessen können, wird mannigfach bezeugt.

Marxistische Märchenforscher (*Propp, Pomeranceva, Steinitz, Sieber, Woeller* u. a.) setzen das Märchen in Beziehung zu den gesellschaftlichen Strukturen der mutmaßlichen Entstehungszeit sowie späterer Epochen; sie betonen im allgemeinen den kollektivistischen Ursprung (gegen die Theorie vom Absinken des Kulturguts) und achten auf sozialkritische Elemente im Märchen. *Siegfried Neumann* über Märchen und Schwank: »Während im Märchen zwar der Klassencharakter der Märchengesellschaft unangetastet bleibt, aber der Unterdrückte in der Regel nach Beseitigung oder Überwindung seines Unterdrückers an dessen Platz tritt, wird im Schwank nicht einmal an der Existenz der Bevorrechteten gerührt: Der Bauer bleibt Bauer und der Knecht bleibt Knecht.« Während *Waltraut Woeller* im Märchen mit seiner »Parteinahme für den Hintangesetzten«, seinen »Vorstellungen von einer gerechteren und besseren Welt« einen Ausdruck des Lebenswillens und des sozialen Strebens des Volks sieht (»aufbauende Phantasie«, vgl. *Sieber*: »Das Märchen der späten Trägerschichten ist ein Ausdruck ihrer vitalen Stärke«, es »entnervt nicht..., sondern stärkt«, S. 29), wundert sich *Volker Klotz* über »das Hohelied, das gerade in sozialistischen Ländern dieser volkstümlichen Form als einem womöglich gesellschaftskritischen Instrument gesungen wird«; für Klotz ist das Märchen »das Opium des Volks«, es erweckt »keinerlei Bedürfnis nach Änderung der bestehenden Verhältnisse« (S. 82; vgl. die Fragestellung *Laubschers,* unten S. 126).

In Zeitungen, Zeitschriften, Podiumsdiskussionen wird seit einigen Jahren lebhaft über die sozialpolitische und pädagogische Funktion bzw. Auswirkung des Volksmärchens gestritten. Zu den alten Bedenken (z. B. Grausamkeit, Sadismus – s. dazu Röhrich S. 123–158, Scherf unten S. 116, Lüthi in Schweiz. Lehrerzeitung 108, 1963, S. 1471: »Das Märchen ist gerade nicht sadistisch, es malt die grausamen Strafen nicht aus, es wühlt nicht mit Wollust im Grausigen; knapp und bestimmt wie alles andere nennt es das Verbrechen, die Strafe«, anders Psaar/Klein S. 150 ff.) sind neue getreten: das Märchen fördere Aggressivität und konserviere, weil es hierarchische, patriarchalische Modelle enthalte, veraltete gesellschaftliche Rollen. Im Märchen werde »das Kind das letzte Opfer von Herrschaft und Repression, indem die Eltern den Druck der Gesellschaft auf es prolongieren« *(Doderer).* »Die Märchen der Brüder Grimm ... bieten gesellschaftliche Strukturen an, die wir überwunden haben oder ablehnen« (wer demütig, gehorsam, untertänig ist, wird belohnt). »Die stupide Webart vieler Märchen bei Grimm erzieht zu konservativem Denken«, zu falschen Wertmaßstäben (*H. J. Gelberg* im Nachwort zu Janosch, S. 250; vgl. *Gmelin* S. 24 f.: Märchen haben »nichts Ewiges, nichts Archetypisches«, sie sind, auf heute bezogen, »immer ›falsch‹, d. h. immer ideologisch«, »Diktate zur Arbeitsanweisung«). Entgegengesetzt *Ernst Blochs* Meinung: Es »ist gerade sehr wenig Einlullendes, sehr wenig Ammenmärchen in diesen so rebellierenden wie wachen, diesen scharf auf Glück ausziehenden, das Glück ständig vorhaltenden, zu ihm aufreizenden Geschichten« (Verfremdungen S. 159). »Leiser Spott über bloßes Wünschen und die märchenhaft einfachen Mittel, ans Ziel zu kommen, fehlt nicht . . ., doch er entmutigt nicht . . ., das Märchen gibt sich . . . nicht als Ersatz fürs Tun« (Prinzip S. 412). »Das Märchen hat fast immer einen unzufriedenen, aufrührerischen Charakter« (Vier Reden S. 10). Ihm schließt sich *Christa Bürger* an; während in ihrer wie in Blochs Sicht die »bannenden« Volkssagen die bestehenden Verhältnisse stützen (Projekt S. 34), »die Naturbeherrschung verketzern« (S. 39), »die Ohnmacht des Menschen« »antiaufklärerisch« verewigen (S. 37), seien Märchen »Ausdruck eines die sozialen Schranken sprengenden Freiheitsstrebens« (S. 26), sie hätten auch dank ihrer Form eine befreiende, emanzipatorische Wirkung (S. 47, 51; die von Bürger als Belege genannten Märchen sind vorwiegend Schwankmärchen). *Peter Dienstbier* schreibt dem Volksmärchen schlechthin und dem Zaubermärchen insbesondere eine »liberale« Intention zu: das Märchen demonstriere, im Gegensatz zum »autoritären« Mythus (S. 3), »die Freiheit des Menschen und die Überwindung der menschlichen Urangst« (S. 190), zeige »das Leben als totales Abenteuer«, befreie »vom Prinzip der Lebensbewältigung durch Anpassung« (S. 55); »das Wunderbare verunsichert den Mythus der Wirklichkeit« (S. 188), die Lösung unlösbarer Aufgaben relativiere »die übermächtige Autorität, das ›Realitätsprinzip‹« (S. 59). Doch sei das Märchen durch »ganz bewußt . . . betriebene ideologische Deformation« (Überbetonung zeitbedingter Klischees, Verbiedermeierlichung u. a.) »zu seinem eigenen Surrogat gemacht« worden (S. 17, 26), das an sich »emanzipatorische Märchen ist nunmehr beinahe Synonym für Anpassung und Abgestandenheit« (S. 25). *Walter Scherf* sieht in den Zaubermärchen (mit ihren charakteristischen Aufbrüchen und Austreibungen) »Psychodramen von Familienkonflikten«, für das Kind Hilfen in der lebensnotwendigen Loslösung von den Eltern (Emanzipationshilfen, S. 18, 21, 24). Für *Dieter Richter* und *Johannes Merkel* sind Volksmärchen nicht »an sich« emanzipatorisch/progressiv oder regressiv/repressiv, es komme darauf an, wann und wie sie vermittelt würden (S. 76), sie könnten a) einerseits kompensatorisch und entlastend wirken, andererseits die Aktionsfähigkeit der Hörer (heute: der Kinder) behindern (in »bürgerlicher Verwendungsweise«, S. 97, 107), sie könnten aber b) auch zur »Organisierung der Bedürfnisse gegen die Verhältnisse« anregen, »gesellschaftlich handlungsfähiger« machen (S. 9, 53, 55). Da das »Märchenmodell« aber, »auf Grund seiner historischen Abkunft«, einen vorwiegend passiven Helden vorweise (seine Lage ändert sich meist nur dank magischen Helfern), der, obwohl nicht individualisiert, doch eigentlich nur zu »einem vereinzelten Glück« gelange (S. 46, 63 ff., 130 f.), gelte es Geschichten zu schaffen, welche die gleiche »modellhafte Durchsichtigkeit« und vereinfachende Übersichtlichkeit haben wie die Volksmärchen, »aber nicht das historische Gesellschaftsmodell des Feudalismus vor Augen führen« (S. 102). Die Verfasser polemisieren eindrücklich gegen einseitige Interpretation und Handhabung »der Märchen als rein »innerseelisches Drama« und gegen Märchenillustrationen, die »nur noch auf die emotionale Vereinnahmung des Betrachters« ausgehen (S. 85, 83), vereinnahmen aber selber die Kinderliteratur und die Phantasie der Kinder ebenso einseitig für gesellschaftspolitische Aktivierung (»die Welt so zu verändern, daß sie der Illusion nicht mehr bedarf«, S. 142). Schon Richter/Merkel billigen dem Märchen eine Art »Realismus« zu, *Bernd Wollenweber* geht darin weiter: die feudalistische »Abbreviatur« (König, Prinzessin etc.) verfälsche nicht, sondern reduziere »alle Gegensätze auf ihren knappsten Ausdruck«, dadurch werde »deutlich, worum es geht: um Aufhebung persönlicher oder/und standesmäßiger Unterdrückung«. »Der Realismusbegriff wäre gerade anhand von Märchen zu diskutieren«: »Märchen verklären niemals die Armut, wie es angeblich ›realistische‹ Schreibweise so oft tut« (S. 20, 22).

Otto Gmelin funktioniert Grimmsche Märchen um, indem er sie von Königen und Prinzessinnen, von Grausamkeiten und Aggressionen befreit und der Frau eine aktivere Rolle zuteilt: anstelle des tapferen Schneiderleins setzt er eine tapfere Schneiderin. *Janoschs* Parodien, ein Lesespaß eher für Erwachsene als für Kinder, krempeln Grimmsche Märchen in freiem Spiel völlig um (ähnlich, aber schärfer gesellschaftspolemisch *F. K. Waechter*; zu den Scherzbüchern von Traxler und Fetscher s. unten S. 121 f.). Bei dergleichen Travestien geht die von Psychologen und Literaturwissenschaftlern dem Volksmärchen zugesprochene Symbolik und deren Wirkkraft verloren oder wird, so bei Gmelin, zumindest geschwächt; König, Prinz, Prinzessin, Drachen, Hexe wirken gerade, weil sie nicht mehr real genommen werden um so mehr als Symbole (anders als Verwaltungsrats- oder Ministerpräsidenten), ähnlich wie die Zaubermotive (vgl. dazu Obernauer S. 195, 231, 244, 299, 307).

Die in Theorie und Praxis geübte Kritik am Volksmärchen (insbesondere an der Eignung der Grimmschen Märchen für die Kinderstube) fußt nicht auf grundlegenden Forschungen. Repräsentative Befragungen über das Ausmaß der Bekanntschaft mit den KHM, Untersuchungen über deren eventuellen Einfluß auf Weltbild und Verhalten, wie *Wolfgang Emmerich* sie wünscht, sind bis heute Postulat geblieben. Auch über Unterschiede der Vertrautheit mit Märchen bei Kindern verschiedener Volksschichten im 19. und 20. Jahrhundert gibt es bisher zwar Vermutungen, aber höchstens Ansätze zu statistischen Untersuchungen (Zunahme der Märchenkenntnis bei Unterschichtkindern infolge – im Vergleich mit Mittelschichtkindern – extensiveren Konsums von Fernsehausstrahlungen?). Jacob Grimm wünschte sich, daß die KHM »ein Volks- und Erziehungsbuch, namentlich auch in der feineren Welt werden möchten« (8. 12. 1812, an Friedrich *J. Bertuch,* zitiert bei Ginschel [s. oben S. 56], S. 245).

Der amerikanische Forscher *J. L. Fischer* fordert eine soziopsychologische Analyse der Volkserzählung: »Es gilt zu erforschen, in welchem Ausmaß und in welcher Weise Form und Inhalt der Erzählungen ... mit der Wesensart ihrer Träger und mit der Wesensart des gesellschaftlichen Systems, dem diese Träger angehören, verbunden sind« (vgl. unten S. 101). »Es gehört zu den Funktionen der Volkserzählungen, gesellschaftliche Werte (›social values‹) zu stützen, aber ... indem sie die Werte einer gesellschaftlichen Gruppe stützen, können sie sich den Werten einer anderen Gruppe entgegenstellen.«

Zur schwierigen und komplizierten Frage nach den Trägerschichten des europäischen Volksmärchens in früheren Zeiten bemerkt *Roman Jakobson,* daß in Rußland bis ins 18. Jahrhundert das Märchen wie alle mündliche Dichtung beim »ganzen Volk« zu Hause war, daß Bojaren und Höflinge ebenso wie Leibeigene und blinde Bettler an Märchenschöpfung und -überlieferung beteiligt waren. *Linda Dégh* weist das Märchenerzählen an mittelalterlichen Fürstenhöfen in der Hauptsache Leibeigenen und sonstigen Dienstleuten zu (1962, S. 68 ff.).

Francis Lee Utley: »Chaucers Ritter und Müller liebten die gleichen Geschichten«, reagierten aber verschieden (p. 598); wahrscheinlich hatten berufsmäßige Erzähler (minstrels, filid, conteurs, jongleurs ...) wie auch Bauern an Tradition und Gestaltung von Märchen teil (p. 600 f., 606).

Literatur:

Mark Asadowskij, Eine sibirische Märchenerzählerin, FFC 68 (1926).
Friedrich Ranke, Aufgaben volkskundlicher Märchenforschung, in: Zeitschr. f. Volksk. IV 1933, S. 203–211; derselbe, Kunstmärchen im Volksmund, ebda VIII, 1937, S. 123–133, ferner in: F. Ranke, Kleinere Schriften, 1971, S. 365–375.
Julius Schwietering, Volksmärchen und Volksglaube, in: Dichtung u. Volkstum 36, 1935, S. 68–78.
Gottfried Henssen, Volkstümliche Erzählerkunst, 1936; derselbe, Volk erzählt, ²1954, S. 1–40; derselbe, Überlieferung und Persönlichkeit. Die Erzählungen und Lieder des Egbert Gerrits, 1951.
Mechtilda Brachetti, Studien zur Lebensform des deutschen Volksmärchens, 1935.
Hans Ullrich Sareyko, Das Weltbild eines ostpreußischen Erzählers, Diss. Marburg 1955 (beschäftigt sich ebenso wie Ranke, Schwietering und Brachetti mit der Sammlung von H. Grudde, s. oben S. 59).
Angelika Merkelbach-Pinck, Lothringer erzählen, Bd. I: Märchen, 1936, S. 7–51 (Vom Meien).
Konrad Tönges, Lebenserscheinungen und Verbreitung des deutschen Volksmärchens, Diss. Gießen 1937 (bes. S. 55–73, 78–81; als das wichtigste und häufigste von allen deutschen Märchen bezeichnet Tönges das vom Drachentöter, das bei Grimm nur schwach vertreten ist).
Elli Zenker-Starzacher, Eine deutsche Märchenerzählerin aus Ungarn, 1941.
Waltraut Werner, Porträt eines ungarndeutschen Märchenerzählers, in: Jahrbuch für ostdeutsche Volkskunde 10, 1966/67, S. 120–141.
Felix Karlinger, Märchenerzähler und Nacherzähler in der Romania, in: Serta Romanica, Festschrift für G. Rohlfs, 1968, S. 257–268.
Sebastiano lo Nigro, Tradizione e invenzione nel racconto popolare, Firenze 1964 (ein Kapitel daraus bei Karlinger S. 372–393: Die Formen der erzählenden Volksliteratur).
Enrica Delitala, Gli studi sulla narrativa tradizionale sarda, Cagliari 1970.
Ursula Klöne, Die Aufnahme des Märchens in der italienischen Kunstprosa von Straparola bis Basile, Diss. Marburg 1961.
Leza Uffer, Rätoromanische Märchen und ihre Erzähler, Basel 1945; derselbe, Sammlerarbeit und -methoden im rätoromanischen Raum

der Schweiz, in: Die Freundesgabe 1960 II, S. 18–30; derselbe, Märchen, Märchenerzähler und Märchensammler in Romanisch Bünden, in: Schweiz. Arch. f. Volksk. 1961, S. 129–147.

Marie-Louise Tenèze, Littérature orale narrative, Paris 1975.

Carl Herman Tillhagen, Taikon erzählt. Zigeunermärchen und -geschichten, Zürich 1948, ²1973, S. 251–292 (schwed. Originalausgabe Stockholm 1946); derselbe, Ein schwedischer Märchen- und Sagenerzähler und sein Repertoire, Rhein. Jb. f. Volkskunde X, 1959, S. 9–22.

Hermann Bausinger, Lebendiges Erzählen. Studien über das Leben volkstümlichen Erzählgutes auf Grund von Untersuchungen im nordöstlichen Württemberg, Diss. (Masch.) Tübingen 1952.

Karl Haiding, Träger der Volkserzählung in unseren Tagen, Österr. Zeitschr. f. Volkskunde 1953, S. 24–36; derselbe, Von der Gebärdensprache der Märchenerzähler, FFC 155, 1955; derselbe, Burgenländische Spielformen zur Heimkehr des Helden in erbärmlichem Aufzuge, Rhein. Jb. f. Volkskunde X, 1959, S. 51–78.

Kurt Ranke, Der Einfluß der Grimmschen KHM auf das volkstümliche deutsche Erzählgut, in: Papers of the International Congress of European and Western Ethnology, Stockholm 1955, S. 126–135 = Ranke S. 79–86 (stellt fest, daß das Grimmsche Buchmärchen auf die mündliche Tradition, soweit diese aus Aufzeichnungen erschließbar ist, nur wenig Einfluß gehabt habe; für frühere Zeiten hält Ranke eine stärkere Einwirkung schriftlicher Texte für möglich: s. Bausinger/Brückner, Kontinuität?, 1969, S. 111 f. = Ranke S. 56 f.) Siegfried Neumann vermutet, »daß die Sammler, wenn ihnen ›grimmabhängige‹ Märchen begegneten, diese nicht für aufzeichnenswert hielten« (Neumann 1976, S. 14).

Maurits de Meyer, Vlaamsche Sprookjesthema's in het licht der romaansche en germaansche kulturstroomingen, Leuven 1942. Vgl. a. de Meyers Bemerkungen über den geringen Einfluß von Buchmärchen und -schwänken auf die mündliche Überlieferung (Bestätigung der Feststellung Rankes), in: Fabula I, S. 188–192, VII, S. 253 f. Anders *Agnes Kovács*, die den KHM einen starken und unmittelbaren Einfluß auf »die ungarische Märchenwelt« zuschreibt; insbesondere sei »den deutschen Märchen ... der Einzug der verfolgten, leidgeprüften weiblichen Heldin ... zu verdanken« (Ungarische Volksmärchen, 1966, M. d. W., S. 330); den Grimmschen »Bremer Stadtmusikanten« attestiert *Antti Aarne* eine bedeutende Einwirkung auf mündliche Versionen (Die Tiere auf der Wanderschaft, Hamina 1913, FFC 11).

Alfred Karasek-Langer, Die donauschwäbische Volkserzählung in der Gegenwart, in: Jb. f. Volkskunde der Heimatvertriebenen III, 1958, S. 56–122.

Alfred Cammann, Westpreußische Märchen, 1961, S. 1–24 (vgl. a. oben S. 59).

Ariane de Félice, Contes traditionelles des vanniers de Mayun (Loire

Inferieure), in: Nouvelle Revue des Traditions populaires 2, 1950, S. 442–466.

Séamus Ó Duilearga, Irish tales and story-tellers, in: Festschr. v. d. Leyen, 1963, S. 63–82.

Louis Marin, Les contes traditionnels en Lorraine, Paris 1964.

Wolfgang Steinitz, Die deutsche Volksdichtung ein wichtiger Teil des nationalen Kulturerbes, in: Neues Deutschland 6, 1951, Nrn. 267/268; derselbe, Lied und Märchen als Stimme des Volkes, Jahrbuch 1956, S. 11–32.

Erich Sielaff, Bemerkungen zur kritischen Aneignung der deutschen Volksmärchen, in: Wissenschaftl. Zeitschr. der Universität Rostock 2, 1952/53, S. 241–301.

Waltraut Woeller, Der soziale Gehalt und die soziale Funktion der deutschen Volksmärchen, Berlin 1955 (Habil.-Schrift [Masch.]; Auszug. in: Wissenschaftl. Zeitschr. der Humboldt-Universität zu Berlin, Gesellschafts- u. Sprachwissenschaftl. Reihe, X, 1961, S. 395–459); dieselbe, Deutsche Volksmärchen von arm und reich, 1970 (71 Nummern. Nachwort S. 391–401).

Friedrich Sieber, Wünsche und Wunschbilder im späten deutschen Zaubermärchen, Jahrbuch 3, 197, S. 11–30.

Siegfried Neumann, Der mecklenburgische Volksschwank, 1964 (Zitat S. 63) ähnlich in der Einleitung zu Mecklenburgische Volksmärchen, 1971, S. 19, 26. – Derselbe, Ein mecklenburgischer Volkserzähler, 1968, ²1970 (Schwänke). Derselbe, Eine mecklenburgische Märchenfrau, 1976 (»kleinbürgerlich«, »typisch für die auslaufende Erzähltradition und für ... Einfluß der Grimmschen Sammlung«, S. 11, 47).

Volker Klotz, Weltordnung im Märchen, in: Neue Rundschau 1970, S. 73–91. Klotz sieht im Volksmärchen einen wunschgeborenen Gegenentwurf zum Alltag; es ist nicht »welthaltig« (gegen *Lüthi*); es ist zwar »naiv«, aber es ist nicht moralisch, sondern ästhetisch«, es stellt nicht eine gerechte, sondern eine harmonische Ordnung her, nicht »naive Moral« herrscht in ihm, sondern »naive Ästhetik« (gegen *Jolles*); vgl. a. oben S. 23 f.

Klaus Doderer, Klassische Kinder- und Jugendbücher, ²1970, darin S. 137–151: Das bedrückende Leben der Kindergestalten in den Grimmschen Märchen (Zitat S. 143).

Otto F. Gmelin, Böses kommt aus Kinderbüchern, 1972 (²1977). Gmelins Umerzählungen Grimmscher Märchen in der Zeitschrift *Eltern* 1972/73, ferner in: Fibel 2, Gmelin-Märchen, 1973, und in: Märchen für tapfere Mädchen, 1978.

Psaar/Klein: s. unten S. 112.

Ernst Bloch, Verfremdungen I, ³1970, darin S. 152–162 Zerstörung, Rettung des Mythos durch Licht; derselbe, Das Prinzip Hoffnung, 1953 u. ö., Taschenbuch 1973, Bd. I S. 409–429; derselbe, Vier Reden, 1970 (Beiheft zur Schallplatte »Es spricht Ernst Bloch«).

Christa Bürger, Die soziale Funktion volkstümlicher Erzählformen

- Sage und Märchen, in: Heinz Ide (Herausgeber), Projekt Deutschunterricht 1, 1971/72, S. 26–56; dieselbe, Deutschunterricht – Ideologie oder Aufklärung, ²1973, darin S. 69–79 Einfache Formen, soziologisch gedeutet (Sage und Märchen).

Paul Ludwig Sauer, Märchen und Sage. Didaktische Analyse anstelle ideologischer Betrachtung, in: Wirkendes Wort 23, 1973, S. 228–246; derselbe, Märchen und Sprachpflege in der Vorschulerziehung, in: Beiträge zur Sozialpädagogik und Sozialarbeit 1, 1975/76, S. 173–280. In beiden Untersuchungen eindringliche und kenntnisreiche Auseinandersetzung mit Bloch, Bürger, Wollenweber u. a.

Peter Dienstbier, Carlo Gozzi, Jean Cocteau und die Identität des Märchens. Ursachen und Zustände typologischer Deformation beim Märchen in seiner Entwicklung bis zur Gegenwart, Diss. (Typoscript) Salzburg 1975.

Walter Scherf, Ablösungskonflikte in Zaubermärchen und Kinderspiel, in: Medien- & Sexualpädagogik 2, 1974, Heft 4, S. 14–24.

Dieter Richter und *Johannes Merkel,* Märchen, Phantasie und soziales Lernen, 1974.

Bernd Wollenweber, Märchen und Sprichwort, in: Projekt Deutschunterricht 6, 1974, S. 12–92.

Wolfgang Emmerich, Grimms Folgen, in »Zur Sache«, Beilage zum offenen Brief an Prof. G. Heilfuhrt (26. 9. 1968).

Janosch (Pseudonym für *Horst Eckert*), Janosch erzählt Grimm's Märchen, 1972.

Lüthi, Ästhetik, S. 167–184, 231–216 (Stellungnahme zu der psychologisch/pädagogisch/gesellschaftspolitischen Diskussion um das Volksmärchen).

Karl Friedrich Waechter, Tischlein deck dich und Knüppel aus dem Sack, 1972.

Iouri Sokolov, Le folklore russe, Paris 1945, S. 224–233.

Erna V. Pomeranceva, Die Erforschung des russischen Märchens... 1945–1959, Jahrbuch 1960, S. 444–451.

Dimitrij Zelenin, The Genesis of the Fairy Tale, Ethnos 1940.

V. J. Propp, Le radici storiche dei racconti di fate, Torino 1949, ²1972 (russisch Leningrad 1946).

H. Bausinger, F. J. Oinas, C. Stief, Folkloristik, Folklore, in: C. v. Kernig (Herausgeber), Sowjetsystem und demokratische Gesellschaft. Eine vergleichende Enzyklopädie, Bd. II, 1968, Sp. 575–601 (Oinas Sp. 586: Da die Folklore »den Massen sehr am Herzen liegt, kommt ihr eine besonders große propagandistische Bedeutung zu«. Sp. 587: Zeitweilig Postulierung des nationalen Ursprungs der russischen Volksliteratur). Reiche Bibliographie.

R. Jakobson, Russische Märchen, in: Aufsätze zur Linguistik und Poetik, 1974, S. 225–246 (bes. S. 227 ff., 236 f.; engl. Originaltext von 1944/45 in: Selected writings IV, The Hague 1966, pp. 82–100).

F. L. Utley, Arthurian Romance and International Folktale Method, in: Romance Philology XVII, 1964, pp. 596–607.

J. L. Fischer, The Sociopsychological Analysis of Folktales, in: Current Anthropology, 1963, p. 235–295.

Pál Vezényi, Die Geschichte der ungarischen Märchen- und Aberglaubenforschung, Diss. Freiburg (Schweiz) 1960, bes. S. 53–86 (orientiert, z. T. kritisch-polemisch, über die ungarisch erschienenen Arbeiten von Ortutay, Kovács, Dégh, Banó u. a.).

Gyula Ortutay, Principles of Oral Transmission in Folk Culture, in: Acta Ethnographica 8, 1959, S. 175–221; derselbe, Ungarische Volksmärchen, Berlin ²1961, S. 48–66; derselbe, Hungarian Folklore, Budapest 1972 (gesammelte Essays).

Linda Dégh, Some Questions of the social Function of Storytelling, in Acta Ethnographica VI, Budapest 1957, S. 91–147; dieselbe, Latenz und Aufleben des Märchengutes einer Gemeinschaft, Rhein. Jb. f. Volkskunde X, 1959, S. 23–39; dieselbe, Kieler Bericht, S. 63–73 (Die schöpferische Tätigkeit des Erzählers); dieselbe, Märchen, Erzähler und Erzählgemeinschaft, dargestellt an der ungarischen Volksüberlieferung, 1962 (englische Ausgabe mit überarbeitetem Text unter dem Titel: Folktales and Society, Storytelling in a Hungarian Peasant Community, Bloomington/London 1969); vgl. Dégh/Vazsonyi, oben S. 85, 87.

Oldrik Sirovátka, Der gegenwärtige Stand der tschechischen Volkserzählung, Kieler Bericht, S. 470–474.

Milko Matičetov: Verschiedene Arbeiten zur Erzählerforschung in slowen. Sprache, erwähnt bei Vilko Novak, Die Erforschung der slowenischen Volksdichtung... 1920–1959, in: Zeitschr. f. slaw. Philologie XXIX, 1960, S. 183–199.

Elisheva Schoenfeld, Jüdisch-oriental. Märchenerzähler in Israel, Kieler Bericht, S. 385–390.

Thompson S. 449–461 (The folktale as living art); *Lüthi* S. 99–103; *Pinon* S. 29–36.

Dietz-Rüdiger Moser, Märchensingverse in mündlicher Überlieferung, in: Jahrbuch für Volksliedforschung 13, 1968, S. 85–122.

Das Institut für ostdeutsche Volkskunde in Freiburg im Br. (Leiterin: *Waltraut Werner)* besitzt eine große Sammlung von Tonbändern mit Aufnahmen von Erzählungen traditionsgebundener Erzähler und Erzählerinnen.

Zum Problem des Nacherzählens von Buchmärchen s. *Walter Scherf*, Wie erzählt man Märchen?, in: Die Freundesgabe 1962, S. 37–46, und *Charlotte Rougemont*, ... dann leben sie noch heute, Erlebnisse und Erfahrungen beim Märchenerzählen, ²1963. *Vilma Mönckeberg*, Das Märchen und unsere Welt (Erfahrungen und Einsichten), 1972, sieht in den Erwachsenen auch heute noch die legitimsten Märchenhörer (es gelte, »das Märchen für die Welt der Erwachsenen zurückzugewinnen«, S. 17); der berufene Vermittler sei nicht das Buch, sondern der Erzähler: »Das Märchen ... benötigt ... die tönende Stimme«, nicht die der Platte, sondern die lebendige.

Die Erforschung der *nationalen Eigenarten* in Erzählweise, Auswahl und Gestaltung der Erzählungen steht noch in den Anfängen. Auf Grund statistischer Vergleiche hat *Ralph S. Boggs* das Vorwiegen bestimmter Erzählgattungen, -typen und -motive bei zehn europäischen Völkern zu erfassen versucht; die Ungleichheit des publizierten Materials gestattet indessen keinen zuverlässigen Vergleich (nach Boggs wären Zaubermärchen bei den Ungarn, Legendenmärchen bei den Spaniern, Tiermärchen bei den Lappen, Finnen und Spaniern, Novellenmärchen bei den Rumänen, Schwänke bei den Flamen und Finnen besonders beliebt – aber: »The common stock of folktales remains, on the whole, unchanged as it passes from people to people«, S. 13). *August Löwis of Menar* vergleicht *russische* und *deutsche* Märchen (Phantastik, Übertreibung, Spannungsbedürfnis, stark formelhafte Stilisierung, religiös-kirchliche Grundstimmung in Rußland, Neigung zu ruhiger Entwicklung der Fabel, zu realistischerer Schilderung, individueller Motivierung in Deutschland); *Ernst Tegethoff, Elisabeth Koechlin* und *Paul Delarue deutsche* und *französische* (die französischen Märchen rationalistischer, realitischer, vielgestaltiger, auch sprachlich bunter – also von Osten nach Westen, von Rußland über Deutschland nach Frankreich eine zunehmende Rationalisierung und, in Delarues Ausdrucksweise, »Humanisierung«, »Familiarisierung«). Dem *ungarischen* Volksmärchen schreibt *Gyula Ortutay* eine besonders ausgeprägte Farbigkeit und Anschaulichkeit zu, die Charaktere seien ein wenig nach dem ungarischen Temperament geformt, die Erzählweise neige zur Breitspurigkeit, zur Verschränkung verschiedener Typen sowie von Wunder und Realität. Verbindung von Wirklichkeit und Phantastik, die für das Märchen überhaupt charakteristisch ist, wird von *Karlheinz Hellwig* auch dem englischen Märchen attestiert, zudem Vorliebe für Kurioses und Groteskes (humour!); neben Kobolden, Fairies und Riesen sind Zwerge und Hexen relativ selten. *J. H. Delargy,* der mit seinen Mitarbeitern etwa 34 000 *irische* Volksmärchen aufgezeichnet hat, die noch der Untersuchung harren, warnt vor verallgemeinernden Charakterisierungen, nennt aber doch als besondere Merkmale die Vorliebe für wirkungsvollen Dialog, für kunstvolle Dunkelheit, für hochstilisierte, rasch gesprochene, z. T. unverständliche Partien von beträchtlicher Länge (›ranns‹, ›runs‹, eine Art »Galoppstellen« [Gaechter S. 46]; sie betreffen z. B. die Schilderung eines Kampfes, des Landens, des Einnachtens – R. Th. Christiansen erklärt solche Erscheinungen durch den Einfluß alter literarischer Tradition, S. 11). *F. v. d. Leyen* nennt das irische Märchen »das phantastischste der Welt, ... oft auch das verworrenste« und hebt gleichzeitig hervor, daß »die seltsamsten Wunder und die wirklichste Welt nebeneinander stehen« – ein Grundzug des Märchens überhaupt erscheint hier in fast fiebriger Übersteigerung. Auf Grund seiner Sammlung »Die Märchen der

Weltliteratur« wagt v. d. Leyen auch für die Märchen anderer Völker gewisse Charakteristika zu nennen, so für die *finnischen* und *estnischen* Kargheit, für die *osteuropäischen* eine Neigung für unerwartet Schreckliches, für die *griechischen* besonderen Reichtum in der Motivik und reizvolle Erzählart. Im ganzen ist das Märchen viel weniger regional gebunden als die Sage, die Besonderheiten beschränken sich oft auf das äußere Gewand, während die Grundzüge sowohl der Struktur als der Erzählweise erstaunlich konstant bleiben. So gehört die dem irischen oder rätoromanischen Märchen zugeschriebene Neigung zur direkten Rede, zum Dialog zu den Grundtendenzen nicht nur des Märchens, sondern mündlichen Erzählens überhaupt; sie steht im Dienste verschiedener Bedürfnisse: Direktheit, Verlebendigung, Dramatisierung, Längung, und sie bietet besondere Möglichkeiten für Stimmführung, Mimik und Gestik. Neuerdings wird öfter betont, daß für Gemeinsamkeiten und Unterschiede weniger Rasse und Nationalität als geographische Nachbarschaft maßgebend seien (z. B. Boggs S. 6, Christiansen S. 215). *Oldřich Sirovátka* führt Unterschiede zwischen tschechischen und slowakischen Märchen (realistisch – mythisch-phantastisch) auf den verschiedenen Stand der Kulturentwicklung zurück, ähnlich M.-L. Tenèze (p. 52 f.), in Auseinandersetzung mit Delarue/Koechlin/Löwis of Menar; *J. L. Fischer* (s. oben S. 94) setzt bei Naturvölkererzählungen additive Erzähltechnik in Beziehung zu einer einfachen kooperativ-sippenhaften Sozialstruktur, Vorliebe für kontrastierende Episoden dagegen zu einer komplexeren politischen Ordnung mit der Möglichkeit individuellen Aufstiegs (S. 251). *August Nitschke* schließt von den durch ihn hypothetisch datierten Märchentypen (s. oben S. 79 f.) auf die unterschiedliche Art der menschlichen Aktivität in verschiedenen Zeitaltern, auf das wechselnde Verhältnis zur Arbeit, zum Tod, auf die Gesellschaftsstruktur; die Märchen werden ihm zu Geschichtsquellen, »die unser Wissen über die Gesellschaften des frühen Europa erheblich erweitern« (Bd. 1, S. 201). Im zweiten Band stößt Nitschke zu einer Charakteristik der in Volkserzählungen erkennbaren Wesensart von Völkern und Völkergruppen vor. Bei den Europäern sieht er, im Spiegel der Märchenfiguren, vorwiegend Autodynamik (der Mensch als Subjekt, Dominierenwollen, Aufsteigen – nordische Spielart: Kampf, deutsche: Arbeitswille, russische: Faulpelzmärchen...), bei Afrikanern, nordamerikanischen Indianern und Asiaten Heterodynamik (der Mensch als Objekt, sich Anpassen an übermächtige Fremdgestalten), bei südamerikanischen Indios Transformationsdynamik (Streben nach Funktionsveränderung). Für Nitschke bilden so interpretierte Volksmärchen gesellschafts- und entwicklungspolitisch wichtige Hilfen bei der Einschätzung eigener und fremder Veranlagungen und Möglichkeiten. – *Mihai Pop* fordert für künftige Untersuchungen ein diachronisches Vorgehen, das der Zugehörigkeit der Erzähler und Erzählungen zu bestimmten Epochen und zu bestimmten Schichten Rechnung trägt (vgl. oben S. 73, E. Moser-Rath). *M.*

Lüthi hält den Gattungsstil für stärker als Epochen- und Regional- bzw. Nationalstile.

Literatur:

Ralph S. Boggs, A Comparative Survey of the Folktales of ten Peoples, FFC 93, 1930.

Maja Bošković-Stulli, Regional, national and international traits of folk-tales, in: Filološki Pregled I–II, Beograd 1963, S. 83–93.

August Löwis of Menar, Der Held im deutschen und russischen Märchen, 1912.

Ernst Tegethoff, Die Dämonen im deutschen und französischen Märchen, in: Schweiz. Archiv f. Volkskunde 24, 1923, S. 137–166.

Elisabeth Koechlin, Wesenszüge des deutschen und französischen Volksmärchens, Diss. Basel 1945.

Friedrich Ranke, Volksmärchen und Volksart, in: Schweiz. Archiv f. Volkskunde 43, 1946, S. 439–447.

Delarue S. 34–46 (Les caractères du conte français).

Ernst Kracht (Herausgeber), Deutsch-französisches Gespräch im Lichte der Märchen, 1964 (enthält u. a. eine Untersuchung zu Rumpelstilzchen von G.-L. Fink).

Felix Karlinger, Einführung in die romanische Volksliteratur. 1. Teil: Die romanische Volksprosa, 1969 (bietet zahlreiche Märchentexte und vergleichende Hinweise).

Gyula Ortutay, Ungarische Volksmärchen, Berlin 1957, S. 67–72.

Oldřich Sirovátka, K poměru Slovenské a České pohádkové tradice, in: Slovenský Národopis XIV, 1966, S. 361–377. Derselbe, Česká lidová slovesnost a její mezinárodní vztahy, Praha 1967.

Mihai Pop, Nationaler Charakter und historische Schichtung im Stil der Volksmärchen, bei Karlinger S. 394–407 (französisch in: IV International congress for folk-narrative research, ΛΑΟΓΡΑΦΙΑ XII, Athens 1965, p. 381–390).

Karel Horálek, Slovanske Pohádky. Příspěvky k srovnácímu studiu, Praha 1964.

Karlheinz Hellwig, Englische Volksmärchen, literarisch, kulturhistorisch, soziologisch, 1971.

J. H. Delargy, The Gaelic Story-Teller, London 1945 (Brit. Ac.).

R. Th. Christiansen, Studies in Irish and Scandinavian Folktales, Copenhagen 1959.

Paul Gaechter, Gedächtniskultur in Irland, Innsbruck 1970.

F. v. d. Leyen, Die Welt der Märchen, Bd. II, 1960; z. T. analoge Feststellungen auf dem Gebiet des Volksliedes bei *Werner Danckert,* Grundriß der Volksliedkunde, 1939, S. 25–29; derselbe, Das europäische Volkslied, 1939, ²1970.

Max Lüthi, Gattungsstile, in: Volksmärchen und Volkssage, ³1975, S. 56; derselbe, Artikel Dialog, EM Bd. 3; derselbe, Ästhetik S. 87, 102 ff. (Dialog).

August Nitschke, Soziale Ordnungen im Spiegel der Märchen, Bd. 2: Stabile Verhaltensweisen der Völker in unserer Zeit, 1977.

Der Terminus Märchenbiologie (Analogiebildung zu: Sagenbiologie) bezeichnet umfassend alle in diesem Kapitel signalisierten Forschungsrichtungen (einschließlich der Märchensoziologie). Unter ihnen ist in den letzten Jahren die *Kontextforschung*, vor allem in der Form der Performanz- und Rezeptionsbeobachtung und -interpretation, in den Vordergrund gerückt; das Generalthema des im August 1979 abgehaltenen Fünfjahreskongresses der International Society for Folk Narrative Research lautete: Narrator and Community. Die Verschiebung des Interesses vom Märchentext auf den Kontext steht im Gesamtzusammenhang der Zuwendung zur Kommunikationsforschung in einem Zeitalter, da Kommunikation problematischer geworden ist, und der Aufmerksamkeit auf den Menschen und auf die Menschen in einer Zeit, in welcher der Mensch von mehr als einer Seite her bedroht ist. Darüber wird leicht vergessen, daß Zeiten überdauernde Texte selber Dokumente für menschliche Bedürfnisse, Fähigkeiten, Möglichkeiten und Zwänge sind und daß schriftlich festgehaltene Märchen wie jede Dichtung zu immer wieder neuer andersartiger oder auch ähnlicher Perfomanz kommen können. Der Text kann nach langer Latenz wieder aktuell werden, die einzelne Performanz aber wird sofort zu endgültiger Vergangenheit. (Unter Performanz versteht der Folklorist in erster Linie das Erzählen [und Gehörtwerden] des Märchens, die moderne Literaturwissenschaft bezeichnet auch jedes stille Lesen als Performanz.) Kenntnis möglichst des gesamten Kontexts (Geschlecht, Beruf, Alter, Lebenserfahrung, Sozial- und Bildungsstatus des Erzählers, Art der Hörerschaft und des Erzählanlasses, Bedeutung des Erzähl- und Kommunikationsakts innerhalb einer bestimmten Gruppe, Kultur, Epoche, historischen Situation etc. kann Wichtiges über Sinn und Funktion eines Texts aussagen, in manchen Fällen Unentbehrliches – was aber von Alan Dundes bezeichnenderweise vor allem an Sprichwort- und Rätselbeispielen gezeigt wird. Volksmärchen als größere und in höherem Grad in sich geschlossene Einheiten können leichter auch ohne Rücksicht auf ihren ursprünglichen und späteren Kontext verstanden und interpretiert werden. Dazu kommt, daß Erzählungen ihrerseits den Kontext bilden für kleinere Einheiten (Sequenzen, Motiveme, Motive, Züge), so daß dem Bedürfnis unseres Jahrhunderts nach Erkenntnis der Relationen, der Rolle

der Teile innerhalb eines Ganzen schon von daher einigermaßen Genüge getan wird (vgl. unten S. 125). Wenn *Robert A.
Georges* mit seinem Titel From Folktale Research to the Study
of Narrating den Übergang von der Textinterpretation zum
Studium des Erzählens als Kommunikationsvorgang feststellt
oder fordert, während in *Lüthis* Sicht die fortdauernd wirk-
kräftigen Erzählungen (»zweites Leben« bzw. xtes Leben) selber das Hauptaugenmerk verdienen (auch noch im Zeitalter
der Rezeptionsforschung), plädiert *Donald Ward* für eine Syn-
these der »beiden Extrempositionen«, die einander ja nicht ausschließen, sondern ergänzen. Kontextforschung kann Hinweise
auf den Ursprung der Gattung oder Einzelerzählung und auf
ihre Funktion in verschiedenen Gesellschaften und geschichtlichen Epochen geben.

Zur Rezeptionsforschung gehören auch Untersuchungen der
Verwendung von Märchenstoffen, -figuren, -requisiten, -struk-
turen und -techniken in Reklame, Film und Fernsehen, in Comics, in Karikatur, Parodie, Witz und anderen Formen der
Nachdichtung. »Nachdichtung lohnt sich ja wohl nur bei Erzählungen, die als substantiell und ... als elementar, zeitlos
und von allgemeinmenschlichem Belang empfunden werden«
(Röhrich 1979, S. 176). Insofern wirft Rezeptionsforschung, so
sehr sie sich mit Zeitgebundenem und background beschäftigt,
Licht auch auf zeitenüberdauernde Texte.

Literatur:

Axel Olrik (s. oben S. 26) 1908/09: »eine biologie der sage, das ists
was wir brauchen« (vermutlich erste Verwendung des Ausdrucks
»Biologie« im Sinn des vorliegenden Kapitels; 1926 spricht *Friedrich Ranke* von »Biologie der Volkssagen«, in: Volkssagenforschung, 1935, S. 114).
Linda Dégh, Biologie des Erzählguts, in: EM Bd. 2, Sp. 386–406.
Alan Dundes, Texture, Text and Context, in: Southern Folklore
Quarterly 28, 1964, p. 251–265. Zu einer optimalen Definition
von Gattungen gelange man nur bei Berücksichtigung aller drei
Ebenen. Unter Textur versteht Dundes die zugrundeliegende Spra-
che, unter Text die einzelne Version bzw. den Erzählvorgang – a
single telling of a tale –, unter Kontext »die spezifische soziale
Situation«, in der die Erzählung verwendet wird (s. p. 254 ff.).
Dan Ben-Amos/Kenneth S. Goldstein (ed.), Performance and Com-
munication, The Hague/Paris 1975.
Robert A. Georges, From Folktale Research to the Study of Narrating, in: Folk Narr., p. 159–168.
Lüthi, Ästhetik S. 7 f.

Rolf Wilhelm Brednich, Die Comic Strips als Gegenstand der Erzählforschung, in: Folk Narr., p. 230–240.

Heinz Ludwig, Zur Handlungsstruktur von Comics und Märchen, in: Fabula 19, 1978, S. 262–286 (S. 241–261 zwei weitere Aufsätze über Comics, von August Stahl und Johannes Hösle).

Linda Dégh and *Andrew Vázsonyi,* Magic for Sale: Märchen and Legend in TV Advertising, in: Fabula 20, 1979, S. 47–68 (S. 65: folklore genres – the legend in particular – can be identified only in their contexts).

Lutz Röhrich, Der Froschkönig und seine Wandlungen, ebenda S. 170–192.

Barbara Kirschenblatt-Gimblett (ed.). Speech Play. Research and Resources for Studying Linguistic Creativity, Philadelphia 1976.

Das eigentliche Leben des Märchens vollzieht sich heute in der Kinderstube. Die Arbeit der Volkskundler, die das Leben des Märchens bei den Erwachsenen beobachten, ist größtenteils Reliktforschung. Der Psychologe, der die Frage nach dem Verhältnis des Kindes zum Märchen stellt, beschäftigt sich mit dem gegenwärtigen Leben des Märchens.

Wenn Linda Dégh das Phänomen der Faszination von Erwachsenen durch das Märchen feststellt, so geht die Kinderpsychologie von ähnlichen Beobachtungen aus. Namentlich *Charlotte Bühler* hat sich gefragt, worauf wohl die Empfänglichkeit des Kindes für das Märchen beruhe. Ihre Antwort ist im wesentlichen: Schon rein *formal* entspricht das Märchen den Bedürfnissen des kindlichen Geistes. Es ermöglicht wie keine andere Erzählform die Übung des Vorstellungsmechanismus. An seinen plötzlichen Übergängen (groß–klein, Schweinehirt–Prinz, Verwandlung und Zauber, Verkleidung, Versetzung an einen anderen Ort, unvermitteltes Erscheinen einer neuen Figur, Umschlagen der Gesamtsituation u. a.) übt das Kind mit lebhaftem Vergnügen die Gewandtheit und Fertigkeit des Vorstellens. Auch das Wandern in der Vorstellung bereitet Vergnügen, man kann von Wanderbedürfnis der vorstellenden Phantasie überhaupt sprechen, insbesondere aber von der des Kindes; kontinuierliches Fortschreiten ist ihm gemäß (Märchen sind meist einsträngig), nicht das Ausmalen einer ruhenden Situation. Da das Kind jede Einzelheit mit großer Gefühlsintensität erlebt, genügt ihm die bloße Nennung von Figuren und Vorgängen. Ferner herrscht im Märchen ein für das Kind zuträgliches Gleichgewicht zwischen Bekanntem und Unbekanntem: Wiederholung und Variation halten sich die Waage; die Gestalten sind Kinder, Eltern, Geschwister, Kameraden, Tiere, aber daneben (und oft zugleich) auch merkwürdige Fabelwesen. Das Ungewöhnliche, das Wunder ist dem Kinde bedeutsam, es beschäftigt seinen Geist und erfüllt ihn »mit der Ahnung höheren Lebens« (S. 60). Wunsch und Gerechtigkeitsbedürfnis kommen auf ihre Rechnung, das Gute siegt, der Gute siegt (*André Jolles:* »Ethik des Geschehens«, »naive Moral«). Den Sieg der Idee im Untergang des Helden würde das Kind nicht erfassen; am siegreichen Helden wird ihm *»der Sieg des ideell Wertvollen«* sichtbar.

Formal entspricht dem Kind auch die im Märchen stark hervorstechende Isolation der Gestalten und Episoden – wohl auch das *Menschenbild*, das in ihm erscheint, die »potentielle Allverbundenheit«, des Märchenhelden *(Lüthi)* ist der weltoffenen Haltung des Kindes (und des Greises) gemäß (*Bausinger*, »Lebendiges Erzählen« S. 45). Entwicklungspsychologen, so *Bruno Jöckel, Josephine Bilz, Wilhelm Laiblin, Graf Wittgenstein*, sehen im Märchen Entwicklungsvorgänge, *Reifungsprozesse* vorgebildet; Märchen helfen dem Kind die eigenen Entwicklungsschwierigkeiten bewältigen und stärken die »kindliche Bereitschaft, sich dem Übermächtigen zu stellen« (Bilz S. 102). »Märchen sind nicht grausam, sondern bereiten auf das Grausame im Leben vor.« »Kinder, die dem Märchen nicht begegnet sind, trifft das Grausame im Leben unvorbereitet.« (Wittgenstein, »Märchen, Träume, Schicksale«, S. 146, 285). Im Rumpelstilzchen-Märchen sieht J. Bilz »die Biographie eines weiblichen Menschenkindes von seiner Jugend bis zu seiner Reife zur Mutter« (S. 125), und ähnliches ließe sich vom Rapunzelmärchen sagen. Die Märchen stellen immer wieder dar, wie Held oder Heldin sich aus einer Verbindung lösen, von Station zu Station, von Begegnung zu Begegnung vorwärtsgehen; in »Abholwesen« (Rumpelstilzchen, Hexe) spiegeln sich Entwicklungsangst, Ablösungs- und Übergangsschwierigkeiten des Kindes und des Menschen überhaupt. Psychiater (*Clauser, Kienle, Wittgenstein, Möllers* u. a.) haben beobachtet, daß das Erzählen und Spielen von Märchen die Patienten aktiviert und ihre Kontaktfähigkeit fördert.

Für *Bruno Jöckel* zeichnet das Märchen vor allem Bilder der Geschlechtsreife. Er trifft sich darin mit *psychoanalytischen Deutungen* Freudscher Richtung. Die Märchendeutung, die im 19. Jh. vor allem von Mythologen geübt wurde, ist heute das Feld der Psychologen, namentlich der Tiefenpsychologen. Wie *Freud* den Traum als Wunschtraum aufgefaßt hat, so deutet sein Schüler *Franz Riklin* das Märchen, das immer wieder den Dummling, den Däumling, den Verschupften zu Ehren, Genuß und Macht führt, das ihm Siebenmeilenstiefel, Krafttränke, Tischleindeckdichs und andere Wundergaben spendet, als »Wunschtraum des Ellenbogenkindes« (vgl. dagegen *F. Sieber:* »Einst hatten Märchen ihren Platz auch in der höfischen, der bäuerlichen und der bürgerlichen Gesellschaft«, aber ihr allgemein menschliches »Wunschfeld« wird im 19./20. Jahrhundert »im Sinne der späten Trägerschichten klassenmäßig getönt«. S. 15, 28). Wie der Traum, so wird auch das Märchen von der Psychoanalyse vor allem sexualsymbolisch gedeutet, in seinen einzelnen Zügen (Schuh, rotes Käppchen, Dornenhecke usw.) und in seinem ganzen Ablauf. Der Kampf mit dem Drachen, der das Zentrum eines der verbreitetsten europäischen Märchen bildet, erfährt die folgende Deutung: In der Phantasie des Märchenbildners und -erzählers wird der Nebenbuhler zum Drachen, als solcher darf er nun unbedenklich erschlagen werden. Ähnlich setzt die von Eifersucht gegen die Mutter erfüllte weibliche Märchendichterin an die Stelle der Mutter die böse Stiefmutter, der sie guten Gewissens entsetzliche Todesstrafen auferlegen darf (Riklin). Und wenn ein König seine Tochter heiraten will, von dieser aber abgewiesen wird, so sei, meint *Otto Rank,* der König, den sie dann wirklich heiratet, nur eine Dublette des Vaters (Erfüllung der Wünsche des Vaters ebenso wie der Tochter, S. 16 f.). Das Dreibrüdermärchen gehe in letzter Linie auf den primitiven Familienkonflikt mit dem übermächtigen Vater zurück: die ursprünglich diesem geltenden feindseligen und eifersüchtigen Regungen werden auf den älteren Bruder »verschoben«; in solcher Sicht wird das Märchen zum Familienroman (vgl. Marthe Robert, p. 26, 31: »Der Märchenkönig hat kein anderes Reich als seine Familie;« »aus uneingestandenen Wünschen, Träumen von Liebe und Macht webt jeder eines Tages seinen »Familienroman«). Während der Heroenmythos im wesentlichen die Auflehnung der jungen Generation gegen den Vater ins Bild fasse, solle das spätere Märchen umgekehrt vor solcher Auflehnung warnen. Der gefährliche Jüngste (Kronos/Zeus-Mythos) sei im Märchen zum Trost für den Vater als ungefährlicher, wohlgesinnter Dummling dargestellt. Nach Rank wäre der Mythus vom Sohne geschaffen, das Märchen von dem zum Vater avancierten Sohne, es solle die heranwachsende junge Generation von der Wiederholung der mythischen Untaten abhalten (statt Tötung Heilung des Königs, des Vaters) und ihr zugleich eine Ersatzbefriedigung in der Phantasie verschaffen. Das Märchen spiegle die Kulturstufe wider, in der die Vaterherrschaft und der Vatermord (Tötung des Kronos, des Laios – des Totemtiers) abgelöst wurde von der Bruderkonkurrenz, es wäre, nach Rank, beim Übergang von der patriarchalischen Menschheitsordnung zur sozialen Epoche entstanden.

Die Märchenforscher volkskundlicher und literaturwissenschaftlicher Richtung haben die psychoanalytischen Deutungsversuche wegen deren Einseitigkeit und gewagten Konstruktionen fast durchgehend scharf abgelehnt. Die psychoanalytische Märchendeutung ist im 20. Jh. in ähnlichen Verruf geraten wie die naturmythologische gegen Ende des 19. Jhs. Doch bleibt sie ein wichtiger Teilbeitrag zur Interpretation des Märchens; dieses lebt nicht aus einer einzigen Wurzel; es wäre gewiß falsch, es nur als Wunschtraum, Ersatzbefriedigung oder gar als Phantasiekonstruktion des Neurotikers zu sehen, aber daß der Wunsch in verschiedenen Formen – vom materiellen Tischleindeckdichdenken über sexuelle Wunschbilder bis hinauf zum Wunsch nach einer sinnvollen Welt – im Märchen eine bedeutsame Rolle spielt, ist nicht zu verkennen. Die oben (S. 90) mitgeteilten Beobachtungen der Märchensammler sprechen für ein relatives Recht mancher psychoanalytischer Motivdeutungen. Die kulturgeschichtlichen Theorien Freuds und Ranks bleiben Hypothesen von stark konstruktivem Charakter.

Umstritten sind auch die Deutungsversuche *C. G. Jungs* und seiner Schule (v. Beit, v. Franz, Dieckmann, Neumann, Jacoby, Kast, Riedel, Birkhäuser, z. T. auch Gutter u. a.), die sich eingehender und umfassender als alle anderen Richtungen der Psychologie mit dem Märchen befaßt hat. Auch die Jungsche Schule sieht in den Märchen Entwicklungs- und Reifungsvorgänge dargestellt, aber nicht wesentlich solche der Pubertät, sondern der Lebensmitte. Die Anstrengungen zwischen Zwanzig und Vierzig richten sich darauf, in der Welt Fuß zu fassen und sich in ihr einzurichten. In der Mitte des Lebens aber tritt die Wirklichkeit des Todes ins Blickfeld. Die jenseitige Welt, die

Tiefen der eigenen Seele werden neu und machtvoll erfahren. Der bisher stark nach außen gewandte Mensch tritt den Weg nach innen an: Suchwanderung. In der Reife finden Bewußtsein und Unbewußtsein eine neue Verbindung, die Beziehungen zur äußeren und zur inneren Welt kommen zum Einklang. Für Jung und seine Schüler ist der alte, oft kranke König des Märchens ein Bild einer alt gewordenen, erneuerungsbedürftigen Lebenseinstellung, der Sohn, der Prinz oder Dummling Bild eines neuen, werdenden Bewußtseins, das den Zugang zum Unbewußten sucht und schließlich findet. Das neue Bewußtsein erscheint dem herkömmlich Empfindenden oft zuerst als ungeschickt, tölpelhaft, als Schweinehüter, Grindkopf, Aschensitzer oder auch als Schalk, aber unvermittelt erweist es sich als das Strahlende, der Grindkopf zeigt sein goldenes Haar, der Schweinehirt wird zum Prinzen oder König, und entsprechend die Tierbraut oder Aschenputtel zu einer Prinzessin oder Königin. Der Weg des Märchenhelden zum Lebenswasser oder zur verwunschenen Prinzessin ist der Weg des Bewußtseins zum eigenen Unterbewußten. So wird für Jung und seine Schüler das Märchen zu einer Darstellung innerseelischer Vorgänge. Der Kampf mit dem Drachen wäre danach ein Kampf mit dem Drachen in uns selbst, die Begegnung der Prinzessin mit ihrem Retter ein Sichfinden von Seele und Geist, die Verwirklichung der menschlichen Ganzheit. Wenn die falsche Braut an die Stelle der echten geschoben wird, die häßliche Magd oder Hexentochter an den Platz der schönen Prinzessin, so heißt das, daß eine dunkle, minderwertige, gefährliche Seite der eigenen Persönlichkeit sich durchsetzt. In Stiefschwester und Stiefmutter, in Hexen, bösen Brüdern und falschen Freunden oder Freiern hätte man also nicht in erster Linie Nebenbuhler und feindliche Mächte der Außenwelt zu sehen, wie die klassische Psychoanalyse es darstellt (s. oben S. 107 f.), sondern unheilvolle Kräfte und Tendenzen in der eigenen Seele. Das Jenseitsreich ist das eigene Unbewußte, die große Fahrt des Helden oder der Heldin in die Unterwelt oder ins Reich der Wolken und Sterne ist die Suchwanderung nach dem Kern der eigenen Persönlichkeit. – *Hedwig von Beit* und *Marie-Louise von Franz*, die Hauptvertreter der Jungschen Märchendeutung, nennen den wirklichkeitsfernen Stil des Märchens als ein Indiz, daß hier nicht oder doch nicht in erster Linie äußere Wirklichkeit dargestellt werde, sondern innere, »archetypische«: Die Figuren des Märchens sind keine konkreten Menschen, sondern Repräsentanten einzelner Komponenten der Seele (*Pongs:* »Der abstrakte Märchenstil ... als Sprung ins Unbewußte zurück«). Auch die Faszinationskraft des Märchens deute darauf, daß es Unbewußtes verbildliche: für Jung hat das menschliche Unbewußte die Qualitäten, die Rudolf Otto dem Numinosen zuschreibt, es ist ein mysterium tremendum et fascinosum. v. Beit und v. Franz räumen ein, daß das Märchen mehrschichtig und also mehrdeutig sei, daß es auch äußere Wesenheiten und Vorgänge spiegle; in der Darstellung von Auseinandersetzungen zwischen Bewußtsein und

Unbewußtsein und vor Vorgängen innerhalb des Unbewußten sehen sie jedoch die zentrale Bedeutung von Mythen, Sagen, Märchen, zu deren Unterscheidung sie einige Ansätze geben.

Die Vertreter der komplexen Psychologie Jungs bemühen sich nicht nur um die Deutung einzelner Motive, sondern versuchen die verwickelten Vorgänge der ganzen Erzählung zu interpretieren. Wenn dabei auch oft Willkür mit ins Spiel kommt und wenn die Übersetzung der Symbole in die psychische Realität meist vage bleibt, so hat die minutiöse Arbeit dieser Gruppe von Psychologen doch die Annahme, daß nicht nur einzelne Motive, sondern differenzierte Erzählungen von gleichem Ablauf unabhängig voneinander entstehen können (Polygenese), gestützt. Daß auch komplizierte seelische Vorgänge in verschiedenen Zeiten und Zonen ähnlich verlaufen und sich einen oft verblüffend ähnlichen Ausdruck verschaffen, leuchtet ein. Ferner betonen die Forscher dieser Richtung, daß jede Variante eine etwas andere Nuancierung der inneren Vorgänge andeute (schon Freud tat dar, daß selbst das Vergessen oft auf unbewußte Absicht zurückzuführen sei), daß es also nicht nur auf die Interpretation einer vermuteten Urform, sondern auch der Untertypen und sogar der Einzelversionen ankomme (vgl. oben S. 70 f.). Wenn von Freud der Traum als via regia zum individuellen Unbewußten angesehen wurde, so ist für Jung und seine Schule die Untersuchung von Mythen und Märchen eine Art Königsweg zum kollektiven Unbewußten. Auch für *Ortrud Stumpfe* spiegelt das Märchen ein innerseelisches Drama, zugleich aber die Bezogenheit des Menschen auf die Natur, den Kosmos und den Mitmenschen.

Bei der Jungschen Schule wächst sich die Psychologie des Märchens zu einer eigentlichen Anthropologie aus: Es geht um die Ergründung des Wesens des Menschen. In diesem Sinne kann man auch *anthroposophische Versuche,* das Märchen zu deuten, zur Psychologie des Märchens rechnen. *Rudolf Steiner* und seine Gemeinde sehen in den Märchen Überbleibsel aus der Zeit, da die Menschen (wie das Kind heute noch) in einem bildhaften Begreifen die Geheimnisse der Welt und Überwelt erfaßten (vgl. dazu Wilhelm Grimms Formulierung oben S. 62). Märchen stellen Einweihungen in das Reich des Geistes˙ dar, wobei das helfende Einwirken der Elementarwesen, die wirklich Stroh in Gold (Zeichen des Göttlichen) verwandeln können, eine besonders wichtige Rolle spiele. »Die wahren Märchen sind nichts anderes als eine zum Bild gestaltete geisteswissenschaftliche Unterweisung, ein Religionsunterricht, ergangen an die Völker in einem Bewußtseinsstadium, das noch nicht mit intellektuellen Kräften arbeitete« (Eymann). Diese Deutung ist eng mit der anthroposophischen Weltsicht verbunden, ihre Annahme oder Ablehnung ist in hohem Grade Glaubenssache.

Den Märchendeutungen Freuds, Jungs und Rudolf Steiners ist gemeinsam, daß sie nicht nur, wie dies jede Wissenschaft tut, bestimmte Fragen an das Märchen stellen, sondern ein ganzes Bezugssystem, ja mehr als das, eine auch inhaltlich schon bestimmte Theorie an das Märchen herantragen und es auf dieser Grundlage interpretieren. Es ist ihnen Willkür und Gewaltsamkeit vorgeworfen worden, starr allegorische Ausdeutung, rein inhaltliche Ausrichtung, die die Bilder des Märchens mit allem in Beziehung setzt, was Volksglaube und Volkssitte, Gnosis, Alchemie je in dem betreffenden Naturwesen oder Ding gesehen haben, statt auf die Einbettung des Motivs ins Ganze der betreffenden Erzählung und auf den Stil der Darstellung zu achten. Diese Einwände und Warnungen bedeuten eine wichtige Korrektur und Einschränkung des oft schrankenlosen Deutungseifers, vermögen aber die Versuche, den Sinngehalt des Märchens von verschiedenen Positionen aus abzutasten, nicht in ihrer Gesamtheit zu entwerten.

Zahlreiche Psychologen und Pädagogen sehen im Märchen eine wertvolle Erziehungshilfe (in unserer Zeit z. B. Bettelheim, Gerstl, Gutter, Meves). *Bruno Bettelheim,* dessen Buch starke Beachtung gefunden hat, empfiehlt Märchen als Helfer bei der Bewältigung der »ödipalen Schwierigkeiten«, denen jeder im Laufe seiner Entwicklung ausgesetzt sei. Die tiefe Enttäuschung des Kindes, das sich nicht mehr uneingeschränkt als Mittelpunkt empfinden kann, werde gemildert, das Bild der »ganz und gar guten Mutter« könne bewahrt, der Zorn gegen die reale, nicht mehr alle Wünsche erfüllende Mutter (vgl. Wittgenstein S. 145: »Bist du eigentlich meine richtige Mutter?«) auf die vom Märchen angebotene Stiefmutter konzentriert werden (S. 68 f.); Märchen ermöglichen dem Kind, seine Gefühle (Spannungen, Ängste, Zerstörerisches in ihm) zu »externalisieren«, Gestalt werden zu lassen (Hexe, Wolf etc.) und zu verarbeiten (Auseinandersetzung, S. 46, 56 f., 61–66); im Gegensatz zu Mythen (Übermenschen, Tragik) flöße das Märchen dem Kind nie ein Unterlegenheitsgefühl ein, sondern gebe ihm im Gegenteil Zuversicht und Vertrauen (glücklicher Ausgang, Identifikation mit der menschlichen Hauptfigur: S. 30, 58, 122). Bettelheim gibt, obwohl er über eine reiche kinderpsychologisch/pädagogische Erfahrung verfügt, nur spärlich Fallbeispiele; seine allgemeine Theorie und seine Märchenanalysen fußen, wie jene Riklins und Roberts (die er nicht erwähnt) auf der Freudschen Psychoanalyse. Es geht ihm um Psychohygiene und Therapie bei Individuum und Familie, die Beziehung zur Gesellschaft wird nicht diskutiert.

Gesellschaftskritische Autoren lehnen das Märchen als Instrument der Pädagogik häufig ab (Argumente s. oben S. 91 ff., ebenda die abweichende, positive Stellungnahme von Bloch, Bürger, Dienstbier). *Reika Ebert* und *Cornelia Müller* halten die KHM als frühe Kinderliteratur für verderblich, da in ihnen eine im Prinzip unveränderte Welt präsentiert und Wertvorstellungen, Verhaltensnormen vermittelt würden, »die der Solidarität und dem kollektiven Handeln entgegenstehen und deren Umsetzung herrschaftskonformes Handeln produziert« (S. 160). Für die Schablone »böse Schwestern« sehen sie eine andere Erklärung als Bettelheim (Geschwisterrivalität im Verlangen nach Gunst und Liebe der Eltern) und Fehling (Einfluß des Apuleius!): das »Warten auf den Ehemann..., um überhaupt eine Lebensgrundlage zu haben, führt ... zu Konkurrenz und ... Neid« (S. 140). *Elisabeth Müller*, die wie schon Ebert/Müller die Zementierung der in der patriarchalischen Gesellschaft genehmen geschlechtsspezifischen Rollenverteilung beklagt (penetrant passive weibliche Tugenden, grausame Zerstörung des Selbstwertgefühls der jungen Frau im »Drosselbart«, die Prinzessin geht aus dem Besitz des Vaters in den Besitz des Gemahls über), will an die Stelle der KHM sog. Naturvölkererzählungen setzen, die auch starke Frauen und mütterliche Männer zeigen, oder als Notbehelf, da die Grimmschen Märchen nun einmal unumgehbar sind, diese so umerzählen, daß die Rollenerwartung der Mädchen nicht einfach auf »lieb sein«, »duldsam sein«, »keinen Willen haben« festgelegt werde: für beide Geschlechter solle »Emanzipation von den zur Zeit herrschenden Rollen«-Stereotypen ermöglicht werden (S. 56, 116). Kinder erleben die Märchen nicht als bloße Seelenbilder, sondern nehmen sie beim Wort (S. 147).

Werner Psaar und *Manfred Klein* möchten neue Zugänge zum Märchen öffnen, indem sie, ohne »Lernziele im affektiven Bereich« vernachlässigen zu wollen, doch deutlich »kognitive Lernziele« in den Vordergrund rücken: Schon Grundschüler sollen Varianten vergleichen, nach dem Entstehungshintergrund fragen, die Spiegelung des Wirklichen im Wunderbaren entdecken, überhaupt aus der Konsumentenhaltung des Nur-Zuhörens herausgeführt werden (S. 7, 85, 135, 142, 221–224, 239, 243, 256 u. a.). Ob und unter was für Umständen, eventuell in welchem Alter ein »affirmatives« (und damit nicht lediglich passives) Aufnehmen sinnvoll, das Zerreden unangebracht sein könnte, wird nicht wirklich diskutiert, ebensowenig die Frage, ob nicht gerade die vorgeschlagene historische Einordnung der »Textsorte Märchen« im Unterrichtsgespräch das Märchen zu dem mache, wovor man es bewahren möchte: zu etwas Musealem (vgl. S. 7). – Der Religionspädagoge *H.-J. Perrar* glaubt, daß Märchen »erzählend« menschliche Grunderfahrungen bewußt machen können (»angenommen, geachtet, geliebt, ermutigt zu werden«), daß sie »erzählend für menschliche Fähigkeiten sensibilisieren« (Wünsche ernst nehmen, sie erfüllen oder auf Erfüllung – vorübergehend oder ganz – verzichten etc., S. 26), daß Märchen auf mögliche »Selbst-, Sozial- und Welterfahrungen« verweisen (S. 93, 95). Gedanken zum Thema »Märchen und religiöse Erziehung« findet man in den Schriften von *Felicitas Betz* und *Regine Schindler,* erzählpädagogische Ratschläge bei *Christa Meves* und *F. Betz*. Die Versuche *Dorothee Sölles* und *Heinrich Engels,* Volksmärchen theologisch zu interpretieren, weisen nur dünne Resultate auf. Ergiebiger ist der Ansatz des Philosophen *Franz Vonessen,* der die mythische Komponente des Märchens zu fassen sucht. Für ihn ist »Mutter und Kind« die »zentrale Situation des Märchens«; die leibliche Mutter stehe zugleich für die Mutter Natur (die »Große Mutter«), beide seien für ihre Kinder, zu deren

112

Heil, Mutter und Stiefmutter/Raubmutter in einem (oder im Wechsel): Kein theologischer, aber ein religiöser Deutungsversuch.

Literatur:

Hermann Bausinger, Aschenputtel. Zum Problem der Märchensymbolik, in: Zeitschr. f. Volksk. 52 (1955) S. 144–155, bei Laiblin S. 284–298 (kritische Stellungnahme).
Gabr. Leber, Über tiefenpsycholog. Aspekte v. Märchenmotiven, in: Praxis d. Kinderpsychologie 1955, S. 274–285 (Forschungsbericht).
Wilhelm Laiblin (s. oben S. X) passim.
Erwin Müller, Psychologie des deutschen Volksmärchens, 1928.
Franz Riklin, Wunscherfüllung und Symbolik im Märchen, 1908.
Otto Rank: s. oben S. 80.
Marthe Robert, Un modèle romanesque: le conte de Grimm, in Preuves 16 (1966), No. 185, p. 24–34.
Bruno Bettelheim, The Uses of Enchantment. The Meaning and Importance of Fairy Tales. New York und London 1976; deutsch: Kinder brauchen Märchen, 1977 (danach zitiert).
Alan Dundes, »To love my father all«: A psychoanalytic study of the folktale source of *King Lear,* in: Southern Folklore Quarterly 40, 1976, p. 353–366 (bezieht sich auf T. 923: Liebe wie Salz, T. 510 B und den Aschenputtel-Zyklus überhaupt: Inzest-Problematik).
Bruno Jöckel, Der Weg zum Märchen, 1939; derselbe, Das Reifungserlebnis im Märchen, in: Psyche 1948, S. 282–395, bei Laiblin (leicht gekürzt) S. 195–211.
Wilhelm Laiblin, Zur Symbolik der Individuation im Volksmärchen, 1961; vgl. Laiblins eigene Beiträge in Laiblin S. IX–XXVI, 100–150, 345–374.
Graf Wittgenstein, Der Mensch vor der Entscheidung, 1958. S. 50–80, 121–148, 201–226; derselbe, Märchen, Träume, Schicksale, 1965, ²1973 (danach zitiert).
G. Kienle, Das Märchen in der Psychotherapie, in: Zeitschr. f. Psychother. u. mediz. Psychologie 1959, S. 47–53.
Christa Cramers, Das Märchen in der Psychiatrie, Diss. Tübingen 1975.
Günter Clauser, Märchen als Rollenspiel, in: H. Stolze, Festschrift für E. Speer (Arzt im Raum des Erlebens), 1959, S. 103–108.
Ingrid Möllers, Märchen als Rollenspiel, Diss. Freiburg i. Br. 1967.
C. G. Jung, Symbolik des Geistes, 1948 u. ö. (Gesamtausgabe Bd. 9); darin die Abhandlungen »Zur Phänomenologie des Geistes im Märchen« und »Der Geist Merkurius« (»Das Märchen vom Geist in der Flasche«).
Hedwig von Beit, Symbolik des Märchens, I ⁵1975, II ³1972 (Gegensatz und Erneuerung im Märchen), III ³1972 (Registerband); dazu: *M. Lüthi* in: Fabula II, 1958, S. 182–189, bei Laiblin

S. 391–403; s. a. Lüthi, Ästhetik, S. 179 f., 183, 215 f., ferner die Artikel Lüthis (Beit) und Islers (Archetypus) in der EM (Gotthilf Isler hat in seiner Zürcher Diss. Die Sennenpuppe, eine Untersuchung über die religiöse Funktion einiger Alpensagen, Basel 1971, als erster eine größere Gruppe von Volkssagen im Sinne C. G. Jungs interpretiert).

Hans Dieckmann, Gelebte Märchen, 1978; derselbe, Märchen und Symbole. Tiefenpsychologische Deutung orientalicher Märchen, 1977.

Marie-Louise v. Franz, Bei der schwarzen Frau, bei Laiblin S. 299–344 (Deutung einer österreichischen Marienkindvariante); dieselbe, Das Problem des Bösen im Märchen, in Das Böse, Studien aus dem C. G. Jung. Institut, 1961; dieselbe, An introduction to the psychology of Fairy Tales, Zürich ²1973; dieselbe, Problems of the feminine in Fairytales, Zürich 1972, deutsche Übersetzung: Das Weibliche im Märchen, 1977.

Sibylle Birkhäuser-Oeri, Die Mutter im Märchen, 1976.

Mario Jacoby/Verena Kast/Ingrid Riedel, Das Böse im Märchen, 1978 (Jung-Schule; vgl. M. Lüthi, Bosheit, böse, EM 2, Sp. 618–634).

Erich Neumann, Eros und Psyche. Ein Beitrag zur seelischen Entwicklung des Weiblichen, 1952 (als Kommentar zu Apuleius, Amor und Psyche).

Ortrud Stumpfe, Die Symbolsprache der Märchen, 1965, ³1976 (z. T. verwegene Deutungen).

Hermann Pongs, Das Bild in der Dichtung Bd. IV, Symbolik der Einfachen Formen, 1973. Pongs, der sich vor allem auf Lüthi, Jung und Eliade bezieht, handelt S. 44–118 von der »Symbolsprache der Grimmschen Märchen« (Einzelinterpretationen; Zitat S. 65).

Christa Federspiel, Vom Volksmärchen zum Kindermärchen, Wien 1968.

Charlotte Bühler und *Josephine Bilz,* Das Märchen und die Phantasie des Kindes, ⁴1977; aus dem Beitrag von Bilz, Märchengeschehen und Reifungsvorgänge unter tiefenpsychologischem Gesichtspunkt, bei Laiblin S. 379–385 der Abschnitt Austreibungswesen (Stiefmütter und Hexen) als Ferment der Wandlung von einer Lebensstufe zur andern.

Hans E. Giehrl, Volksmärchen und Tiefenpsychologie, 1970.

Walter Scherf, Kindermärchen in dieser Zeit?, 1961; derselbe, Was bedeutet dem Kind die Grausamkeit der Volksmärchen?, Jugendliteratur 1960, S. 496–514; derselbe, Wie erzählt man Märchen?, in: Die Freundesgabe 1962. Zur erzieherischen Auswertung des Märchens vgl. a. die Aufsätze von *Agnes Gutter,* in: Informatio Bd. 8 (1963) und 10 (1965).

Agnes Gutter, Märchen und Märe. Psychologische Deutung und pädagogische Wertung, Solothurn 1968 (sieht das Märchen im wesentlichen als Darstellung von Ablösungs- und Reifungsvorgängen im

Sinne C. G. Jungs) und betont, lange vor Bettelheim, die Identifizierung mit dem Märchenhelden leiste einen wesentlichen Beitrag zu der für die Entwicklung des Kindes wesentlichen Ich-Stärkung. Das Buch enthält Vorschläge für eine altersentsprechende Märchen-Auswahl. Einzelne Deutungsversuche kritisiert M. Lüthi in der Neuen Zürcher Zeitung 1969, Nr. 602, S. 33. – Psychologisch-pädagogische Betrachtungen zu einzelnen Märchen publiziert A. Gutter seit Jahren in der Zeitschrift Informatio.

Max Lüthi, Psychologie des Märchens und der Sage, in: Die Psychologie des 20. Jahrhunderts, Bd. 15 (Transzendenz, Imagination und Kreativität – Religion, Parapsychologie, Literatur und Kunst), hrsg. von Gion Condrau, Zürich 1979, S. 935–947.

Anthroposophische Märchendeutung (vgl. dazu W.-E. Peuckert im HDM, Barbara Zinke in der EM): *Rudolf Meyer,* Die Weisheit der deutschen Volksmärchen, [7]1976; derselbe, Die Weisheit der Schweizer Märchen, 1944; *Rudolf Steiner,* Märchendichtungen im Lichte der Geistesforschung, 1942; *Fr. Eymann,* Die Weisheit der Märchen im Spiegel der Geisteswissenschaft R. Steiners, Bern 1952. *Richard Karutz,* Die Mär in Mythen und Märchen. Geistige Wirklichkeiten, 1962. *Friedel Lenz,* Bildsprache der Märchen, 1971 (sehr gewagte, oft willkürliche Deutungen, vgl. die Besprechung von *M. Lüthi* in der Neuen Zürcher Zeitung vom 22. 10. 1972, Nr. 493, S. 51). *Rudolf Geiger,* Mit Märchensöhnen unterwegs, 1968; derselbe, Mit Märchen im Gespräch, 1972. *Jakob Streit,* Das Märchen im Leben des Kindes, 1964. *Edzard Storck,* Alte und neue Schöpfung in den Märchen der Brüder Grimm, 1977 (S. 12: »Märchen sind in Bildern gegebene Heilsgeschichte, Verkündigung vom Reiche Gottes und dadurch Brücke zur Gottes-Kindschaft.«).

Quirin Gerstl, Die Brüder Grimm als Erzieher. Pädagogische Analyse des Märchens, 1964.

Christa Meves, Erziehen und Erzählen (1971), [5]1976.

Werner Psaar/Manfred Klein, Wer hat Angst vor der bösen Geiß? Zur Märchendidaktik und Märchenrezeption, 1976 (Eine informative, kritische und kritisch zu lesende Auseinandersetzung mit zahlreichen Theorien und Postulaten).

Wolfram Ellwanger/Arnold Grömminger, Märchen – Erziehungshilfe oder Gefahr? 1977, [2]1979.

Reika Ebert/Cornelia Müller, Ideologievermittlung im Märchen – am Beispiel der KHM der Brüder Grimm, 1976 (päd. Diplomarbeit Marburg/Lahn, Typoscript).

Elisabeth Müller, Märchen und Mädchensozialisation im Bereich der Vorschule, 1978 (päd. Diplomarbeit Frankf. a. M., Typoscript).

Hermann Josef Perrar, Mit Märchen dem Leben zuhören. Anleitung zur Arbeit mit Märchen im Religionsunterricht, 1979 (katholisch, unter Berücksichtigung anthroposophischer und Jungscher Interpretationen).

Regine Schindler, Erziehen zur Hoffnung. Mit Kindern unterwegs zu Gott, 1977; dieselbe, Die Bedeutung von Märchen, biblischen Geschichten und Gebeten für kranke und sterbende Kinder, in: Wege zum Menschen 31, 1979, S. 28–39.

Felicitas Betz, Erfahrung vorbereiten. Wege christlicher Erziehung heute, 1976; dieselbe, Märchen als Schlüssel zur Welt. Eine Auswahl für Kinder im Vorschulalter. Handreichung für Erzieher, 1977.

Dorothee Sölle, Die Hinreise. Zur religiösen Erfahrung, (1975), [4]1977 (S. 53–76: Der goldene Vogel).

Heinrich Engel, Silberschatz und goldener Schlüssel. Volksmärchen-theologisch erzählt.

Franz Vonessen, Die Mutter als Stiefmutter. Zur Mythologie eines Märchenmotivs, in: Symbolon N. F. 1, 1972, S. 113–137.

Seit die vergleichende Völkerkunde sich mit den Märchen beschäftigte, ist man auf die Verwandtschaft gewisser Märchenthemen mit Vorstellungen, Riten und Sitten mancher Naturvölker, aber auch mit Bräuchen der Kulturvölker aufmerksam geworden; ferner hat man die Beobachtung gemacht, daß das Märchen dort, wo es noch lebendiges mündliches Volksgut ist, sich in seinem Gewande bis zu einem bestimmten Grad dem Ort und der Zeit des Erzählers anpaßt (Assimilation, Requisitverschiebung, s. oben S. 84), gleichzeitig aber doch auch Elemente früherer Epochen und ferner Zonen bewahren kann (Requisiterstarrung) und daß es neben phantastischen Elementen ein schönes Maß von Alltagsgut, Alltagstun enthält (Wesselski, Peuckert). Man darf es als einen Träger gleichzeitig von vergangener und gegenwärtiger Wirklichkeit bezeichnen.

»Das Märchen tut alles, um die Wirklichkeit nicht zu weit zu verlassen«, sagt *Röhrich*. Die Szenerie der diesseitigen Natur und der menschlichen Welt (Möbel, Geräte, Kleider; Beziehungen zwischen Eltern, Kindern, Geschwistern, Kameraden, zwischen Mann und Frau, Herrschenden, Dienenden und Räubern) geben der Welt des Märchens das Gepräge, und sein Held ist, wie namentlich *Peuckert* betont hat, ein Mensch, nicht ein Jenseitiger oder ein Phantasiewesen; *Wesselski* spricht vom Vorherrschen der »Gemeinschaftsmotive«, *Obenauer* formuliert, daß das Märchen »menschlich denkt«: die Verzauberung in Frosch, Löwe, Bär oder Reh ist eine Entfremdung, die Erlösung führt zurück zum Menschsein.

Aber auch die zauberischen Elemente, die überwirklichen Teile des Märchens (Wesselskis »Wundermotive«) scheinen auf Wirklichkeiten zurückzugehen. Wesselski unterstreicht, daß Verwandlung des Menschen in ein Tier, des Tiers in einen Menschen nicht nur bei den Naturvölkern, sondern auch noch in Indien geglaubt werde – in außereuropäischen Kulturen also und auch noch im mittelalterlichen Europa sei manches, was wir heute als Phantasiemotiv ansehen, Glaubenswirklichkeit, den betreffenden Zuhörern seien die Erzählungen Berichte über wirklich Vorgegangenes, also ›Geschichten‹, nicht Märchen. In einem allgemeinen Sinne gilt, daß die Märchenmotive, auch wo sie uns heute rein phantastisch scheinen, Bezug haben zu Wirklichem oder als wirklich Genommenem; auch der Traum, aus dem *von der Leyen* viele Märchenmotive ableitet, ist ja eine Wirklichkeit, seinen Gestalten und Abläufen wurde (und wird zum Teil noch heute) gern ein höherer Realitätsgrad zugeschrieben als den Spielen der wachen Phantasie. An Zauber, Verwünschung, Tierverwandlung (Hexen!)

glaubten und glauben Völker verschiedener Kulturstufen und innerhalb des modernen Europa Angehörige verschiedener Schichten; auch beim gebildeten Europäer ist latent die Bereitschaft, primitiv zu empfinden, noch da, und damit die Bereitschaft, das Märchen als mehr denn als ein Spiel zu nehmen. Im einzelnen kann man wohl Parallelen zwischen der Praxis der Naturvölker und manchen Vorgängen im Märchen erkennen, der Beweis aber, daß diese auf jene zurückgehen, ist schwer zu führen. *Röhrich,* der Menschenfressermotive im Märchen nicht einfach als Nachklang eines supponierten prähistorischen Kannibalismus gelten lassen will (sie könnten ebensogut als Kinderschreck in Warnmärchen erfunden worden sein), erklärt es für unmöglich, die Brücke vom Brauch der Naturvölker zum europäischen Volksmärchen zu schlagen (S. 104, 110). *Paolo Toschi* hingegen meint, wenn Propp Märchenmotive aus primitiven Riten und Mythen abzuleiten versuche, so sei ihm etwa in einem Viertel der Fälle der Beweis geglückt. Wie vor ihm *Saintyves,* aber mit reicherer und genauerer Dokumentierung und mit Berücksichtigung der zu vermutenden oder feststellbaren prähistorischen und historischen Wandlungen, sieht *Propp* im Märchen die Spuren vor allem von Initiationsriten, die er zugleich in Verbindung zu Totenbräuchen setzt. In der gleichen Richtung gehen die Arbeiten von *Heino Gehrts. Eleasar Meletinsky* sieht in den Märchen-Ehen mit einem (einer) Jenseitigen Spiegelungen von Problemen der Endogamie/Exogamie (s. unten S. 121, 132; vgl. a. Kahns Theorie, unten S. 121).

Eine Reihe von Nachklängen aus früherer Menschheitsepochen stellt *Friedrich von der Leyen* zusammen: Seelentiere, insbesondere der Seelenvogel weisen auf Animismus, machtgeladene Dinge wie Haare, Knochen, Blut, Speichel, Gewand oder Gewandstück, Schuh, Bild, Spiegel, Messer, Blume auf Mana-Glauben und Fetischismus; in der Macht der Tiere spiegelt sich Totemismus, in den vielen Verboten Tabuismus; die Hindernisflucht und manches andere weise auf Träume und Visionen (Schamanismus), die dem Drachen preisgegebene Jungfrau auf alte Menschenopfer. Für *Sergius Golowin* sind Zaubermärchen »nichts anderes als« zu spannenden Geschichten umgestaltete Schilderungen »von wunderbaren, häufig mit pflanzlichen Hilfsmitteln bewirkten Seelenreisen, ›Trips‹ . . ., ›Reiseberichte‹ . . ., als Volksdichtungen nachlebende ›Erfahrungen‹ der Hippies und Diggers aus vergangenen Jahrtausenden.« (vgl. *Eliades* Auffassung, oben S. 62 f.); im »magischen Schlaf« Dornröschens, Schneewittchens und anderer Märchenfiguren sieht Golowin den Abglanz von Einweihungsbräuchen (»Abenteuer im Schlaf«, »Weisheit durch Scheintod«). *Röhrich,* der darauf hinweist, daß in ein und demselben Märchen Vorstellungen ganz verschiedenen Alters zusammenlaufen können (S. 51), nennt eine große Zahl von Anklängen an Glaubensvorstellungen und Bräuche: der Glasberg erinnert an den Berg des Weltenrichters, den der Tote zu erklettern hat, die Geburt eines Kindes nach dem Genuß von Fischen oder Äpfeln an Fruchtbarkeitszauber, anderes an Wort-,

Namen-, Schriftzauber usw. Doch meint Röhrich, mit größerer Wahrscheinlichkeit als das Nachleben prähistorischer Primitivsitten (die vorwiegend durch Vergleich mit denen der Naturvölker konstruiert werden) lasse sich die Einwirkung späterer Bräuche annehmen. Er verweist auf die Sitte des Rätsellösens und der Versteck- und Suchbräuche bei Hochzeiten (jenes setzt er in Parallele zu den Reifungsweihen der Naturvölker, wo der Freier u. a. auch sein Wissen zu beweisen habe, dieses zu den Übergangsbräuchen, den ›rites de passage‹ – auch für Röhrich also haben die historischen Bräuche noch eine innere Verbindung mit jenen der Primitiven und der Vorzeit), ferner auf das Heraussuchen der Braut aus mehreren Frauen, auf die an die untergeschobene Braut des Märchens erinnernde Scheinbraut und Vorehe (ebenfalls apotropäisch, die dämonischen Mächte werden getäuscht), an die altgermanische und altjüdische Odins- und Gottesweihe, die in der Sage in Dämonen- und Teufelsweihe übergegangen sei, an das rituelle Verbot des Haarscherens u. a. *Ingeborg Weber-Kellermann* führt, z. T. im Anschluß an *Werner Lincke*, »das Stereotyp der bösen Stiefmutter« auf frühgesellschaftliche Familien- und Erbverhältnisse zurück: für die fremde Frau eines Königs oder Großbauern (»die fremde Frau in einer endogamen Gesellschaft«) waren die Kinder des Mannes ein Hindernis für ihre eigenen und für sie selber (S. 24 f.).

Manche alte Züge scheinen sich im Märchen mit Hartnäckigkeit erhalten zu haben, wohl weil sie einem Grundempfinden auch späterer Geschlechter irgendwie entsprechen und weil sie auch nach ihrem Absterben in den Brauch- und Glaubenskulturen als Erzählgut geduldet und in dieser Form unverbindlich und auch mühelos aufgenommen wurden. Andere Züge, besonders solche peripherer Art (Kostüme u. a.) haben sich im Laufe der Zeit und der Wanderung von Ort zu Ort dem neuen Milieu angepaßt. *Bausinger* stellt fest, daß diese Assimilation im Lauf des letzten Jahrhunderts schwächer geworden sei, daß eine sentimentalische und historisierende Haltung auch vom Volk übernommen, daß daher an die Stelle der ›Requisitverschiebung‹ mehr und mehr eine ›Requisiterstarrung‹ getreten sei. Seit im Gefolge der Brüder Grimm das Buchmärchen die Herrschaft angetreten hat, seit die Anschauungen der Romantik von breiten Schichten rezipiert worden sind, scheint sich diese Erstarrung in der Tat verstärkt zu haben. In einem gewissen Grade jedoch ist sie neben der Anpassung immer mit im Spiel gewesen. Die drei Zitronen, die sich in Mädchen verwandeln (T. 408), werden im norwegischen Märchen keineswegs zu Äpfeln oder anderen landläufigen Früchten, sondern bleiben Zitronen (Asbjörnsen Nr. 66). Eine gewisse Fremdheit und Starrheit ist dem Märchen an sich eigen, und Altertümlichkeit gehört zu den Elementen dieser Fremdheit – wie die außer Gebrauch gekommenen Metalle und Werkzeuge einer früheren Kulturepoche in der darauffolgenden den Charakter der Heiligkeit erhalten konnten, so haben auch im Märchen altertümliche und fremdländische Züge die Autorität des den Alltag Überschreitenden. Zudem trifft die Ersetzung des fliegenden Teppichs durch das Flugzeug, des Zauberspiegels durch das Fernrohr den Lebensnerv des Märchens: wie es dem Helden die entscheidenden Begegnungen und Gaben grundsätzlich schenkt, ohne daß eine Motivierung nötig ist, so verlangt es auch nach dem aus sich selbst lebenden Wunder – technisch hergestellte Wundermaschinen mit ihrem komplizierten Mechanismus, ihrer genau bekannten Herstellungsgeschichte widerstreiten dem ganzen Erzählduktus des Märchens und zudem seinem Linienstil. Wo ein Flaschenzug statt eines Seils den Helden in die Unterwelt führt, wo Mineralwasser statt dem einfachen »Wasser« (des Lebens) geholt werden muß, da ist die Grenze zum Schwank überschritten: Eine totale Anpassung der Märchenrequisiten an die zeitliche und lokale Umwelt ist auch dort, wo es voll lebendig ist, nicht anzutreffen. Die »wirkliche Welt« dient, wie *Röhrich* bemerkt, ganz ähnlich wie der Übergang zur Ich-Erzählung, durchaus nicht immer der Hebung der Glaubwürdigkeit, sondern will im Gegenteil oft die Unwirklichkeit betonen, die Erzählung zur Lügenerzählung stempeln (S. 162, 179). So können die Wirklichkeitselemente im Märchen je nach der Art ihrer Verwendung konträre Bedeutung haben, sie nähern das Märchen der Realität oder sie entfernen es von ihr, und entsprechend hebt das Wunderbare das Märchen nicht nur vom profanen Alltag ab, sondern zeugt zugleich von seinem Anspruch, eine mächtigere, wesentlichere Wirklichkeit darzustellen.

Literatur:

Röhrich passim; derselbe, Die Grausamkeit im deutschen Volksmärchen, Rhein. Jahrb. f. Volkskunde. 6, 1955, S. 176–244 (kriminalgeschichtliche Parallelen; jetzt auch Röhrich S. 123–158, jedoch ohne das Bildmaterial); derselbe, Rumpelstilzchen. Vom Methodenpluralismus in der Erzählforschung, in: Schweiz. Archiv f. Volkskunde 68/69, 1972/73, S. 567–596 (diskutiert u. a. die konkurrierenden Vorstellungen Zwerg und Teufel. »Kontamination ist das Wesen aller Volksdichtung.« S. 595).

v. d. Leyen, S. 45–88.

Sergius Golowin, Psychedelische Volkskunde, in: Antaios 12, 1971, S. 590–604 (Zitat S. 602 f.); derselbe, Die Magie der verbotenen Märchen. Von Hexenkräutern und Feendrogen, 1974 (Zitate S. 73–78).

D. Zelenin, The Genesis of the Fairy Tale, Ethnos 1940, Stockholm, S. 54–58.

V. J. Propp, Le radici storiche dei racconti di fate, Torino ²1972 (nach dem russ. Original von 1946), passim.

Paolo Toschi, Rappresaglia di Studi di Letteratura Popolare, Firenze 1957, S. 45–63 (Besprechung von Propp).

P. Saintyves, Les Contes de Perrault et les récits parallèles. Leurs origines (coutumes primitives et liturgies populaires), Paris 1923.

Heino Gehrts, Das Märchen und das Opfer, 1967 (vgl. oben S. 67). Derselbe, Märchenwelt und Kernerzeit, in Antaios X, 1968, S. 155–183 (setzt die »Zertanzten Schuhe«, T. 306, zum Somnambulismus in Bezug).

E. Meletinsky, Die Ehe im Zaubermärchen. Ihre Funktion und ihr Platz in der Struktur des Märchens, in: Acta Ethnographica 19, 1970, S. 281–292 (englisch bei Maranda 1974, s. unten S. 132).

Werner Lincke, Das Stiefmuttermotiv, 1933 (bes. S. 52, 86 f.).

Ingeborg Weber-Kellermann, Die Familie, 1976 (darin S. 22–25: Die Stiefmutter im Märchen).

Maria Gabriele Wosien, The Russian Folktale. Some structural and thematic aspects, München 1969 (im Kapitel III, S. 65–83, wird die Beziehung zu Brauch und Volksglaube diskutiert).

Alfred Winterstein, Die Pubertätsriten der Mädchen und ihre Spuren im Märchen, 1928.

Karl Meuli, Vom Tränenkrüglein, von Predigerbrüdern und vom Trösten, in: Festschrift für Jakob Jud, Zürich 1943, S. 763–807.

Anneliese Dymke, Die wirkliche Welt im deutschen Zaubermärchen, Diss. Würzburg 1951.

Vilmos Voigt, Elemente des Vorstellungskreises vom »Herrn der Tiere« im ungarischen Volksmärchen (Der König der Tiere), in: Acta Ethnographica XI, 1962, S. 391–430 (»Beispiele für das verblassende Fortleben von Motiven der einstigen Glaubenswelt«, S. 423).

Bruno P. Schliephacke, Der Sprung ins Zeitlose. Das Märchen »Der Ritt auf den Glasberg« – ein religionsgeschichtliches Denkmal, in: Die Freundesgabe 1965, S. 11–20.

Otto Kahn, Das Märchen vom »Löweneckerchen« im Lichte der Rechtsgeschichte. Ebenda, S. 21–33. Derselbe, Rumpelstilz hat wirklich gelebt. Rheinisches Jahrbuch für Volkskunde 17/18 (1966/1967) S. 143–184. Kahn möchte aus dem Wortlaut unserer Volksmärchen auf geschichtliche und sogar vorgeschichtliche Rechtsvorgänge und Sozialkonflikte schließen: »Versuche des kleinen Mannes, mit der bedrohten Frau aus der Bauern- oder Herrenschicht in Gleichberechtigung zu kommen.« S. 177 (vgl. die Position Meletinskys, oben S. 118). Derselbe, Die gerettete Frau in den Froschkönigsfällen, in: Die Freundesgabe 1970, S. 34–45. Derselbe, Die gestohlene Prinzessin. Untersuchung der Märchen ATh 301 nach ihren historischen Hintergründen, 1978 (Privatdruck). Otto Holzapfel qualifiziert Kahns (ernst gemeinte) Darlegungen als schlimmen Aprilscherz (Volkskunde-Forum 2, 1968, S. 18–21).

Hans Traxler, Die Wahrheit über Hänsel und Gretel, 1963. Dieses gelungene Scherzbuch, das eine Märchenarchäologie zu begründen vorgibt (Ausgrabung des Hexenhauses, Identifizierung von Hänsel und Gretel als Erwachsene, die im 17. Jh. die Erfinderin eines erfolgreichen Lebkuchenrezeptes ermordet hätten...) darf vom Märchenforscher nicht völlig ignoriert werden, da es von einer erstaunlich großen Leserschaft ernst genommen wird und so Verwirrung und Schaden stiftet.

Iring Fetscher, Wer hat Dornröschen wachgeküßt? Das Märchen-Verwirrbuch, 1972 (als Taschenbuch 1974). Hier sind die Signale, daß es sich um einen Spaß handelt, deutlich genug (Satire auf hemmungslose philologische, psychoanalytische und historisch-materialistische Märchenexegese. Zu modernen Märchentravestien vgl. oben S. 93 f.).

C. W. v. Sydow, Våra Folksagor, Stockholm 1941 (Unsere Volksmärchen, was sie von Glauben und Sitte der Vorzeit berichten).

Georges Dumézil, L'idéologie tripartie des Indo-Européens, Bruxelles 1958 (zur Wirklichkeitsgrundlage der Dreizahl in der Sozialstruktur der Indogermanen).

H. Bausinger, Historisierende Tendenzen im deutschen Märchen seit der Romantik. Requisitverschiebung und Requisiterstarrung, in: Wirk. Wort 1960, S. 279–286; derselbe, Formen der ›Volkspoesie‹, 1968 (im Kapitel Märchen, S. 154–170); derselbe, Artikel Anachronismus in der EM.

Ulrich Bentzien, Elemente der modernen Technik in der mecklenburgischen Volksdichtung, in: Wiss. Zs. der Univ. Rostock 1963, S. 669–682.

Wilhelm Blasius, Krankheit und Heilung im Märchen, 1977.

Daß die Märchenforschung so lange im Bann der Motive stand, kommt nicht von ungefähr. Die Bilder des Märchens, seine zentralen Figuren, Requisiten und Vorgänge prägen sich jedes einzeln stark ein, sie können in der Erinnerung ein Eigenleben führen, auch wenn der Rahmen, der sie zusammenhielt, dem Gedächtnis entschwunden ist; von daher empfängt nicht nur die isolierende Motivforschung, sondern sogar auch eine isolierende (von Bausinger als »horizontlos« abgelehnte) Motivdeutung eine gewisse Legitimation. Aber die Motivbetrachtung bildet nur einen Teil der Märchenforschung. Immer wieder und von den verschiedensten Seiten ist hervorgehoben worden, daß das Märchen eine *kunstvolle Erzählung* sei, daß die bloße Auseinandersetzung mit seinen Motiven daher weder über die Art noch die Zeit seiner Entstehung noch über seine Wesensart Entscheidendes aussagen könne.

Der relativ kunstvolle und zielbewußte Bau des Märchens dient auch als Argument gegen die Annahme seiner Entstehung aus Träumen (aus denen sehr wohl einzelne Motive stammen mögen), gegen seine Auffassung als unmittelbaren Ausdruck seelischen Erlebens und gegen den Versuch *André Jolles'*, es unter die ›Einfachen Formen‹ einzureihen. Wenn man unter ›Einfacher Form‹ jedoch die der Erzählung zugrunde liegende innere Form versteht, läßt sich die Position

Jolles' wohl in dem Sinne halten, daß das Märchen, das ganz bestimmten Bedürfnissen des menschlichen Geistes entspricht, sich zu verschiedenen Zeiten wie von selber einstellt und herstellt, indem Kunstdichtung in der mündlichen Übertragung von Erzähler zu Erzähler zum »Volksmärchen« umgeschliffen wird und indem dieses seinerseits wieder auf die hohe Literatur einwirkt. *Wolfgang Mohr:* »Es ist wohl nicht seinem Ursprunge nach Einfache Form...; aber es ist zur Einfachen Form geworden und wirkt als Einfache Form innerhalb seiner Gattung und über sie hinaus« (RL I, ²1958, S. 324). *Bausinger:* »Es scheint eine Art ›Märchendenken‹ zu geben, mit dem wir an Sachverhalte der Wirklichkeit herantreten, die wir dann gar nicht anders aufzufassen vermögen als durch die Brille dieser Geistesbeschäftigung« (Fabula I, 1958, S. 245).

Das letzte Wort über das Verhältnis von Kunstdichtung und Volksmärchen ist bis jetzt noch nicht gesprochen und wird vermutlich nicht so bald gesprochen werden können, so wenig wie jenes über die Entstehung der Gattung ›Märchen‹. Sicher feststellbar ist nur die immer wieder eintretende Wechselwirkung zwischen Volksmärchen und Hochliteratur (ein Beispiel vergleichender Untersuchung von Volksmärchen und Kunstdichtungen vom gleichen Typus ist *Mia I. Gerhardts* Arbeit über T. 613, Die beiden Wanderer, ein anderes *Manfred Dahlkes* Studie zum Jovinian-Legendenmärchen, T. 757). Alles andere ist kontrovers (Mohr: Das Märchen könnte »sowohl ursprüngliche wie gewordene Einfache Form sein, sowohl genuines Volksgut wie ›gesunkenes ... Kulturgut‹«, S. 325). Was die Entstehung der Gattung betrifft, so neigt man heute dazu, sie als eine Spätform zu betrachten, eine Spielform von ursprünglich mit Riten und Glaubensvorstellungen eng verbundenen Erzählungen (vgl. oben S. 12). Forscher, die auf die Verwandtschaft des Ablaufs der Märchenhandlung mit jener in Schamanenerzählungen verweisen, sind der Meinung, daß nicht nur manche Motive, sondern auch die Grundstruktur der Märchen von jener sakraler, magischer, ritueller Erzählungen abzuleiten wäre. Der Übergang der Geschichten aus dem Besitz von Priestern, Schamanen, Stammesältesten an die Allgemeinheit hätte sie für eine gewisse Umformung und künstlerische Ausgestaltung freigesetzt. Die alten Themen und Zusammenhänge klängen noch durch, in der neuen, unverbindlichen Gestalt würden sie, nachdem sie ihre verpflichtende Gewalt eingebüßt, leichter und wie im Spiel aufgenommen und assimiliert.

Unabhängig von der Lösung der Ursprungsfrage spricht die Literaturwissenschaft, die von den Texten der aufgezeichneten Erzählungen ausgeht, dem Märchen den Charakter des Kunstwerks zu: Es besitzt die Struktur, die stilistische Einheit und die Wirkung der Dichtung. Der moderne Strukturalismus versucht, im Anschluß an das Vorbild der Linguistik, die Aufbau-Formeln der Volksmärchen bloßzulegen; er sieht die Ganzheit, die Gestalt und wendet sich gegen Atomismus und Motivjägerei. Mit der Formel ›Bewegung und Gegenbewegung‹

(move + countermove) glaubt er die Grundstruktur der Volkserzählung im weitesten Sinn zu fassen. *W. Burkert* (s. oben S. 12) konzipiert als Vor- oder Tiefenformel, die der Abenteuererzählung (»Quest«) zugrunde liegt, eine Folge von Imperativen: »geh, such, nimm und bring« (S. 27 – man kann dies als Röntgenbild der Suchwanderungs-, Quest-, Quête-Erzählungen bezeichnen). *V. J. Propp*, von *Claude Lévi-Strauss* als prophetischer Vorläufer des Strukturalismus der zweiten Jahrhunderthälfte gefeiert, zeigt schon 1928, daß sich die Zaubermärchen der Afanasjevschen Sammlung aus gleichen Bauelementen zusammensetzen: Ausgehend von einem Mangel (lack) oder einer Schädigung (villany) führt das Märchen über vermittelnde Handlungselemente (functions – gemeint sind Funktionen der Handlungsträger) zur Lösung (Heirat, Gewinn eines Schatzes u. ä.): vgl. dazu oben S. 4, 23, 25. Propp unterscheidet 31 mögliche »Funktionen« (Handlungskerne, von der speziellen Figur des Handelnden unabhängig, aber eng eingebunden in den Kontext, den Ablauf des Geschehens bedingend und durch ihn bedingt), z. B. Verbot, Schädigung, Erprobung durch einen Geber, Beschenkung, Kampf, Aufgabe, Bestrafung, Hochzeit; in jedem Märchen treten einige von ihnen auf (unentbehrlich ist nur die Schädigung), z. T. in festgelegter Reihenfolge, z. B. paarweise; Propp spricht von »eisernen Kompositionsgesetzen« (S. 234, vgl. die italienische Ausgabe, p. 222). Die grundlegenden Rahmenfunktionen, von *Dundes* in der Formel Lack/Lack Liquidated (L/LL = Mangel/Mangel behoben) prägnant zusammengefaßt, erinnern an André Jolles' gleichzeitig mit Propp und unabhängig von ihm entwickelte Theorie, daß das Märchen zuerst meist eine »naiv unmoralische Welt« zeige, dann aber zu einer naiv-gerechten Ordnung hinführe: »Aus diesem inneren Bau des Märchens erwächst ... die moralische Befriedigung« (S. 243). Träger des Geschehens sind nach Propp 7 »Personen« (genauer: Rollen – denn ein und dieselbe Figur kann mehrere Rollen übernehmen, vgl. oben S. 4): Gegner, Geber, Helfer (bzw. Hilfsmittel, z. B. Zauberpferd oder Zauberding), gesuchte Person (Prinzessin), Auftraggeber, Held, Usurpator (falscher Held). *Meletinsky* sieht in der Polarität eigen/fremd, kulminierend im Gegensatz Held/Antagonist (villain) die im Gefüge des Volksmärchens wesentliche Opposition; er spricht vom universalen Prinzip der »tale balance«, der Kompensationstendenz (Beispiele: Behebung des Mangels, Kompensation der Kinderlosigkeit durch magische Empfängnis, Erhöhung der Erniedrigten, annäherndes Kräftegleichgewicht Held/Antagonist) und von der Hierarchie des Texts, der dem Helden auferlegten Prüfungen (s. Maranda 1974, passim). *A. J. Greimas* vergleicht die »Aktanten« (Träger der fundamentalen Handlungsfunktionen) im Satz (Subjekt, Objekt ...), im Märchen (nach Propp), im Theaterstück (nach E. Souriau, Les 200 000 Situations dramatiques, Paris 1949/50) und folgert: Eine begrenzte Zahl aktantieller Termini reicht aus, die Organisation eines Mikro-Universums zu kennzeichnen. – Tenèze beanstandet, ähnlich wie vor ihr schon *Dundes* und

Greimas, daß Propp für Funktionen und Rollen zwar Maximalzahlen nennt (31 bzw. 7), sich aber die Frage nicht stellt, ob zur Formierung eines Märchens ein Minimum von vermittelnden Funktionen und Rollen nötig sei (p. 22, vgl. Dundes 1962, p. 103, und *Lüthi* S. 118). *I. Nolting-Hauff* (s. oben S. 44 f.) nimmt als Minimum für eine Märchensequenz vier Funktionen an (Schädigung oder Fehlelement – zwei Zwischenfunktionen – Schlußfunktion, S. 144 ff.) und zwei Personen (Held-Gegenspieler bzw. Helfer oder Prinzessin, S. 147). *Claude Bremond* kritisiert Propps »finalistische Konzeption, welche die Teile dem Ganzen opfert: An die Stelle der Autarkie der Motive ist die Tyrannei der Serie getreten« (p. 24 ff. = S. 192 ff., vgl. p. 23, 30 = S. 189, 198). Bremond unterscheidet zwischen festen Sequenzen, in denen »Funktionen« sich logisch-gesetzlich verketten (im Sinne Propps) und den mannigfachen Möglichkeiten, solche Sequenzen zu kombinieren: hier liege die Freiheit des Erzählers (p. 28 ff. = S. 196 ff.). Bremond bringt komplexere Struktur-Schemata in Vorschlag. In seiner Analyse nordamerikanischer Indianermärchen unterscheidet *Alan Dundes* 10 Motiveme (= »Funktionen«), von denen die meisten Paare bilden: Mangel/Behebung, Aufgabe/Lösung, Täuschen/Täuschung (Irrtum), Verbot/Übertretung/Folge, Versuch zu entkommen. Das Motivem (die »Funktion«) ist eine Strukturschablone, die in der konkreten Erzählung durch ein konkretes Motiv ausgefüllt wird, so das Motivem Verbot etwa durch das Motiv Verbot, ein bestimmtes Zimmer zu betreten oder Verbot, eine bestimmte Person zu küssen bzw. zu beleuchten. Die Strukturalisten betonen, daß die Erzählungsstruktur bei inhaltlich völlig verschiedenen Märchen die gleiche sein kann (Beispiel: T. 2, T. 3, und T. 34: Täuschen/Täuschung/Folge), und daß die Struktur, nicht der Inhalt die Grundlage des Märchens bilde (wogegen *Bremond* eine gewisse Rehabilitation des Inhaltlichen bringt: »Der Held ist ... nicht bloß ein Instrument im Dienste der Handlung. Er ist gleichzeitig Mittel *und* Mittelpunkt der Erzählung, fin et moyen du récit«, p. 25 = S. 192, vgl. p. 132 f.; *Courtès* sieht neben den syntaktischen Invarianten auch semantische Konstanten, p. 38, vgl. 11, Tenèze setzt den morphologischen Kriterien inhaltliche an die Seite, 1972, p. 99; *Meletinsky:* »Der nächste Schritt muß die Analyse der Motive sein, jedoch unter dem Aspekt der Strukturanalyse«, Jahrbuch 15, S. 30 = Propp S. 124, p. 248). *Dundes* verwendet im Anschluß an Kenneth L. Pike und damit in Analogie zu der linguistischen Unterscheidung phonetisch – phonemisch den Terminus *etic unit* für das zu Klassifikationszwecken, also paradigmatisch isolierte Motiv (entsprechend dem Phon, dem Morph), den Terminus *emic unit* dagegen für das in syntagmatischer Analyse wesentliche Motivem (»Funktion«). Das intensive Interesse für die Einbettung der Erzählteile, besonders der Motive bzw. Motiveme, in das Erzählganze entspricht der gleichzeitig immer aktiver werdenden Aufmerksamkeit auf die Einbettung der Erzählungen selber in einen sie umfassenden Kontext (s. oben S. 103 ff.). Das Phänomen, daß Motive fest im Gedächtnis haften können, obwohl der Gesamtzusammenhang der Erzählung vergessen ist, wird von *Lüthi* als eine Art »Rache der Motive« bezeichnet (Ästhetik S. 139). Die Strukturalisten versprechen sich von ihren exakten Untersuchungen eine vertiefte Erkenntnis der künstlerischen Eigenart des Märchens (Pop, S. 70), eine Klärung der Verwandschaft und der Unterschiede der Gattungen (*Dundes*, p. 104, 110), ja sogar die Entdeckung struktureller Parallelen in Volkserzählung, Aberglaube und Sitte (*Dundes*, p. 105, 107) und damit die Erforschung der Gesamtstruktur einer Kultur (vgl. *Nitschke*, oben S. 101). *Annemarie* Laubscher stellt die Frage: »Verkörpert der Held eine dem Kulturgefüge entsprechende Rolle oder handelt er gegen die ›pattern‹?« (»Das Spiel gegen die herrschenden gesellschaftlichen Spielregeln ... ist ein Wesensmerkmal des ›clever hero‹« im Sinne Klapps, S. 184). *Propp* ergänzt seine syntagmatischen Untersuchungen (den Ablauf der Erzählung betreffend) durch paradigmatische, indem er Elemente des einen Märchens als Transformationen analoger Elemente in anderen Märchen erklärt (Beispiel: »Die Hexe entführt den Sohn alter Leute«, »Die Zarin fliegt ihrem Mann fort« sind für Propp Transformationen der Grundfigur »Der Drache entführt die Zarentochter«. Propp S. 174 f., p. 196 f., vgl. Lüthi S. 115.). Gegen den Vorwurf des Formalismus verwahrt sich Propp: Strukturanalyse ist ihm Voraussetzung für Ursprungsforschung und Entwicklungsgeschichte ebenso wie für literarisch-ästhetische Würdigung (S. 217, 222 f., 232 ff.; vgl. dazu die Kritik *Lüthis* in: Zeitschrift für Volkskunde 69, 1973, S. 293, sowie Lüthi S. 120).

Das Märchen als Dichtung: *Obenauer* unterstreicht, daß erst Geschichten, die nicht mehr als Berichte über wirklich Geschehenes aufgenommen werden, voll in ihrer symbolischen Qualität empfunden werden, d. h. daß sie jetzt eigentlich die Wirkung der Dichtung haben. Schon *Petsch* hatte das Märchen als die »Urform der hohen, der symbolischen Erzählung« bezeichnet (»Die Kunstform des Märchens«, S. 29). *Lüthi*, der eine Art Phänomenologie des Märchens zu geben versucht hat, weist auf den Gewichtsverlust hin, den die Motive im Gefüge des Märchens erleiden: diese Sublimation ermögliche den Zusammenklang aller Elemente, so daß wie von selber eine Stileinheit entstehe (Neigung zum Linearen, Umrißscharfen, Extremen usw. in der Zeichnung der Figuren wie auch der Handlung, vgl. oben S. 29–32). Gleichartige Motive würden in Sage, Märchen, Legende verschieden behandelt, das Gesetz der Gattung forme sie sich zurecht (zum Teil, aber nicht ausschließlich, kraft den der mündlichen Tradition innewohnenden Gesetzen). Die ursprünglich religiöse, magische, erotische, psychische, politisch-soziale Kraft der Motive und Stilformeln (Begegnung mit Jenseitigen, Zauber, Verbrechen, Begegnung von Mann und Frau, von Herrscher und Untertan, Dreizahl, Siebenzahl usw.) habe sich verflüchtigt (so daß eine Märcheninterpretation bloß auf Grund der Motive und ihres Realitätsgehaltes ungenügend

bleibe), werde aber unterschwellig noch empfunden (was von Obenauer, der S. 42 das Märchen eine »Kleinform symbolischer Dichtung« nennt, stärker betont wird; vgl. auch Grimm und Eliade, oben
S. 62 f.). Von dem formklar gezeichneten Märchen sei eine festigende
Kraft auf Erzähler und Hörer ausgegangen. Bedeutsam sei auch das
Bild des Helden, das in ungezählten Märchen erscheine: der Mensch,
der isoliert und eben deshalb universal beziehungsfähig seinen Weg
gehe, geführt und getragen von Ratschlägen, Hilfen, Gaben, die er
unbefangen entgegenzunehmen vermag, obschon sie ihm von Figuren
dargereicht werden, deren Herkunft und Wesen er nicht kennt.

So visiert die Literaturwissenschaft nicht nur den Stil, die
Form, sondern auch das Menschenbild, die Weltsicht, die »Aussage« des Märchens. Mit der Volkskunde, die vorwiegend die
Biologie und die Kulturgeschichte des Märchens untersucht, mit
der Psychologie und mit der Soziologie zusammen möchte sie
zu einer komplexen, aber sachgerechten Interpretation des
Volksmärchens gelangen, das ja auch für die Hochliteratur immer wieder bedeutsam geworden ist. In welchem Maße und in
welcher Weise die Funktion des in mündlicher Tradition nicht
mehr lebendigen Volksmärchens von seinen Erben (Buchmärchen, Kunstmärchen, Trivialroman, Film, comics, science fiction u. ä., s. oben S. 104 f.) und von anderen Erzählgattungen
(biographisches bzw. autobiographisches Erzählen u. a.) übernommen worden ist, diese Frage ist gestellt, aber erst in Ansät-
zen beantwortet worden. Sie greift schon über den Bereich der
eigentlichen Märchenforschung hinaus. Diese sieht in der jahr-
hundertelangen Breiten-, Tiefen- und Höhenwirkung des
Volksmärchens, das früher mündlich überliefert wurde und
heute als Buchmärchen weiter lebt, ihre Legitimation.

Literatur:

Lüthi, passim; derselbe, Ästhetik, passim; derselbe, Volksmärchen
  und Volkssage, ³1975, passim (besonders S. 145–159; Volksmärchen und Literaturwissenschaft); derselbe, Volksliteratur und
  Hochliteratur, 1970, passim; derselbe, Das Märchen als Gegenstand
  der Literaturwissenschaft, Kieler Bericht S. 161–168; derselbe,
  Das Volksmärchen als Dichtung und als Aussage, in: Der Deutschunterricht 6, 1956, S. 5–17 (bei Karlinger S. 295–310); derselbe,
  Es war einmal. Vom Wesen des Volksmärchens, ⁵1977; derselbe,
  So leben sie noch heute, ²1976; derselbe, Rumpelstilzchen. Thematik, Struktur- und Stiltendenzen innerhalb eines Märchentypus, in:
  Antaios XII, 1971, S. 419–436; derselbe, Dichterische Ökonomie
  in der Volkserzählung, in: Schweiz. Archiv für Volkskunde 68/69,
  1972/73, S. 388–398; derselbe, Von der Freiheit der Erzähler (An-

127

merkungen zu einigen Versionen des »Treuen Johannes«), in: Miscellanea Peeters, Antwerpen 1975, S. 458–472; derselbe, »Er fürchtet sich vor mir, ich mich vor ihm.« Zum Thema Wechselseitige Angst in der Volkserzählung. In: Rheinisch-westfälische Zeitschr. f. Volkskunde 24, 1978, S. 231–244; s. a. oben S. 29–32.

De Vries, passim; *Obenauer,* passim; *Pinon,* p. 16–23, 37–45.

Robert Petsch, Wesen und Formen der Erzählkunst, ²1942, S. 45–59 (Das Märchen als Urform der erzählenden Dichtung); derselbe, Die Kunstform des Volksmärchens, in: Zeitschr. f. Volksk. 7, 1935, S. 1–30; derselbe, Wesen und innere Form des Volksmärchens, in: Niederdt. Zeitschr. f. Volksk. 15, 1937, S. 1–25; derselbe, Formelhafte Schlüsse im Volksmärchen, Diss. Berlin 1900.

Werner Spanner, Das Märchen als Gattung, Diss. Gießen 1939 (bei Karlinger S. 155–176 die erste Hälfte der Arbeit abgedruckt).

Mia I. Gerhardt, Two wayfarers. Some medieval stories on the theme of good an evil, Utrecht 1964.

Manfred Dahlke, Das Sujet vom stolzen Kaiser in den ostslavischen Volks- und Kunstliteraturen. Ein Beitrag zur vergleichenden Motiv- und Stoffgeschichte, Amsterdam 1973.

Agnes Kovács, Rhythmus und Metrum in den ungarischen Volksmärchen, in: Fabula 9, 1967, S. 169–243.

H. Bausinger, Zur Struktur der Reihenromane, in: Wirk. Wort 6, 1955/56, S. 296–301; derselbe, Strukturen alltäglichen Erzählens, in: Fabula 1 (1958), S. 239–254; derselbe, Möglichkeiten des Märchens in der Gegenwart, in: Festschr. v. d. Leyen, S. 15–30. – Zu den Comics s. *R. W. Brendnich* u. a. Autoren, oben S. 105.

Dorothee Bayer, Der triviale Familien und Liebesroman im 20. Jh., ²1971, bes. S. 142–152 (Volksmärchen und Trivialroman).

Linda Dégh, People in the Tobacco Belt: four lives, Ottawa 1975 (Beispiele autobiographischen Erzählens).

Hugo Kuhn, Zur Typologie mündlicher Sprachdenkmäler, 1960.

André Jolles, Einfache Formen, S. 218–246.

Wolfgang Mohr, Einfache Formen, RL I (²1958), S. 320–328.

Kurt Ranke, Einfache Formen, Kieler Bericht S. 1–11; derselbe, Einfache Formen, in: Das Fischer Lexikon, Literatur 2, 1965, ²1968, S. 184–200 = Ranke S. 32–46.

Hermann Pongs, Symbolik der Einfachen Formen, 1973 (s. oben S. 114); derselbe, Symbol in der Schule, 1975 (zum Märchen S. 13–21); derselbe, Symbol als Mitte, 1978 (zum Märchen S. 24–52, 169–178).

G. Călinescu, Estetica Basmuili, Bucureşti 1965 (Ästhetik des Märchens, Aufsätze. Diskutiert u. a. Stereotypen, Kolorit, Stiefmutter- und Inzestproblematik; der Buchtitel ist zu eng gefaßt, Calinescu greift über das Märchen und über Ästhetik hinaus).

Vilmos Voigt, A folklór esztétikájához, Budapest 1972 (Zur Ästhetik der Folklore. Fragt nach der Folklore – lyrische und dramatische Volksdichtung sowie bildende Volkskunst werden einbezogen

– und ihrer Beziehung zu gesellschafts- und staatsgeschichtlichen Vorgängen und Verhältnissen: Nach der Entstehung des Staats erhält die Familie als kleine Einheit größeres Gewicht, Privatisierung der epischen Themen, Familienthematik im Märchen).

Maja Boškovič-Stulli, Usmena književnost kao umjetnost reječi, Zagreb 1975 (Volksliteratur als Wortkunst. Aufsätze, nur zum Teil das Märchen betreffend; pp. 153–174 »Der Satz des mündlichen Erzählers«: arbeitet stilistische Werte des expressiv-mündlichen Erzählstils heraus).

Zum Strukturalismus:

V. J. Propp, Morphologie des Märchens, s. oben S. VIII f.; der Aufsatz von Lévi-Strauss in der italienischen Ausgabe ursprünglich französisch: La Structure et la Forme, in: Cahiers de l'Institut de Science économique appliquée, No. 99, Paris 1960. Besprechungen der 2. Auflage von Propps Werk: Times Literary Supplement vom 23. 7. 1970 (anonym); Neue Zürcher Zeitung vom 21. 10. 1973 (Lüthi); Zeitschrift für Volkskunde 69, 1973, S. 290–293 (Lüthi; Kritik der deutschen Übersetzung); vgl. Lüthi S. 115–121 und Lüthi, Ästhetik S. 67–71.

Aleksander Isaakovich Nikiforov, On the Morphological Study of Folklore, in: Linguistica Biblica 27/28, 1973, S. 25–35 (mit Kommentar der Übersetzerin Heda Jason; sie gibt dem freilich nur skizzierten »generativen Modell« Nikiforovs den Vorzug vor Propps »taxonomischem Modell«) und in: *Felix J. Oinas* and *Stephen Soudakoff,* The study of Russian Folklore, The Hague/Paris 1975, pp. 154–161 (mit Einleitung von Oinas); russisch Leningrad 1927/1928.

Heda Jason, Precursors of Propp: Formalist Theories of Narrative in Early Russian Ethnopoetics, in: PTL, A Journal for Descriptive Poetics and Theory of Literature 3, 1977, p. 471–516.

P. Bogatyrev u. *Roman Jakobson,* Die Folklore als besondere Form des Schaffens, in: Donum Natalicium Schrijnen, Nijmwegen-Utrecht 1929, S. 900–913 (vgl. oben S. 86).

Jan de Vries, Over het Russische Sprookjesonderzoek der laatste Jaaren, in: Mensch en Maatsschappij 6, 1930, S. 330–341 (Auseinandersetzung mit Propp).

Isidor Levin, Vladimir Propp, in: Journal of the Folklore Institute IV, 1967, p. 32–49.

Felix J. Oinas, V. Ja. Propp (1895–1970), in: Journal of American Folklore 84, 1971, pp. 338 ff.

Reinhard Breymayer, V. J. Propp (1895–1970), Leben, Wirken und Bedeutsamkeit, in: Linguistica Biblica 15/16 (1972), S. 36–77 (mit reicher Bibliographie zu Propp »und zur strukturalistischen Erzählforschung«). Breymayer arbeitet u. a. die Beziehungen zu Goethes Metamorphosenlehre und Marx' »Transformationsgrammatik der Wirtschaftsstrukturen« (S. 66) heraus. (Propp hat »die transformationelle Fragestellung vorweggenommen«; das Stichwort wurde ihm »von Clouston, Bédier und ... Goethe angeboten.« S. 57; vgl. *W. A. Clouston,* Popular tales and fictions, their migrations and transformations, London 1887).

Claude Bremond, Logique du récit, Paris 1973. Enthält u. a. die früher erschienenen Arbeiten Le message narratif (Auseinandersetzung mit Propp, deutsch in Jens Ihwe [Herausgeber], Literaturwissenschaft und Linguistik, Bd. III, 1972, S. 177–217: Die Erzählnachricht) und Postérité américaine de Propp (Auseinandersetzung mit *Dundes)* sowie die große Untersuchung Les rôles narratifs, welche die Totalität der wesentlichen Wahlmöglichkeiten aufzeigen will, die dem Erzähler an jedem Punkt der Erzählung, aufgrund von deren innerer Logik, für die Fortsetzung offenstehen (s. dazu auch oben S. 85). Derselbe, Les bons récompensés et les méchants punis. Morphologie du conte merveilleux français, in: Claude Chabrol (ed.), Sémiotique narrative et textuelle, Paris 1973, p. 96–121. Derselbe, Postérité soviétique de Propp, in: Cahiers de la Littérature Orale 2 und 3, Paris 1977/78. Vgl. die Abhandlungen von *Bremond, Barthes* und *Greimas* in: Communications 4, Paris 1964, und 8, 11, 1968 sowie jene von *Michel Methieu* und *Paul Larivaille* (L'héritage de Propp) und von *Dan Ben-Amos* (Catégories analytiques et genres populaires) in: Poétique, revue de théories et d'analyse littéraires 1974: Les genres de la littérature populaire.

Algirdas Julien Greimas, Sémantique structurale, Paris 1966, p. 172–221 (Zitat p. 176); derselbe, Du Sens, Essais sémiotiques, Paris 1970, darin p. 231–247 La quête de la peur, Reflexionen über eine Gruppe litauischer Versionen von T. 326 (Fürchtenlernen); derselbe, Un problème de sémiotique narrative: Les objets de valeur, in: Langages 8, 1973, p. 13–35.

Philippe Richard et alii, Essai de description des contes merveilleux, in: Ethnologie française 1971, p. 95–120.

Joseph Courtès, De la description à la spécifité du conte populaire merveilleux français, in: Ethnologie française 1972, p. 9–42 (analysiert p. 26–42 11 französische Aschenputtelversionen).

Pierre Maranda, Cendrillon: théorie des graphes et des ensembles, in Cl. Chabrol (ed.) u. a. O. (oben S. 131), p. 122–136 (untersucht Familien-[Verwandtschafts-]Struktur und Aktionsstruktur).

Jacques Geninasca, Conte populaire et identité du cannibalisme, in: Nouvelle Revue de Psychanalyse VI, 1972, p. 215–230. Untersucht besonders T. 327, 333, 720 (Hänsel und Gretel, Rotkäppchen, Machandelboom), unterscheidet zwischen Kannibalismus (Verzehrung von Artgleichen, von Menschen durch Menschen) und Anthropophagie (der Wolf ist Menschenfresser, jedoch nicht Kannibale, das französische Rotkäppchen dagegen ahnungslos Kannibalin). Derselbe, Du bon usage de la poêle et du tamis, in: Documents du groupe de recherches sémio-linguistiques (EHESS), No 1, Paris

1979 (eindrückliche strukturalistisch-semiotische Analyse einer Rotkäppchen- und einer Caterinella-Version (T. 333 und T. 333 A).

Sebastiano Lo Nigro, Struttura e funzione nel racconto popolare, in: Ricerca scientifica e mondo popolare, Palermo 1973.

Gheorge Vrabie, Structura poetica a basmuili, Bucureşti 1975 (Vrabie spricht u. a. von der »ars combinatoria« der improvisierenden Erzähler, p. 228, vgl. Lüthi, Ästhetik S. 128: »Es gibt eine Kunst der Kontamination«).

Elli K. Köngäs and *Pierre Maranda,* Structural Models in Folklore, in: Midwest Folklore XII, 1963, p. 133–192.

Butler Waugh, Structural Analysis in Literature and Folklore, in: Western Folklore, VXX, 1966, p. 153–164 (Überblick).

Vilmos Voigt, Towards Balancing of Folklore Structuralism, in: Acta Ethnographica 18, 1969, S. 247–255 (Überblick und Programm; reiche Bibliographie); derselbe, Some problems of Narrative Structure Universals in Folklore, in: Linguistica Biblica 15/16 (1972), S. 78–90 (befaßt sich u. a. mit dem Problem der syntagmatischen und paradigmatischen Analyse von Mythen und Märchen und der Möglichkeit der Verbindung beider Untersuchungsarten); derselbe, Die strukturell-morphologische Erforschung der Sagen, in L. Röhrich (Herausgeber) Probleme der Sagenforschung, 1973.

Géza de Rohan-Csermak, Structuralisme et folklore, in: Laographia XII, Athen 1965, S. 399–407.

Alan Dundes, The Morphology of North American *Folktales,* Helsinki 1964, FFC 195; derselbe, From etic to emic units in the structural study of folktales, in: Journal of American Folklore 75 (1962), p. 95–105 = Dundes p. 61–72; derselbe, The making and breaking of friendship as a structural frame in African folktales, in: Pierre Maranda and Elli Köngäs-Maranda, Structural Analysis of Oral Traditions, Philadelphia 1971, p. 171–185.

George P. Lakoff, Structural Complexity in Fairy Tales, in: The Study of Man I, 1972, pp. 128–150.

Mihai Pop, Aspects actuels des recherches sur la structure des contes, in: Fabula 9, 1967, S. 70–77 (analysiert ein rumänisches Volksmärchen und zeigt »dessen komplexe Konstruktion und gleichzeitig die klaren Linien, welche die Grundlage des Modells bilden«.); derselbe, Der formelhafte Charakter der Volksdichtung, in: Jahrbuch XIV, 1968, S. 1–15 (»Das Entschlüsseln der Motiveme, ihre Erforschung auf syntagmatischer und paradigmatischer Ebene und das Herausschälen des Modells [sind] die eigentlichen Objekte der strukturalistischen Forschung«. »Strukturell – auf paradigmatischer Ebene – sind phantastisches Märchen und Heldenepik auf Gegensatzpaaren aufgebaut, die durch Vermittler [sog. ›Nebenpersonen‹] ausgeglichen werden.« S. 12 f.); derselbe, Neue Methoden zur Erforschung der Struktur der Märchen, bei Karlinger S. 428–439.

James E. La Follette, Étude linguistique de quatre contes folkloriques du Canada français. Morphologie et syntaxe, Québec 1969.

Bertel Nathhorst, Formal or Structural Studies of Traditional Tales, in: Stockholm Studies in Comparative Religion, Bromma 1969 (pp. 16–29 Auseinandersetzung mit Propp).

Eleasar Meletinsky, The Structural-Typological Study of Folklore (a), in: Social Sciences 3, Moskau 1971, p. 64–81. Derselbe, Problème de la morphologie historique du conte populaire (b), in: Semiotica II, 1970, p. 128–134. Derselbe, Structuralisme et Sémantique en U. R. S. S. (c), in: Diogène No. 73, 1971, p. 94–116 (zusammen mit *Dimitri Segal*). *Pierre Maranda* (ed.), Soviet Structural Folklorists I, The Hague/Paris 1974, enthält, in englischer Sprache, von Meletinsky die Aufsätze a und b sowie die oben S. IX und 121 genannten, dazu noch: Problems of the structural analysis of fairy tales (zusammen mit *S. Nekludov, E. Novik, D. Segal*), ferner von *Wolfgang Jilek* and *Louise Jilek-Aall:* Meletinsky in the Okanagan, An attempt to apply Meletinsky's analytical criteria to Canadian Indian folklore, von *Susan Reid:* Myth as metastructure of the fairytale, und von *Monique Layton:* Semantic classification of dramatis personae in Some Breton lays.

Tenèze, passim; die gleiche Autorin 1972 in: Ethnologie française 1972, p. 97–106 (s. oben S. 73, 75).

Vladislav Stanovský, Das formale Prinzip als wichtiger Faktor in der Katalogisierung der Märchenstoffe, in: Fabula 9, 1967, S. 105–109.

Annemarie Laubscher, Betrachtungen zur Inhaltsanalyse von Erzählgut, in: Paideuma XIV, 1968, S. 170–194 (sucht die methodischen Ansätze Propps und Dundes' für die Ethnologie fruchtbar zu machen. »Die Taten des Helden können ... der idealen Lebensführung einer Gruppe entsprechen, welche ... nicht mehr oder nur noch in Spuren nachweisbar ist.« S. 184).

Orrin Klapp, The Folk Hero, in: Journal of American Folklore 62, 1949, p. 17–25 (untersucht die Rollen der Helden, unterscheidet u. a. clever hero, z. B. Trickster, und unpromising hero, z. B. Cinderella; vgl. a. vol. 67, 1954, p. 21–34).

Heda Jason, A multidimensional approach to Oral Literature, in: Current Anthropology 10, 1969, p. 413–426 (fragt nach den inneren Gesetzen und den äußeren Kräften, welche die Oralliteratur formen und nach deren Beziehungen zum literarischen, kulturellen, gesellschaftlichen Kontext); dieselbe, Structural Analysis and the Concept of ›Tale-Type‹, in: ARV 28, 1972, p. 36–54.

Jason/Segal, passim (der Band steht im Zeichen Propps).

Hannelore Dorner-Bachmann, Erzählstruktur und Texttheorie. Zu den Grundlagen einer Erzähltheorie unter besonderer Berücksichtigung des Märchens und der Gothic Novel, 1979 (Kenntnisreiche und scharf analysierende Untersuchung: Das Proppsche Handlungsmodell ist kein Spezifikum des Märchens [S. 396], doch stellen Mär-

chentexte insofern einen »extremen Sonderfall« dar, als ihre Tiefen-
struktur an der Textoberfläche offengelegt wird: die starre, immer
gleiche Abfolge der Motiveme entspricht der erzählten Handlung –
während die *Gothic Novel* [Hauptgegenstand der Untersuchung]
ihre »tiefenstrukturelle Märchenstruktur an der Textoberfläche
gründlich ›verschleiert‹« [S. 119, 395, 398 f., 445]. Umfangreiche
Bibliographie).

Märchen- und Werktitel *kursiv*. Namen und Schlagworte der Literaturverzeichnisse sind in der Regel nur dann ins Register einbezogen, wenn besondere Hinweise mit ihnen verbunden sind.

136

141

In der vorliegenden Auflage sind folgende Stichwörter neu: